编者的话

王蒙是享誉中国的著名作家。他是中国当代文学最具标志性的人物之一，2019 年 9 月，习近平总书记在人民大会堂授予他"人民艺术家"国家荣誉称号，以表彰其"为社会主义文化繁荣发展作出重大贡献"。王蒙也由此成为由党和国家最高领导人授予该荣誉称号的第一位作家。

王蒙也是享誉世界的中国作家。其作品被翻译成近 30 种外语，出访过 70 多个国家和地区。他是一位包容开放、善于观察与借鉴外来文化的作家，其作品既彰显中国风格，也不乏外来要素。他是名副其实的中国文化使者，是文明交流互鉴的出色践行者。

了解与把握王蒙作品在世界上的影响，从中可以管窥中国当代文学、中华文化乃至中国改革开放事业对当今世界的影响与贡献。遗憾的是，与对王蒙在国内影响的研究及相关资料的整理状况相较，目前对王蒙在世界影响的研究及相关资料的整理都还是零散的、片段的，且多数领域是空缺的。事实上，这也是目前中国作家在世界的影响研究中较普遍存在的一个缺憾。鉴于此，我们决定组织编写《世界的王蒙》一书，以期对王蒙在世界影响的研究及相关资料进行一次较系统、翔实的记录、梳理与汇集。本书既是为全面认识和理解王蒙、全面认识和理解中国当代文学提供一个新的视角与可能，也是为了推动对中国作家国际影响研究的客观化、系统化，进而推动中华文化更好地在世界传播，促进文明交流互鉴。

　　本书分作品影响、出访与附录三部分。作品影响部分主要介绍王蒙的国别影响，出访部分主要介绍王蒙对相关国家的访问与交流情况。附录主要收录了相关重要统计资料，还收录了王蒙译外国作品一览表；为便于读者了解王蒙作品在我国港澳台地区的影响，附录也收录了此方面的文章与资料。

　　需要说明的是，虽然我们尽了极大努力，但由于撰写者的选择与邀约的难度、外文资料掌握的不全面等因素，本书所呈现的材料与成果都还是初步的，与王蒙在世界影响的实际面貌依然有不少差距，相关工作还有待进一步完善。

2025 年 1 月

王蒙：一个世界主义者（代序）

桥　羽

2023 年 10 月 8 日晚，北京咸亨酒店燕寿堂。一场庆祝王蒙从事文学创作 70 周年的活动正在举行，兴之所致，王蒙自告奋勇用河北梆子演唱了意大利民歌《我的太阳》。最近，王蒙先生在参加一场聚会时，分别用俄、中、维吾尔语演唱了他最喜欢的新疆民歌《黑黑的眼睛》。是的，这就是王蒙。中国与世界、传统与现代在他身上已浑融一体。

王蒙是中国当代文学史上最具标志性的作家之一，也是极少数"通才"之一，集作家、学者、批评家、社会活动家等于一身，在多个领域都有开创性贡献。作为共和国第一代作家，自 1953 年创作《青春万岁》始，王蒙先生与共和国同呼吸共命运，创作了 2000 余万字作品，在共和国文学光谱上，深深地刻上了王蒙印迹。2019 年 9 月，中华人民共和国成立 70 周年前夕，王蒙先生被授予"人民艺术家"国家荣誉称号，以彰其"为社会主义文化繁荣发展作出重大贡献"。

王国维说："凡一代有一代之文学"。你若要了解古代中国，你要读屈原、陶渊明、李白、杜甫、苏轼、王实甫、曹雪芹……，你若要了解现代中国，你要读鲁郭茅巴老曹……，你若要了解当代中国的话，王蒙则是一个无法绕过的巨大存在。王蒙的创作，很大程度上代表了共和国文学的精神气象和思想高度，蕴含着我们这个时代的精神和文化密码。

歌德晚年在谈话录中曾这样评价莎士比亚，他说："不是轻而易举地就能找到一个人，他能像莎士比亚那样洞察世界，也并不是能轻而易举地就能找到一个人，他能像莎士比亚那样说出自己内心深处的见解，并且让读者跟他一起在更高的程度上领悟世界。"我认为这段话几乎可以一字不易地用在王蒙身上。

王蒙的创作既继承了中国传统文学经验和智慧，又吸纳融合了世界文学质素，既深深植根于中国当代现实，又鲜明呈现出多样性世界文化景观，在中国当代文学现代性转型中，发挥了极为重要的引领作用。查培德（Peide Zha）教授曾在英属哥伦比亚大学《亚洲评论》发表文章这样评价王蒙："王蒙在中国大陆小说发展史上所发挥的作用，可以和 50 年前西方作家乔伊斯、伍尔夫、福克纳、普鲁斯特等人相媲美。但与这些西方作家的作品变得晦涩难懂不同，王蒙很快将意识流手法与传统技巧融为一体，因此，王蒙经历了一个否定以及否定之否定的过程。……王蒙独自一人在新时期之初引领的意识流'运动'，向其他作家昭示人类的内心生活是值得探索的重要主题，意识流技法可以取得传统手法所不能取得的成就。可以毫不夸张地说，王蒙的试验小说是新时期小说发展的一个里程碑。"在一定意义上，王蒙创造了新时期中国文学一种崭新的美学范式。

同时，王蒙又是当代真正具有世界影响、可以真正与世界对话的少数作家之一。就文学自身而言，或许并不存在一个抽象的超越具体国别之上的所谓世界性，但就如王蒙所言："脑子里有没有世界，经验里有没有世界，胸怀里有没有世界，见闻与知识里有没有世界，你能不能进入世界，你能不能让世界进入你的头脑与心思，你能不能面向世界、理解世界、参照世界，这可不是玩儿的，这是一个事关真伪正误的，我要说是生死攸关的大问题。"

1957 年，《泰晤士报》发表《组织部来了个年轻人》短评《第一百零一朵花》（*The Hundred and First Flower*），王蒙的名字第一次出现在了世界文学舞台上。1959 年，纽约 Praeger 出版社和伦敦 Thames and Hudson 出版社同时出版了 Edmund Stillman（艾德蒙·斯蒂尔曼）编的 *Bitter Harvest, The Intellectual Revolt behind the Iron Curtain*（《苦果——铁幕后知识分子的起义》），该书收载了苏联、波兰、匈牙利、南斯拉夫、捷克斯洛伐克、德意志民主共和国等社会主义国家的小说、诗歌、论文 33 篇。中国的只有一篇，即王蒙的《组织部来了个年轻人》（节录 8—11 节）。同年，王蒙的小说《冬雨》被翻译成捷克斯洛伐克语。由此，王蒙的创作开启了长达 60 余年的世界文学之旅。

新时期以来，王蒙先生的作品陆续被翻译成英、法、匈、德、日、俄、南斯拉夫、西班牙、荷兰、朝鲜、罗马尼亚、瑞典、韩、世界语、保加利亚、越南、泰国、意大利、意第绪语、阿拉伯、葡萄牙、波斯语、印尼、希伯来、蒙古、波兰、乌克兰、土耳其、哈萨克斯坦等 30 余种语言文字，已成为中国与世界对话的重要文化和精神资源。《活动变人形》出版不久，即由莫斯科虹出版社翻译成俄文，首印十万册，一抢而光，以至王蒙有一次对时任苏联外交部长谢瓦尔德纳泽开玩笑说："我现在正在考虑，我今后主要是为苏联读者而写作。"

毫无疑问，王蒙是一个具有全球视野的世界主义者。自 1980 年 6 月应西德驻华大使魏克德邀请第一次到访德国，迄今王蒙的足迹踏遍了亚洲、欧洲、美洲、大洋洲、非洲 70 多个国家和地区。所到之处，王蒙总是充满热情地参加各国文学、文化交流，和世界各国作家、学者、官员乃至普通民众进行广泛交流，自觉肩负起了一个文化使者的责任，为推动中国文学、文化的海外传播，做出了不可替代的贡献。

没有尊重，就没有真正的文化交流。在与世界的交往对话中，王蒙先生始终秉持着平等互鉴的原则，始终带着一颗开放、欣赏的心，"承认世界的多元性才能进行与外部世界的交流并从中有所获得有所长进"，王蒙是这样说的，更是这样做的。长期以来，许多人对非洲持有一种根深蒂固的刻板印象，而王蒙先生在访问非洲后，写下了这样热情洋溢的文字："啊，非洲！你这才知道，被一些人认为贫穷和落后的艰难的非洲原来是那样可爱。上天厚爱非洲，非洲是一块那么美丽、富饶、葱茏、热烈的地方，非洲人是那样纯朴、自然、健康、可爱，充满着生命的本真的力量。"王蒙以自己的亲历所见，匡正了人们对非洲的固化认知。

向世界讲述独具魅力的中国故事是王蒙的文化自觉，王蒙因此也成为了世界了解中国的一个重要窗口。1993 年王蒙应哈佛大学燕京学院院长韩南教授邀请，进行为期三个月的研究工作，10 月，他在哈佛大学作了一场英文演讲 "Is It Subtle Thinking or Studied Posturing ?Some Recent Novels"（《微妙的思考还是故作姿态——谈近年来的小说》），给美国听众留下了深刻印象。1988 年 3 月，王蒙访问土耳其，在欢迎晚宴上他坚持用土耳其语致祝酒辞，土耳其文化与旅游部长深受感动，当即表示访问中国时他也要讲一段中文。2004 年 11 月访问哈萨克斯坦时，王蒙用哈萨克语致辞。2006 年 12 月王蒙访问伊朗，用波斯语作了 20 分钟的发言；还有一次，王蒙访问日本，事前他请文旅部外联局赖育芳参赞为他疯狂"恶补"日语，最终完成了用日语发言的心愿。其实，重要的不是语言，而是理解和尊重。2008 年，纪念改革开放 30 周年之际，王蒙做客中央电视台外文频道"对话"栏目（Dialogue），全程用英文和主持人就 Life of A Writer in a Changing China（"一位作家在变化中的中国"）进行了深度交流，向世界展现了改革开放以来中国社会、文化和文学的变迁。王蒙通过自己的努力，架起了一座中国和世界对话的桥梁。

王蒙，在一定意义上已成为改革开放以来中国文化的一个符号，他的开放性世界视野和平等互鉴的文化理念，赢得了世界各国的普遍赞誉和尊重。1987 年 4 月王蒙访问日本，受到中曾根首相接见；1988 年 3 月王蒙到访保加利亚，受到最高领导人日夫科夫的会见；2002 年 9 月 12 日，毛里求斯共和国总统卡尔·奥夫曼会见了正在访问的王蒙；2006年12月7—16日王蒙访问伊朗期间，与伊朗前总统赛义德·穆罕默德·哈塔米就不同文明之间的对话进行了深入交流；2015年11月27日，王蒙与土耳其前总统阿卜杜拉·居尔在伊斯坦布尔会面，并赠送了长篇小说《这边风景》；2017年12月2日，正在俄罗斯出席第五届圣彼得堡国际文化论坛的王蒙，受邀与俄罗斯总统普京小范围会见，并作为四名主讲嘉宾之一作了题为"中俄文化交流的历史意义"的发言。

"懂世界、爱交流、善沟通"是王蒙对外交往的座右铭，王蒙以最阳光的态度和独特的个人魅力，赢得了世界的尊重和友谊。1987年2月，王蒙访问泰国期间与诗琳通公主结识，两人一直保持着几十年的深厚友谊；英国著名作家多丽丝·莱辛、玛格丽特·德拉布尔，俄罗斯汉学家费德林、索罗金、托洛普采夫，日本学者川西重忠，德国汉学家阿克曼、顾彬等，都造访过王蒙在北京的家。事实上，王蒙已成为"世界之中国"视野下中国故事、中国经验的理想镜像。

美国当代著名作家霍顿斯·卡利什（Hortense Calisher）曾说，王蒙"对自己的祖国充满了热爱……同时具有广阔的世界眼光。"《世界的王蒙》一书将为我们呈现一个不一样的王蒙！

2024年11月16日

中国海洋大学

目 录

第一篇　作品影响

第二篇　出访

一、亚洲

二、欧洲

三、美洲、大洋洲、非洲

第三篇　附录

第一篇

作品影响

王蒙在日本

吴光宇 *

　　早在 1957 年，日本学者竹内实、荒正人、奥平卓等便发表了关于《组织部新来的青年人》（后改为原名《组织部来了个年轻人》）的评论文章，王蒙及该部小说的信息也被收录至同年中国研究所《新中国年鉴》与共同社《世界年鉴》等综合性统计资料中。20 世纪 70 年代，受中日邦交正常化、签订《和平友好条约》、国内实施改革开放等政策影响，民间友好团体频繁往来，王蒙在"意识流"小说等文学领域的创作实践与理论创新同时受中日文化界及大众读者重视。自 20 世纪 80 年代以来，王蒙将小说家、诗人、批评家、文化官员、学者等诸多身份有机统合于一体，在中国立场与世界视野的基础上，积极投身于与日本等国家间的文化、社会、历史的交往互动，始终活跃于介入现实、迈向未来的跨文化实践现场与前沿，探索搭建人类命运共同体的精神方式与路径。可以说，他的人生经历承载着当代中日文化交往的特殊经验。

一、王蒙作品在日本的传播

　　王蒙与日本各界交往的重要桥梁是文学、文化与哲学思想，他在日本读

---

* 吴光宇，中国海洋大学文学与新闻传播学院博士研究生。

者间较为熟知的身份是中国作家与文化学者。

在日语译介方面，"意识流"小说《蝴蝶》早在 1981 年便在日本出版市场亮相，这既是中国改革开放后第一部单行本形态的日译中篇小说，也是王蒙作品日译史的开端。在至今长达四十余年中，根据译著形态可分为以下几类。

单行本四部。1. 1981 年 8 月，相浦杲翻译的中篇小说《蝴蝶》由みすず书房出版。2. 1992 年 10 月，林芳翻译的长篇小说《活动变人形》由白帝社出版，日译本题目改为《报应》。3. 2017 年 11 月，亚洲·亚欧综合研究所内部印制了李海翻译的《天下归仁：王蒙说〈论语〉》（抄译版）。4. 2024

日文版《青春万岁》

年，由日本学者堤一直与中国译者李海联合翻译的《青春万岁》，由潮出版社出版。

作品选编本七部。1. 1983 年，上野广生编译的《现代中国短篇小说选》由亚纪书房出版，收录《悠悠寸草心》。2. 1984 年，小沢幸二编译的《现代中国微型小说选》由武田印刷株式会社印制（以个人名义出版），收录王蒙的《小小小小小……》《越说越对》《听来的故事一抄》《雄辩症》四篇微型小说。3. 1987 年至 1990 年，松井博光、野间宏监修的《现代中国文学选集》（13 卷）由德间书店陆续出版，其中第 1 卷为市川宏、牧田英二翻译的中短篇小说集《淡灰色的眼珠及其他》。该书以作家出版社 1984 年版《淡灰色的眼珠——系列小说〈在伊犁〉》为底本，包括"在伊犁"系列的六篇小说。4. 2002 年，中国书店出版了由武继平编注的《现代中国散文选》，收录德澄雅彦翻译的杂文《安详》。5. 2006 年，釜屋修主编的《同时代的中国文学》由东方书店出版，收录釜屋修翻译的短篇小说《玄思小说》。6. 2016 年，张竞、村田雄二郎主编的 5 卷本《日中的文艺 120 年》由岩波书店出版，第 5 卷收录饭冢容翻译的散文《访日散记》。7. 2021 年，沼野充义、藤井省三编著的《被囚》由名古屋外国语大学出版会出版，收录船越达志翻译的短篇小说《木箱深处的紫绸花服》。

合著日语版一部。王蒙与池田大作的对谈由潮出版社所办月刊《潮》于 2015 年 10 月至 2016 年 11 月期间连载，经修订后，该社在 2017 年 5 月推出日文对谈录《赠给未来的人生哲学：凝视文学与人》。2017 年 11 月，人民出版社出版了该书的中文版。

除以上译著外，茅盾文学奖作品《这边风景》曾有"向日东游"的译介计划，2015 年日中侨报社与王蒙签下日文版版权。王蒙的作品在相关报刊上，按体裁大体包含以下几种。

微型小说。《越说越对》《互助》《小小小小……》《不如酸辣汤》由菱沼透、青谷政明翻译，发表于《中国研究月报》1982 年总第 410 号。在 20 世纪 90 年代，学者中山文以系列翻译的形式，将《成语新编》（12 则）与《欲读斋志异》（8 则）译文连载于《火锅子》杂志。

中短篇小说。王蒙的部分中短篇小说曾在 20 世纪八九十年代译介于《无名》等同人性质杂志上。其中，较为有影响力的译介成果主要集中在《季刊中国现代小说》，包括：第一卷第 14 号井口晃翻译的《我又遇见了你》；第 15、16 号杉本达夫翻译的《加拿大的月亮》《海的梦》；第 24、25、30 号市川宏翻译的《逍遥游》（上）（下）《好汉子依斯麻尔》《〈淡灰色的眼珠——在伊犁〉后记》等，完成了王蒙"在伊犁"系列小说的全部日译工作。此外，《坚硬的稀粥》的翻译与相关事件也于 20 世纪 90 年代在日本传播，如菅谷音曾于 1992 年 3 月在《文学界》上发表该小说译文；此后，村松惠子、张静萱于 2013 年 3—9 月在《名城论丛》上 4 期连载该小说的相关译文与解读。

散文及其他。王蒙于 20 世纪 80 年代末受《读书》杂志之邀开设"欲读书结"专栏，发表了多篇与历史、文化、时代生活相关的短文，如涉及历史人物与中日关系的文章《人·历史·李香兰》。同年 11 月 17 日，金子秀敏在日本的《经济学家》上发表了同题的译介与解读文章。

王蒙自 20 世纪 80 年代起，受到关心中国文学动态的日本学者与大众读者的重视。其作品在译者成员的分布上，既有相浦杲、釜屋修、饭冢容、中山文等研究中国文学人员，也有市川宏、牧田英二、井口晃、杉本达夫等专业人员组织的译介共同体，以及汉语学习者上野广生、文学爱好者小沢幸二与从事日语翻译和对外交流工作的林芳、李海等译者。

除以上由日本方面主动译介的作品外，中国外文局也积极协同外籍专家推进中国文学"走出去"。王蒙的作品不仅纳入"熊猫丛书"等英译书系推广，早在 1982 年，外文出版社便推出了日文版作品集《草原上的小路：短篇小说佳作 12 篇》，其中收录《悠悠寸草心》译文，且该书唯一的附录为 1980 年 9 月王蒙在聂华苓组织的"中国周末"专题讨论会上的发言《为了更美好的明天》。

二、王蒙作品在日本的影响

作为文学家与文化学者的王蒙在日本的影响首先来自作品的跨文化传播，其译本的制作、出版、发行不仅由中日政府、文学组织、译者团队以及热衷中国文化的友好人士等共同推动，还得益于日本作家与学者等认可与自发推介。

摘得芥川奖等日本纯文学奖项的著名作家大庭美奈子是王蒙的知交，两人相识于 1980 年在美国爱荷华大学举办的"国际写作计划"系列活动。此后，大庭美奈子夫妇不仅在东京宅邸中接待过王蒙来访，还于 1992 年为日语版《活动变人形》作序。在序言中，她以"旧友"为题，回顾了与王蒙初见时的场景：两人用英语阅读彼此的作品，畅谈对老庄、鲁迅作品的感悟，作为同龄人对世界历史及情境有着相同认知……在"知天命"的年岁与王蒙相识，正是因为彼此被心底隐藏的文学绮丽的蜜香所吸引。大庭美奈子与王蒙的友谊基于对文学的热爱与追求，她在《活动变人形》里读出作品的意蕴似与老庄、鲁迅有一脉相承之感。

王蒙作品在日推介工作不仅获得作家同行的支持，他在担任文化部部长时结识的友人川西重忠也是面向日本文化界的重要推荐者。川西重忠在 1988 年时任日本三洋电机北京公司副总裁，在北京工作期间是王蒙家中常客。此后作为日中关系史学会理事邀请王蒙于 1994 年访日，并在 2003 年中国海洋大学举办的"王蒙文学创作国际学术研讨会"上作题为《在日本的王蒙》的发言，对王蒙访日活动进行回顾，提供了重要的人物史料。川西重忠认为在全球化时代最重要的是人文性、人性与人际交流，他从王蒙身上看到了中国明朗的未来与知识分子典型的实践力量。2017 年，已是樱美林大学名誉教授、亚欧综合研究所所长的川西重忠促成日译本《天下归仁：王蒙说〈论语〉》的出版，并为其题写代后记，向日本读者介绍王蒙在文学创作与古典研究两方面的成就。而选择《天下归仁》作为译介对象既有近作之故，又缘于《论语》是日本民众较熟悉的中国古代典籍，这正是有着多年中日文化交流经验的川西重忠与翻译策划团队基于跨文化传播的综合考量。

作品翻译、出版与推介令王蒙在日本拥有相当的大众读者基础，同时，王蒙在专业读者群体中也获得较为广泛的关注。日本的王蒙研究成果与王蒙在日本文化界的影响力构成了双向互渗的关系。如前文所述，王蒙的《组织部新来的青年人》在 20 世纪 50 年代已进入日本学者的研究视域。20 世纪 70 年代末王蒙重回文坛，日本的中国文艺研究会《野草》杂志、霞山会《东亚》月刊曾于 1979 年先后刊登了通讯《丁玲、艾青、王蒙的消息》和前田利昭的文章《描写爱情、青年的中国文艺：以刘心武、王蒙的作品为中心》，密切关注王蒙等"复出"作家的最新动向。随着中日关系在 20 世纪 70 年代末开始迈入蜜月期，中国文学在日本学术界越来越受到重视，王蒙凭借"意识流"小说的形式创新之举，被视作同时期最能代表中国文学发展方向的作家之一，王蒙研究也一度在日本的中国当代作家作品研究成果中占据首位。

20 世纪 80 年代，王蒙研究主要围绕三个方面展开。

一是对运用意识流等创作手法的作品文本分析。日本学者重视文本细读，又将文本纳入作家个人境遇、时代语境转换与中国文学发展轨迹中，挖掘中国现当代现实主义传统与意识流手法的复杂联系。《蝴蝶》日译者相浦杲指出：自 1978 年以来，现代主义文学创作在中国重获生机，掀起相关研究成果和外国小说的出版潮。王蒙是这一时期中国当代文坛中最大胆鲜明使用"意识流"手法的作家，他以人道主义美学的抒情笔致融通了老庄哲学、马克思主义与西方意识流手法，发展出独具个人风格的"王蒙流"心理小说，拓展了现实主义文学的发展。

二是王蒙与中国当代文学的综合研究。相浦杲、吉田富夫、高岛俊男、辻田正雄、萩野修二等日本学者长期追踪中国文学的历史谱系与最新动向，将王蒙视作新时期文坛代表人物，从王蒙在文艺批判运动中的沉浮、在文学思潮中的影响、中国当代文学的发展趋向等整体把握其价值所在。同时，日本出版界、新闻界也主动考察王蒙在中日两国政治、经济、文化等领域发挥的重要作用，积极向日本民众介绍王蒙的最新动态。仅以研究中国权威刊物《中国研究月报》为例，该刊物长期致力于现当代中国乃至亚洲的政治、经济、文化、教育等社会调查与综合研究，在 1978—1985 年间围绕某位中国作家的特集，仅有 1981 年 10 月的"鲁迅特集"（百年诞辰纪念）与 1982 年 4 月的"王蒙特集"。从刊物定位、特集推介与篇目选择来看，王蒙 20 世纪 80 年代在文艺、政治等领域的影响价值已受日本文化界的重视。

三是史料整理与版本研究。日本学界历来有史料考据的研究传统，早在 1982 年，辻田正雄与青谷政明分别发表《王蒙资料目录》《王蒙主要著作目录》，为中外相关领域学者提供研究便利。在竹内实对《组织部来了个年轻人》的社会历史批评的基础上，几位研究者在 20 世纪 80 年代对这一作品的版本流变进行考察。辻田正雄《王蒙试论——王蒙的〈组织部来了个年轻人〉的修改为中心》（1982）、弓削俊洋《秦兆阳与〈组织部来了个年轻人〉的修改问题》（1984）与小田隆一《王蒙〈组织部新来的青年人〉——围绕写作意图与文学史评价的背离》（1987）等文章，均是在梳理版本的基础上，分析变本的生成与不同时代语境中文学规范的关联性。

20 世纪 90 年代以来，年轻学者相继登上学术舞台，承续既往研究将王蒙作为认识中国当代文学的变化与发展标本、关注《组织部来了个年轻人》与"意识流"小说等现象级作品的学术争鸣，通过援引后现代主义等理论推进王蒙研究在方法与视角上向多元化、专业化发展。

新一代学人如广野行雄、中山文和渡边茂彦等继续跟进王蒙的新作，对

《坚硬的稀粥》以及"季节系列"等作品进行介绍与释评，在整理史料、筛选文本对象等方面体现出学术敏感性和文学审美分析能力。松村惠子的《王蒙〈坚硬的稀粥〉中的并列与排比》(2004)、近藤正义的《王蒙〈组织部来了个年轻人〉里描述的"官僚主义"》(2009)、小笠原淳的《王蒙小说文体试论——〈最宝贵的〉与〈光明〉比较》(2009)、《王蒙小说中苏联文学的表现——以与奥斯特洛夫斯基、高尔基、艾特玛托夫小说比较为中心》(2010)等几篇文章，对王蒙小说的语言、文体、影响研究进行考察。早稻田大学的高屋亚希则为王蒙的文本赋予了新意，他认为文本生产势必受特定时空的语境制约，而解读应与当下的位置保持"距离感"。他在 20 世纪 90年代的五篇论文中以再解读的文化研究路径解码《青春万岁》《组织部来了个年轻人》，分析 20 世纪 50 年代文学书写与被现实形塑的"生活""第一个五年计划""大学制度改革"等之间的互动关系，探究文学的话语生产机制及其所深嵌的文化逻辑结构。

学者的代际更迭也在研究对象的选择上有所反映。较以上几位年轻学人或重视文本内部的细读，或在文学批评中引入新范式，前辈学者更重视贯通中国现当代史、文学思潮、知识分子个人经历与作品谱系，试图总体上把握中国文学的发展与王蒙风格的多变与思想的不变性。代表性成果如日本中国现当代文学研究家杉本达夫与藤井省三在 1990 年相继发表的《文学与政治之间——王蒙》《少年布尔什维克与美丽的共和国——王蒙》等文章。杉本达夫认为王蒙的独特性在于其将磨难与坎坷转化为文学养料，在众多作家展露伤痕之时，王蒙却坚持以革命中国的视界与心态观照彼时人的生活方式与命运。藤井省三指出王蒙的不变性是作家与党员的一体性，《组织部新来的青年人》不仅是官僚主义批判文学，还投射出新中国建设进程中的市民思想形态，作家对人物心理的重视、试图调和人物内面与外部世界的意图，延续在 20 世纪 60 年代的《夜雨》、70 年代的《布礼》、80 年代的《蝴蝶》等作品序列中。上述学术成果对拓展王蒙研究、丰富王蒙形象、传播王蒙作品均具有重要意义。

近十年来，日本学界的王蒙研究在成果数量上虽相对回落，但文本选择方面仍涉猎了文学新作与经典作品，如日本中国当代文学会曾在学术例会上研讨王蒙的中篇小说《悬疑的荒芜》、组织重读经典文本《春之声》。桥本阳介在2017年水声社出版的《越境的小说文体——意识流、魔幻现实主义、黑色幽默》相关章节中对王蒙的"东方意识流"进行论述，在一些高校教学安排中也可以看到赏析小说《蝴蝶》等课程设置……文学生涯长达70年的王蒙是中国当代史的一面镜子，就当前研究现状来看，日本学界相对重视"意识流"小说和经典作品的评析，而关于王蒙文学新作、文艺评论、古典思想阐释等方面的研究成果与外交往事、书信往来等史料或仍有待中日学者合力而行、发掘并阐释其重要价值。

三、王蒙在日本的活动

王蒙不仅是思想深广、勤于笔耕、著作等身的资深文学家，还是致力于中华文化传播、推进世界文明交流互鉴的政府官员、文化学者、社会活动家。自20世纪80年代通过代表国家官方与民间团体的出访、恳谈、创作交流等活动，他结识了众多日本政界、文艺、思想领域的知名人士，积极推动着中日两国在官方和民间两层面的深切交流。

在迎来中日邦交正常化15周年的1987年4月17日至29日，时任文化部部长的王蒙受日本外务省与日中文化交流协会之邀，首次率中国政府文化代表团访问日本，得与中曾根康弘首相会见。日方举办的欢迎宴会不仅有文学家井上靖、作曲家团伊玖磨、戏剧家千田是也等日中文化交流协会诸贤陪同，时任外相的仓成正也出席并在晚宴上即兴表演了小魔术，令王蒙多年后在自传中忆及此景，念念不忘文化交往的方式应兼顾多元性与亲切感。曾担任文化部艺术局局长的方杰在 25 年后发表的《从王蒙到英若诚：我在文化部的老领导们》一文中记录了更多访日细节。他对王蒙表现出的外交才干颇为赞赏，认为王蒙"表现自信自如，有身段而不矜持，谈笑风生不矫饰，有大国风度"；同时王蒙机智应对相关招待的"小插曲"，既向日方致以谢意又避免双方陷入尴尬的言行举止令日中文化交流协会相关人士青眼有加。由此，王蒙与日中文化交流协会也结下了珍贵友谊。

首度访日虽过赏樱花期令王蒙颇为遗憾，但参访东京、广岛等地，在京都欣赏日本里千家茶道表演、瞻仰位于岚山的周恩来总理诗碑、观看奈良唐招提寺东山魁夷为鉴真所作壁画等活动，让王蒙近距离体验了丰富多元的日本文化。在体验过程中，王蒙感怀古今中日间的文化关联，在内心深处深觉访问日本与他国间的差异。1994 年，他与妻子崔瑞芳应日中关系史学会中江要介会长的邀请第二次访日，在落樱时节的日本国土上为当地民众赏樱情景而感动。王蒙不仅于 20 世纪 90 年代创作了"季节系列"长篇小说，在长达 70 载的文学生涯中，他始终将关于时间、空间的哲思与人的生存状态作为写作主题之一，因此他从送别落樱联想到黛玉葬花，从中日历史文化推移到对日本民族性格特征的思考，将物哀情节理解为一种精神上的自我救赎。

20 世纪 90 年代，王蒙在《人·历史·李香兰》一文中对中日历史、战争、生存的反思曾对中日文化界产生一定影响。文章发表两年后，王蒙在访日期间与大鹰淑子（伪满时期影星李香兰）相见并合影。王蒙秉着正视中日历史、批判侵略战争、呼吁友好和平的责任感与正义感，站在全人类命运的高度上，对被战争发动方鼓动、裹挟却无力抵抗、内心挣扎着的民众持不偏不倚的态度，重新审视李香兰被动卷入战争的创痛与命运；兼顾宏大历史与个人体验、历史的必然性与偶然性，将文学、艺术的作用与功能置于世界战争史的幽深中进行考察；同时，他从童年记忆、世界格局和人类的生存状态出发，以极具血肉感的悲悯情怀反思极端的二元对立思维，强调全面地看待历史与现实的"复杂"与"中间状态"、公正且人道地进行历史评判。

1999 年底，日中文化交流协会邀请王蒙夫妇赴日访问，王蒙因突发急性胆囊炎而未能成行，所准备的书面讲话由中日友好协会秘书长吴瑞钧代读，日本友人土家康宏代表所在学校师生寄送手工木雕以表慰问。

为纪念中日邦交正常化 30 周年，王蒙受日中文化交流协会的邀请于2002 年 3 月 14 日率中国人民对外友好协会代表团出访日本。在日期间，王蒙首先以作家身份展开交流活动，与大江健三郎、大庭美奈子等同行座谈，并受岩波书店《世界》杂志之邀，与从事中国文学研究的日本专家藤井省三进行对谈。这次对谈的内容经整理、删改，在同年 7 月以《丰富多彩的中国文学》为题发表在《世界》杂志上。

3 月 18 日，日中文化交流协会代理理事、作家黑井千次在招待会上致辞，向以中国作家协会副主席、中国人民政治协商会议常务委员会委员王蒙为团长的中国人民对外友好协会代表团表示热烈欢迎。王蒙为此行专门准备了三分钟的日语发言稿，高度肯定中日邦交正常化 30 年来两国民间在文艺领域的交流实绩，并对协会几位已故领导人表达怀念之情。

访日次月，王蒙在《新民晚报》上连载了散文《访日散记》五则。在这组汇集访日所见、所思与所悟的散文中，王蒙以动人笔墨向读者展示了日本作家浓厚的中国情结以及他自己难以忘怀的战争记忆，又以专篇的形式介绍了日中文化交流协会的工作细节与服务精神，对协会成员执着的文化追求致以敬意；同时，他以生活方式与包装精致化等现象，分析了日本人的思维方式与民族性格，从国家间的文化差异反思自身。这次访日活动与相关文学创作延续了王蒙一以贯之的和谐、宽容、开放的人生哲学与文化理念，他在跨

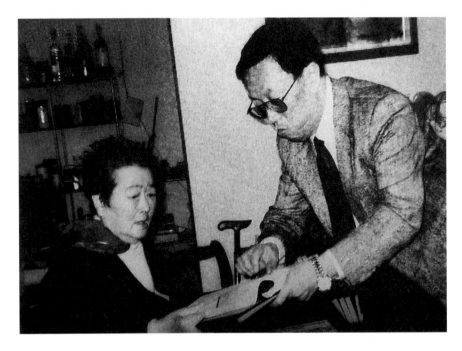

2002 年 3 月 16 日王蒙在日本作家大庭美奈子家中

文化对话中坚持求同存异的主体间性，同时又以"反求诸己"的方式推动着本国文化事业的建设。

王蒙自 20 世纪 90 年代起在古典文学与文化研究上取得丰硕成果，解读传统典籍的系列著述不仅受中国大众的欢迎，也获得了日本学界的重视。2017 年时逢中日邦交正常化 45 周年，王蒙受一般财团法人亚欧综合研究所的邀请再次访问日本，参观了东京、京都、神户等地，并与日本创价学会、日中关系学会关西分会等进行交流。在此期间他被日本樱美林大学授予荣誉文学博士学位，并作题为"文学作品中所表现的中国思想与文化"的纪念讲演。校长三谷高康在致辞中这样评价王蒙的成就："作为中国思想文化的研究者，近年来发表了孔子孟子以及红楼梦的研究作品，对历代名作用独自的观点来解说，丰富了中国的文化。"

四、王蒙在华与日本的交流

20 世纪 70 年代末王蒙恢复名誉后，曾于 1979 年 10 月 19 日参与日本文学代表团来华访谈。该访谈的内容主要围绕丁玲、艾青、萧军与王蒙的创作经历和人世浮沉。尽管是在场者中最晚登上文坛的作家，王蒙却与三位前辈一样，始终坚守着对国家、民族、人民的信念。他指出革命事业是伟大而艰巨的过程，经历了多年的考验和历练，某种意义上，包括自己在内的这一代作家又一次按下了文学生涯的开启键。四位作家的心声代表了彼时中国当代文学界对于文学、革命、国家的期望，向日本文化界及世界传达了中国文学乃至中国走向未来的信心。也正是基于这种对文学、革命事业的认识，王蒙在 20 世纪 80 年代积极奔走于文化实践现场，不仅文学新作迭出，还担任政界与相关文艺团体要职，通过国内接待与海外出访等活动与世界各民族友好人士互动往来，在中外文化交流史上留下诸多佳话。

1985 年，为反对国际霸权主义、呼吁国际和平，中国国际交流协会在人民大会堂宴请以护宪国民联合议长、日本社会党前委员长飞鸟田一雄为团长的日本护宪国民联合友好访华团，时任协会副会长的王蒙出席了本次活动。作为中华人民共和国文化部部长，王蒙曾在中日和平友好条约缔结十周年之际，以接待团团长的身份出席日本首相竹下登访华宴会、领导人会见与欢迎仪式，并陪同日方领导向人民英雄纪念碑敬献花圈，赴西安等西北地区参观。为推动中日文艺民间工作者间的交流，王蒙于 1986 年至 1988 年出席日本演歌歌手北岛三郎赴华首演、女歌唱家芦京子自费来华演出、中日合拍故事片《敦煌》首映式等，参加里千家之船访华团在京举行的友好茶会与茶道表演，与议长三宅正直为团长的日本群乌县议会代表团商议在日举办中国陕西兵马俑展览事宜，陪同全国政协主席邓颖超会见日中文化交流协会代表团等。王蒙在 20 世纪 80 年代中期与日本各界交流频繁，在推动中日官方、民间在文化领域的沟通上发挥了重要作用。

王蒙以社会活动与政治声誉获得不同国家官员与民众的关注，也通过文学创作结识了日本各界友人。中日两国隔海相望，语言、文字、艺术却是能够跨越物理空间、实现世界间异文化交流、联结人类心灵的重要方式。在多次海外出访、在华接待日本友好团体的基础上，王蒙坚持以文会友，融通个人经验与国家历史，讲述中国故事、传播中国声音，推动着中日两国在文艺、历史、思想上的深度交往。

1988 年王蒙在《世界文学》发表了《井上先生与西域小说集》一文，该文成为作家出版社同年出版的井上靖小说集《永泰公主的项链》中译本的序言。早在 20 世纪 60 年代，王蒙就曾阅读过井上靖的短篇小说，1985 年，二人也曾在西柏林举办的"地平线艺术节"活动有过照面，但真正结缘还是因 1987 年的访日之行。此后井上靖也于同年应王蒙之邀前往中国河南等地为写作历史文化题材的小说《孔子》展开背景调研。在小说集《永泰公主的项链》序言中，王蒙以作家型评论家的视角对井上靖细腻深沉的小说风格进行评析，他认为井上靖的作品包孕着对历史、社会、人生的悲悯心肠与超越境界。这一鞭辟入里的评价正是两位资深作家无远弗届的经验共鸣。中国作家陆文夫曾评价王蒙"首先是一位诗人"，虽成名于小说，但王蒙的小说富有浪漫诗性，思维方式也颇具诗人气质。同时，他也创作了诸多精品诗作。王蒙访日次月所作的《访日俳句》（14 首）发表于《人民日报》，这组诗不仅记录了井上靖、东山魁夷等人对他热情的招待，也显示了王蒙对中日历史、文化、生活的系列思考。采用俳句这一由绝句衍化而来的日本古典诗歌体，蕴含了王蒙在中日交流中尊重传统、寻找适应文化语境的形式之巧思。

王蒙不仅与时任日中文化交流协会会长井上靖结为志同道合的挚友，

王蒙 1997 年访日期间在作家井上靖家中

据他本人与夫人崔瑞芳回忆，他们曾在朝阳门内北小街 46 号的旧居多次接待过日中文化交流协会诸贤，与团伊久磨、横川健、佐藤纯子、白土吾夫等日本友人在旧居小院畅谈。曾任王蒙秘书的王安也在《中外文化交流》1994 年第 5 期上发表过《说不尽的话题——日本朋友在王蒙家做客》，记录下当时双方围绕文学、服饰、医学、东西方文化差异等话题展开交谈的场景。王蒙还向来客热情分享了华艺出版社新推出的十卷本《王蒙文集》。日中文化交流协会常任理事、著名作家水上勉也是王蒙的老朋友，王蒙曾在散文《访日散记》《又到杭州》与自传中忆及水上勉病中思念杭州的感人画面。在 2012 年王蒙妻子崔瑞芳离世后，佐藤纯子等二人代表协会专程至京赴昌平墓地祭奠，这种跨越空间、民族、文化语境的情谊令人为之动容。

20 世纪 90 年代王蒙虽不再担任文化部部长，但从历史、文化等多元角度思考并推动中日友好的实践却并未终止。1992 年，王蒙曾在国内观看日本四季剧团演出的音乐剧《李香兰》，并在同年接受了日本共同社记者的采访，分享了自己阅读陈喜儒翻译的《李香兰传》读后感，并逐一解答记者关于八九十年代中国文艺、政治、经济发展等诸多提问。此后，王蒙的《人·历史·李香兰》《我们这里会不会有奥姆真理教?》等文章均是从中日历史与国家关系、战争与和平等问题综合考量世界格局与中国现实的思想结晶。

在 1993 年发表的《读黑井千次的小小说》一文中，凭借多年创作微型小说的经验，王蒙向读者展现出黑井千次如何在小说中构筑出古典感伤与现代荒诞并存、洞察人生与游戏文字相互交融的文学世界。此外，王蒙与日本民间人士保持着友好往来，如日本企业家、歌唱家五十岚由人在《东方之鹰》一书中记录了 1996 年在王蒙家宅被招待、交谈的场景，其在 1997 年出版的诗集《真诚面对生命》也是由王蒙书写题名。以上访谈、散文等体现了王蒙在 20 世纪 90 年代以来对文学、历史、世界、人类的深入关注，这些文章与"季节系列"等小说共同构成了又一创作高峰。

新世纪以来，王蒙继续走在弘扬文化自信、书写中国气派的前沿，连续出版了诸多解读中国传统文化与哲学典籍的专著，他的系列著述获得中日文化界与读者大众的广泛关注。王蒙在 1987 年首次访日时，与中日友好"和平使者"、国际创价学会会长池田大作见面，就"文学的使命""日中的未来与青年""教育的重要性""科学时代与精神革命"等内容展开交流。2015 年前后，两人在香港《明报月刊》的推动下，再次围绕教育、家庭、青春、唐诗、四大名著、生命尊严、国际和平等多元话题，通过书信往来展开隔空对谈，相关内容合著成《赠给未来的人生哲学——王蒙池田大作对谈》在中日两国出版，具有一定知名度与影响力。

王蒙曾在 2013 年将自己的书命名为"明天我将衰老"，这位"高龄少

1987 年 4 月 28 日，王蒙与池田大作会谈

年"以从容、乐观、坚定的身姿在中华民族伟大复兴之路上前行、超越，不仅在小说创作上迎来新的"喷发期"，也仍在积极推进文明对话与互鉴，为构建人类命运共同体理念寻求传统文化资源的支撑。2020 年，作为国际儒学联合会名誉会长的王蒙出席了中日和合文明论坛，与亚洲共同体文化交流机构的日方友好人士汇聚于云端、共同探讨如何构建契合新时代要求的中日关系。次年，他在《国际儒学》创刊发布会上建议："促进通古今、贯中西、本土化、中国特色社会主义现代化的文化事业与文化建设。通过国际儒学的发展，通过中华文明的传播精进，与延续数千年的文明对话与互通、互知与互动、互敬与互学，中外文化交流将获得更上一层楼的发展。"

此番发言凝结了王蒙几十年来跨文化交流实践的宝贵经验，令人回想到他曾在《访日散记》中的思量："文化的力量是看不那么见的，却是蚀骨与永远的。如果我们妄自菲薄，如果我们不能把自己的事情做得好些，不但对不起祖宗对不起同胞，也对不起深受中国文化哺育的四方挚友。"

王蒙是当代中外文化友好交流的见证者与实践者，他将"以笔为桥、文化会友"熔铸在传统文化研究、文学创作等实践中，重新激活了中国历史与文化的沟通力、辐射力和吸引力，兼顾世界视角与中国本位立场，把"中国故事"成功转化成为令世界各民族可感可知的全人类的资源与智慧，这也是王蒙之于世界文化交流与人类命运共同体的重要意义。

王蒙在韩国

［韩］ 张允瑄*

一、王蒙作品在韩国的传播

据韩国东国大学金良守教授的说法，韩国人对王蒙的认识大约开始于1986 年，韩国的汉语专业刊物《中国语世界》刊登了王蒙的短篇小说《夜的眼》。后来，王蒙的其他作品纷纷被译介到韩国。

迄今在韩国翻译出版的王蒙的作品有十几部左右，按年度排列如下：《活动变人形》（2004 年，文学与知性出版社，全炯俊译）、《王蒙自述：我的人生哲学》（2004 年，Dulnyouk 出版社，임국웅译）、《蝴蝶》（2005 年，文学与知性出版社，李旭渊、刘京哲译）、《王蒙短篇小说选》（收入《夜的眼》《坚硬的稀粥》）、《庄子的享受》（2011 年，Dulnyouk 出版社，허유영译）、《庄子的快乐》（2013 年，Dulnyouk 出版社，허유영译）、《庄子的奔腾》（2013 年，Jaeum & Moeum 出版社，姜姈妹译）、《在伊犁》（上、下）（2019 年，Kyoung-Ji 出版社，金胜一译）、《极简孟子》（2020 年，韩国 Jung-Min media 出版社，홍민경译）、《极简论语》（2022 年，Jung-Min media 出版社，홍민경译）、《极简孟子》（2023 年，Jung-Min media 出版社，홍민경译）等。

由此可见，在 2004—2023 年间，王蒙的作品不断地被译介出版，这

* 张允瑄，韩国汉学家。

就确确实实意味着王蒙的文学作品一直受到韩国读者与出版业界的关注和喜爱。

尤为值得一提的是，在韩国学术界，王蒙文学的相关研究出现较早，且一直持续至今。根据国会电子图书馆网站的资料统计显示，1986—2023年间，韩国共出版关于王蒙的书籍44本，其中包含中文30本、韩文12本、英文2本。1995—2022年韩国学术杂志共发表关于王蒙的论文28篇，其中韩文21篇、中文7篇。1991—2022年研究生共提交关于王蒙的硕士、博士学位论文14篇，其中硕士学位论文12篇、博士学位论文2篇。学位论文中对《活动变人形》的研究占比最大，其次是王蒙的"反思小说"研究、"意识流小说"研究、"实验小说"研究、"短篇小说"研究等。另外，还有将王蒙的小说与韩国作家黄顺元、林哲佑的作品进行对比研究的论文。[①]

一般认为，韩国国内学者对王蒙的早期研究集中在"意识流小说"上。以《布礼》《夜的眼》《风筝飘带》《蝴蝶》《春之声》《海的梦》等为代表，王蒙创作手法的新颖性和独特性，引起了韩国学者的关注。此后，韩国学者关注的是《活动变人形》。众所周知，韩国经历了日本帝国主义侵略和西方近代化文明的渗透等历史、文化时期。以封建文化和近代文化的冲突这一巨大历史变化为素材，韩国作家创作了很多将世代间家庭成员的矛盾、个人和社会矛盾形象化的作品。王蒙的《活动变人形》也描写了近代化过程中在传统的封建文化秩序和极端西方化之间发生的家庭成员的冲突，知识分子的矛盾、困惑和彷徨。由于这种相似性，该作品引起了韩国读者的广泛关注。最重要的是，丰富的思想内容、独特的叙事结构方式、多样的

---

① 有一篇以"A thought on the introspective activites of the East Asian intellectuals（考察东亚知识分子的反省意识）"为题的博士论文，比较考察了林哲佑《百年旅馆》与王蒙的《活动变人形》。有一篇以"韩·中浪漫主义小说比较研究"为题的论文，比较考察了黄顺元的战后小说和王蒙的新时期小说。

艺术手法，获得了韩国学者极高的评价。曾经翻译过该作品的全炯俊教授（前首尔大学教授）就讲到过，王蒙是新时期文学初期十年中国小说在向世界文学前进过程中占有举足轻重地位的作家之一，《活动变人形》是打开中国小说新篇章的有意义的作品。大多数学者也同意他的看法，认为该作品是王蒙的代表作。

关于《活动变人形》，还有一点要提及的内容是，该作品是王蒙的作品中韩国年轻读者特别是大学生们最熟知的作品，是大众认知度很高的作品。因为包括首尔大学、高丽大学、西江大学在内的韩国大部分名牌大学都将该作品与《鲁迅全集》一起，选定为必读推荐图书。众所周知，鲁迅是代表中国的文豪，被誉为中国文坛的象征。王蒙的作品和鲁迅的作品一样被选中，这表明在韩国王蒙的文学地位得到了仅次于鲁迅的高度评价。因此，该作品对于韩国读者来说，是一部刻有他名字的非常重要且有意义的作品。

二、王蒙在韩国的活动

王蒙曾多次访问韩国，与韩国学者以及大众进行了交流。2007 年王蒙应邀在首尔中国文化中心作了题为"中国当代文化生活"的讲座，包括中国文化中心会员在内，中国文学研究者以及使馆官员等到场聆听。面对韩国听众，王蒙特意以中国人的当代文化生活为主题进行了一场概括性的介绍，包括中国的出版业、广播媒体、目前中国文坛所流行的文学倾向、"80后"文学现状等。他特别强调在物质文明高度发展的今天，人们更需要一种积极向上的文化生活，这种文化生活并不是以世俗娱乐消费为主流的。他深入地描绘了中国社会的现实情况，对当代社会问题的洞察和思考给韩国听众留下了极为强烈的、深刻的印象。

特别是同一年为纪念韩中建交 15 周年，韩国高丽大学举办了"海外作家专题学术研讨会——王蒙特邀演讲会"。研讨会第一天以"文化中国的坐标与作用"为主题，第二天以"中国当代文学与王蒙"为主题，分两天举行。韩中两国学者、中国文学爱好者以及大学生等到场听讲。研讨会上，王蒙作了题为"我的创作历程与文学世界"的专题演讲。随后韩国学者以王蒙的文学创作和作品为中心进行了讨论。笔者也非常荣幸地受邀参加此次活动，并介绍了王蒙的文学足迹。除此之外，王蒙还曾受邀到韩国首尔大学进行演讲。据悉，王蒙数次访问韩国，通过与韩国大学学者及文人进行交流，扩大了对外活动，增进了友谊。全炯俊教授也以此为契机与王蒙进行了交流，正式签订了《活动变人形》的翻译著作权合同。

2007 年 10 月 26 日王蒙文学研讨会在首尔举行，王蒙同与会的部分专家代表合影

韩国著名的学者兼诗人、散文家许世旭教授曾在《王蒙自述：我的人生哲学》的推荐序中表示，自己与王蒙一样是 1934 年出生的同龄人，一直关注着王蒙的作品。因为一起进行文学创作活动的缘分，所以很乐意写本书的推荐序。他强调王蒙是自己的朋友，并叙述了该作品的价值和意义。从发自内心的真情的作品介绍与对王蒙的喜爱来看，两人之间的友谊极其深厚。

三、王蒙在韩国的影响

纵观王蒙的人生和文学轨迹，他有两个身份：一个是作为政治家的王蒙，另一个是作为文学家的王蒙。这两个身份时而和谐，时而拮抗，引领了他的人生和文学。他以对现实的冷静批判意识、责任感和使命感，对中国社会的矛盾和危机提出了逆耳忠言。《组织部来了个年轻人》里，借"林震"这个人物形象来表达对官僚主义作风的强烈批判，积极表达对党与组织的改革期望，这就显示了王蒙一针见血的批判性和勇气。《活动变人形》是一部超越政治把视线转移到文化心理层面上的作品。王蒙通过"倪吾诚"这个人物形象来揭示传统封建文化心理结构是如何制约着人们的思维、行为、生活态度，甚至制约着人与人、人与社会的关系。从彻底洞察中国人文化心理结构和冷静的现实批判精神中，可以看出作家对历史和社会的敏锐洞察力。王蒙对中国人的意识、心理、行为方式等所谓的文化心理结构一直表现出极大的文学兴趣。除了《活动变人形》以外，《坚硬的稀粥》也是王蒙对文化的批判性思考的投影。笔者之所以高度评价和尊敬王蒙，是因为他不断地进行文学探索和创新。虽然对一般大众来说很陌生，但王蒙创作了一系列实验小说，如《来劲》《组接》《要字 8679 号——推理小说新作》等。这些作品在叙事语言、叙事结构、叙事视角等小说形式实验方面，展现了与现有作品创作截然不同的惊人挑战和变身。这些作品里找不到任何政治意识形态和政治话语，只能看到作家"把小说拉回到小说中来"的努力和实践。这就意味着，王蒙不停地转变自己、更新自己的文学热情。

王蒙的创作风格与文学成就对韩中文学发展与学术成就起到了重要作用。王蒙对韩国的影响主要体现在三个方面。第一，王蒙的思想和文学观念具有很强的现实性。王蒙比任何作家更具有对中国社会的敏锐洞察力，同时能捕捉到中国社会存在的结构问题、思想问题的核心。他以强烈的现实性为基础洞察生活，以作家的使命和良心对时代和社会毫不吝啬地提出逆耳忠言和批评，他的文学态度和思想给韩国学界、文坛、普通读者留下了深刻的印象和影响。第二，作家应该以不停滞、经常变化的姿态，在文学表现形式上尝试文学探索和变身。包括意识流小说在内，王蒙每次不断尝试的叙事变化和文学实验也给韩国作家以及学者带来了新鲜的冲击和刺激。第三，在日益世俗化的今天，文学逐渐被娱乐化、边缘化。在文学危机与人文精神丧失的时代，王蒙作为作家强调文学的尊严与责任感，他的文化评论和观点对目前韩国的文化批判与思考也起到了重要作用。

作为中国当代文坛的重要人物，王蒙的思想与文学活动对韩国学术界、文坛与文化批评带来的影响与作用是不可忽视、非常可贵的。

随着岁月的流逝，十四岁单纯、热情的"少年布尔什维克"王蒙，经过"林震""张思远""倪藻"等形象，不知不觉间成为了白发苍苍的老人。他是中国当代史的见证人，在历史的洪流和桎梏里，经受了比同时代其他作家更多的磨炼与考验。《王蒙自述：我的人生哲学》一书描写了这样一部风雨沧桑的人生旅程。步入老年的王蒙，通过这本书回顾了自己的人生经历，并且阐述了从中体会到的人生真谛和意义。这本书与《活动变人形》一起受到了韩国读者的广泛关注。韩国读者对这本书有高度的评价，认为它是一本具有思想深度的人生哲学书。该书的可贵之处在于，给需要规划未来的年轻人传达作为前辈的智慧，给埋头工作忙碌的中年人提供重新寻找人生方向的机会，给处于人生老年期的人带来反省过去、整理人生的深刻感动与领悟。在这本书里，印象最深的文字是"人生就是生命的一次燃烧；一个人的成就有大有小，然而你应该尽力。尽力尽情尽兴一切可能了，这就是黄金时代，这就是人生滋味，这就是人生的意义价值"。这段文字是耐人寻味、令人回味无穷的。不仅如此，王蒙嘱咐通过不断地学习，来提高自己的人生价值，享受自己的人生。

在生活和文学中体现出来的不屈不挠的人生观和不断学习的姿态是他克服痛苦和考验后获得的宝贵的人生境界。用学习和思考丰富人生，用对生活的信念和肯定克服人生的苦难、应对人生的考验，这是中国作家王蒙向包括韩国在内的全世界读者的宝贵嘱托，是对学习的欲望和热情、对生活的观照与尊敬。

有人说："'青春'不是人生的某一时期，只是心灵的状态而已。"向年近九旬的人民艺术家王蒙老先生，借他作品的题目向他致敬："青春万岁！"青春永远！

王蒙在越南

彭世团 *

一、王蒙作品在越南的传播

王蒙的作品在越南出版，最早是 1989 年的《悠悠寸草心》，这是越南教师阮金碇从 1982 年出版的法文版《王蒙短篇小说集》翻译过来的。该小说集共收录《风筝飘带》《夜的眼》《说客盈门》《悠悠寸草心》等四篇中短篇小说。1989 年 6 月 15 日出版，印数一万册。考虑到当时两国关系还没有正常化，此书能在越南出版更显得难能可贵，其印刷量，在越南出版物中也属于较多的，为越南人民了解中国改革开放的思想状态提供了一个窗口。

王蒙的作品真正大量进入越南，是在世纪之交。先是他的部分中短篇小说被选入越南出版的中国小说选集，后于 2005 年越南人民公安出版社出版他的个人作品集《蝴蝶》。由此开始，王蒙的主要作品陆陆续续在越南翻译出版。其中包括长篇小说《青春万岁》《活动变人形》《青狐》《这边风景》等；王蒙解读中国传统文化的系列书籍，如《中国天机》等也翻译成越南语出版。王蒙 2005 年将他写苏联的文字结集成册，以《苏联祭》为名出版。他讲过，这样一本书，可能引起共鸣的只有越南了。果然，该书 2009 年由越南翻译

* 彭世团，中国驻越南大使馆原文化参赞，曾任王蒙秘书。

出版后，还没看到其他文种的翻译版本。

目前，王蒙的作品在越南网络销售是常态存在。越南较大的网络综合销售平台 Tiki 上可以找到《中国天机》《这边风景》等作品。越南书网（Vinabook）有《青狐》《我的人生哲学》《蝴蝶》。越南国家图书馆收藏了在越南出版的王蒙作品的不同版本，也收藏了部分中国出版的汉语版作品，其中包括 2014 年出版的 45 卷本《王蒙文集》、自传三部、老王系列微型小说、《老子的帮助》等。

《这边风景》一书的越南文版封面

二、王蒙在越南的活动

2006 年 2 月，应越南文化通讯部的邀请，王蒙率中国文化代表团访问越南。一是参加中国文化周系列活动；二是与越南文学界进行交流；三是与越南劳动出版社（《青狐》）、文化通讯出版社（《青春万岁》《活动变人形》）、越南南方文化公司（《尴尬风流》）等签订其作品越文版的出版协议。

2月14日，王蒙一行从北京起飞，经广州抵达河内，入住河内市中心的梅利亚酒店。第二天，王蒙一行前往巴亭广场胡志明陵，献花并瞻仰了胡志明主席遗体，参观了胡志明故居并留言。当天下午，王蒙赴河内云湖文化艺术展览中心，与越南文化通讯部副部长陈战胜一起为《舞动的北京》图片展剪彩开幕，这是2008年北京奥运会宣传的一个组成部分。傍晚，时任越南文化通讯部部长的范光毅宴请了王蒙一行。当年4月，范光毅在越共十大上当选越共中央政治局委员，7月出任河内市委书记。越南不设常委，共十

2006年2月16日王蒙在河内与越南作家会谈，介绍中国当代文学的情况

个政治局委员。当天晚上，王蒙到河内大剧院观看黑龙江歌舞团的演出，演出结束时与艺术团合影留念。第三天，王蒙一行到位于河内阮庭炤路的越南作家协会驻地，向越南作家协会的同行、越中文化交流中心的朋友们介绍了中国当代文学的情况并进行了问答交流。活动由时任越南作家协会主席的阮友请主持。中午，阮友请宴请了王蒙一行。当天下午，王蒙到位于河内巴亭广场边的越共中央宣教部，拜会了越共中央政治局委员、宣教部部长阮科恬。宾主就两国文学的发展进行了愉快的交流。结束时王蒙给阮科恬送上刚由越南人民公安出版社翻译出版的越南语版《蝴蝶》，并向他介绍了此书的一些逸事。阮科恬是越南著名诗人，曾担任越南作家协会主席多年，在任宣教部部长前是越南文化通讯部部长。当时担任越方翻译的黄文俊，现在是越共中央对外部东北亚司司长，负责对华交流与合作。

当天晚上，中国驻越南大使齐建国先生在使馆宴请了王蒙。宴会后王蒙出席了中国电影周的放映活动。

第四天，王蒙赴越南第一个世界自然遗产地下龙湾参观。第五天参观了河内文庙、河内古街，观看了越南非遗项目水上木偶的演出。第六天赴胡志明市。

在胡志明市期间，王蒙到访胡志明市文化局，双方进行了交流。参观了统一宫、莲潭公园、胡志明市最大的书店。在书店，看到了他的新书《蝴蝶》，还引起了小小的围观。21 日，王蒙一行离开胡志明市，经广州赴上海参加中国作协主席团会议。

三、王蒙在越南的影响

2006 年 2 月 14 日王蒙到达越南访问当天，越南《年轻人报》写道："王蒙的社会性极高，他毫不犹豫地探讨政治题材，书写那些带刺的问题。不仅如此，他被看作是一个真正意义上的作家，他从不间断他的创作与探索，尝试各种不同的写作方法，不断探寻不同的写作可能。他的文字浸润着强烈的善意，展现了他崇高、仁厚的灵魂。"可以说，在越南读者、研究者的心目中，王蒙的创造性、政治性、道德的崇高性是被充分肯定的，这也是大家阅读他的前提。

越南研究中国现当代文学的作品中，王蒙是其中一个重要的作家，代表了一个时代中国作家在文学创作创新方面的探索与成就。如 2008 年河内国家大学社会与人文科学大学武氏云的《开放时期的中国小说》，多处提到王蒙，也提到了他的作品《蝴蝶》。但越南学者单独研究王蒙的并不多。在越南论文库中，只有两篇 2013 年的硕士论文是研究他的作品的，一篇是河内国家大学下属社会与人文科学大学外国文学专业的硕士生杜氏香写的《王蒙小说中的意识流艺术》；另一篇是胡志明市师范大学文学专业潘氏兰玉的硕士论文《王蒙创作中的意象》。

王蒙在苏联和俄罗斯

蔡　茗　李英男　叶　帆*

王蒙是中国当代最具影响力的作家之一，他与苏联、俄罗斯交往颇多。早在少年时代，苏联就已经作为一个"美丽的梦"存在于王蒙的心中："苏联是我少年、青年时代向往的天堂。"王蒙的情感深处，具有浓厚的"苏俄情结"，对苏俄文学和作家怀有深厚感情和崇高敬意，"苏联文学给我的影响说也说不尽。我不仅是从政治上而且是从艺术上曾经被苏联文学所彻底征服"，"我之走向革命走向进步，与苏联文艺的影响是分不开的，我崇拜革命崇拜苏联崇拜共产主义都包含着崇拜苏联文艺"。

王蒙曾在《苏联祭》中写到："如果说我的青年时代有四个关键词，它们是：革命、爱情、文学与苏联。"王蒙也曾写到："没有办法，苏联就是我的19岁，就是我的初恋，我的文学生涯的开端。"著名汉学家托罗普采夫曾经形象地描述王蒙与苏联和俄罗斯之间的关系："实际上他访问的不是苏联，也不是俄罗斯，他访问了第三个地方——就是他本人的青年，他的爱情，他的'桃源'。"不论是苏联，还是后来的俄罗斯，都是王蒙精神世界得以落成的一块重要基石，是他青春时理想世界的"桃花源"，想要了解王蒙，苏联和俄罗斯是永远也绕不开的话题。

---

* 蔡茗，人民出版社编辑。李英男，北京外国语大学俄语学院教授。叶帆，北京大学马克思主义学院研究员。

一、王蒙作品在苏联和俄罗斯的翻译出版

中俄文学之交往源远流长，于 20 世纪 50 年代进入高峰。当时苏联在大量翻译出版中国古典文学名著的同时，也开始关注中国现当代文学，全苏出版社都在大批量地出版鲁迅、巴金、老舍、茅盾、赵树理等文学家的著作。丁玲于 1952 年被授予斯大林文学奖。然而，随着中苏关系恶化，政治鸿沟阻断了两国的文学交往，整个 20 世纪 60 至 70 年代的二十年间，中国当代文学作品无法进入苏联书店。20 世纪 80 年代初，在中国改革开放和中苏关系逐步正常化的大背景下，中国当代文学重新进入了苏联翻译界和读者的视野。

1. 20 世纪 80 年代苏联时期的译介

1981 年 11 月，颇有社会影响的苏联权威期刊《外国文学》刊登了王蒙的《夜的眼》（译者 И. 斯米尔诺夫）。第二年，莫斯科进步出版社将其收入题为《人妖之间——中国短篇小说集》中，同时选用的还有王蒙早期成名之作《组织部来了个年轻人》。此后，整个 20 世纪 80 年代几乎每年都有王蒙作品被翻译出版或再版，呈现不断增多的趋势。具体情况如下。

1983 年，《蝴蝶》（中篇小说集《人与影子》，莫斯科青年近卫军出版社）。

1984 年，《春之声》《海的梦》（《中国当代小说集》，莫斯科消息报出版社）。

1985 年，《杂色》（《人到中年——中国当代中篇小说集》，莫斯科彩虹出版社）；《惶惑》（《地球的早晨——东方文学作品集》第 13 辑，莫斯科文学出版社）；再版《组织部来了个年轻人》《春之声》（《记忆——当代外国小说集：中国小说》，莫斯科文学出版社）。

1986 年，《风筝飘带》《深的湖》《木箱深处的紫绸花服》(《外国文学》期刊第 9 期)。

1988 年，莫斯科彩虹出版社出版了《王蒙选集》，其中包括《青春万岁》(片段)、《活动变人形》、《布礼》、《冬天的话题》、《风筝飘带》(再版) 等。

同年，彩虹出版社编辑出版的《当代中国文学作品集》选编了五篇王蒙小说，其中新译的有《湖光》《听海》《春夜》，再版的有《夜的眼》和《惶惑》；文学出版社出版的《当代中国短篇小说》再次刊登《冬天的话题》。

20 世纪 80 年代，致力于王蒙著作翻译的有许多资深汉学家、翻译家，如 И. 斯米尔诺夫（И. С. Смирнов）、В. 索罗金（В. Ф. Сорокин）、马良文（В.В. Малявин）、华克生（Д. Н. Воскресенский）、С. 托罗普采夫（С. А.Торопцев）等。他们热爱中国文学，具有高超的语言技能、丰富的翻译经验、认真严谨的工作态度，专心致志从事王蒙译介，让王蒙"用俄语说话"，征服了广大读者。

此外，中国外文出版社组织了阵容强大的翻译团队，于 1988 年出版了俄文版《王蒙小说集》，为王蒙作品"走出去"做出了重要贡献。这本小说集包括：《春节》《冬雨》《最宝贵的》《买买提处长轶事》《心的光》《灰鸽》《鹰谷》《高原的风》《焰火》《妙仙庵剪影》《青龙潭》《春夜》等。译者有刘霞、蔡洛文、赵瑞联等。

经两国翻译家不约而同的努力，1988 年一年之内，俄中合计发表了王蒙中短篇小说译文二十四篇，形成王蒙译介的第一个高潮。

2. 20 世纪 90 年代至今俄罗斯联邦译介出版情况

1991 年苏联解体后，俄罗斯出版业陷入危机，困难重重。完成商业化转轨后，刚刚开始振兴，又受到 2008 年国际金融危机的打击。俄罗斯社会经济等各方面变化也影响了中俄文学交流。然而，即便在如此困难的条件

下，俄罗斯翻译家们仍以执着的热情和不懈的努力继续推动王蒙译介，1992
至 2008 年间，共发表出版了二十六部王蒙作品，长期位居俄罗斯译介当代
中国作家作品数量榜首。①

1998 年，《今日亚非》期刊第 9 期刊登了王蒙三部短篇小说：《寻湖》、《没
有》、《焰火》（再版）。

1999 年 9 月，《当代人》期刊庆祝中华人民共和国 50 华诞专刊刊登《春
堤六桥》译文。

2002 年，《世界文学》期刊第 9 至 10 期刊登《组织部来了个年轻人》（新
译本）；同年，出版了《20 世纪中国诗歌小说集》，其中有王蒙《风筝飘带》（再
版）和《春堤六桥》。

2004 年，王蒙作品在俄罗斯的译介再度出现高潮。

1 月，有两部作品《失去又找到了的月光园故事》和《买买提处长轶事》
（片段）刊登在《东方文艺收藏》杂志第 1 期。

5 月，《外国文学》杂志刊登《黄杨树根之死》。

10 月，莫斯科艾季托里阿尔 URSS 出版社出版了题为《山坡上攀登的脚
印》王蒙专集，共有十九部中短篇小说入选，包括：《风筝飘带》《杂色》《听海》
《海的梦》《春之声》《春夜》《木箱深处的紫绸花服》《黄杨树根之死》《深的湖》
《焰火》《湖光》《夏天的肖像》《寻湖》《灰鸽》《失去又找到了的月光园故事》《买
买提处长轶事》《加拿大的月亮》《没有》《他来》等。王蒙个人小说专集问世
改变了此前俄罗斯出版社只出版多位当代中国作家合集的惯例。

2007 年，《老王小故事》（新译）和六部短篇选入《中国蜕变：中国当代
小说散文》。该书是俄罗斯东方出版社与中国人民文学出版社合作出版项目，

---

① 参 见 Родионов А.А. О переводах новейшей китайской прозы на русский язык после
распада СССР. Вестник СПбГУ. Сер. 13, 2010, вып. 2。

其中六部短篇（《春之声》《海的梦》《听海》《木箱深处的紫绸花服》《灰鸽》《失去又找到了的月光园故事》）均为再版。

同年，阿斯特出版社出版了《当代中国小说集》，《歌声好像明媚的春光》入选。学院图书出版社出版了托罗普采夫编辑的小说、随笔、散文集《窗口——俄罗斯和中国相互对视》，其中包括选自《苏联祭》的四篇散文：《俄罗斯意犹未尽》《行板如歌》《大馅饼与喀秋莎》《塔什干晨雨》。

此后，2012 年，《孔子学院》杂志第 3 期刊登《杂色》（节选再版）。

2014 年，《王蒙自传》第一部：《半生多事》（节选）译成俄文，发表于《活动变人形》文集（东方出版社）。

2019 年至 2022 年，《这边风景》(上下卷)，由莫斯科尚斯出版社陆续出版。

据不完全统计，自 20 世纪 80 年代至今，共有五十多部王蒙作品在俄罗斯出版发行，使王蒙成为俄罗斯读者最为熟悉的当代中国作家之一。俄罗斯研究者认为，产生"王蒙效应"的主要原因有以下几点：(1) 王蒙作品富有哲理性，小说所体现的人生观、世界观容易被俄罗斯有一定阅历的知识分子理解和接受。(2) 王蒙具有"俄罗斯情结"，他了解俄罗斯文化、文学，并积极参加中俄文化交流，与俄罗斯汉学家及其他文化界人士建立了亲密的关系，这些都有助于作家拉近和读者、译者的距离。(3) 俄罗斯汉学界对王蒙创作的深入研究为王蒙作品译介起到了良好的铺垫和助推作用。[①]

二、王蒙在苏联和俄罗斯的活动

王蒙曾写道："没有哪个国家像苏联那样，我没有亲眼见过它，但我已

---

① 参 见 Родионов А.А. О переводах новейшей китайской прозы на русский язык после распада СССР. Вестник СПбГУ. Сер. 13, 2010, вып.2。

经那么熟悉、那么了解、那么惦念过它的城市、乡村、湖泊，它的任务、旗帜、标语口号，它的小说、诗、戏剧、电影、绘画、歌曲和舞蹈。"虽说王蒙不懂俄语，但是从他的著作、他的言谈中会发现，他除了不懂俄语，几乎就是一个"苏–俄通"。他对于俄罗斯的文学、绘画艺术、歌曲、民俗等简直无所不晓，从普希金到契诃夫，再到爱伦堡，从列维坦到列宾，从格林卡到柴可夫斯基，从列宁再到日丹诺夫，可谓了如指掌。王蒙对于苏联和俄罗斯的了解绝不是蜻蜓点水式的泛泛而谈，他对于这个国家和民族的政治、文化、艺术、文学都有着极为深刻的见解与体会。

1. 寻梦之旅：1984 年首访苏联

1984 年王蒙首次受邀率中国电影代表团，携电影《青春万岁》及其制作团队赴苏联加盟共和国乌兹别克斯坦的首都塔什干，参加"亚非拉国际电影节"。在苏联为期二十二天的访问，可以说是王蒙的寻梦和圆梦之旅。王蒙称"游历苏联是一次灵魂的冒险"，"是一次充盈的内心体验"，虽然是初次到访，但却又像是故地重游。

这次的苏联之行给王蒙留下了深刻印象，他写下了《塔什干晨雨》《访苏心潮》《访苏日记》《塔什干·撒马尔罕掠影》等一系列作品。在苏联的每一天，王蒙都在用心观察与体会，他写道："无须讳言，在苏联的每一天，我都进行着对于种种生活细节的两相比较，一个是前面写到了的苏联与中国的比较，再一个则是苏联与美国的比较。"尽管看到了苏联社会存在的一些问题，但是他对这个国家、这个民族依然充满热忱。

众所周知，20 世纪 60 至 70 年代中苏两国关系一度极为紧张。至 20 世纪 80 年代虽开始趋缓，但在当时，两国间的交流仍然荆棘密布，戒备与警惕的情绪萦绕在两国人民心头。以至于在《访苏心潮》中王蒙曾感叹道："既然开始了接触与友好往来，不管还有多少障碍，人民之间、文人之间，总是应该有一点符合友好交流精神的报道吧。为什么在苏联友好地报道一下中国的情况，至今仍是那么难呢?"这在中俄关系处于历史最好时期的今天是难以想象的。尽管当时困难重重，信任与交流不足，但是王蒙却始终坚信，中苏人民间的情谊历久弥新。也正是怀抱这样开放交流的心态，王蒙在苏联结识了许多友好的汉学家、文化界人士、政府官员等。

电影节期间，王蒙访问了莫斯科、塔什干、撒马尔罕和第比利斯这几个当时著名的苏联城市。虽然王蒙不懂俄语，但是因为之前在新疆的工作和生活经历，精通维吾尔语的王蒙，临行前只是简单学习了一些规则，通过将维吾尔语的某些元音加以调整，竟轻松掌握了乌兹别克语！到了塔什干等地，王蒙运用这种"维吾尔—乌兹别克语"与当地人可以自由交流，听说全无障碍，令当地人啧啧称赞。

此次访苏代表团一行人，于1984年5月20日首站抵达莫斯科。在机场王蒙即受到驻苏使馆参赞、苏联科学院远东研究所托罗普采夫教授及塔什干电影节接待组工作人员的热情接待。他们只在莫斯科短暂停留了两天，到达当天王蒙等人去了中国大使馆，与使馆同志亲切会面。第二天在红场附近和莫斯科地铁简单参观，晚上便到汉学家托罗普采夫家赴宴。虽然在莫斯科的行程很匆忙，但是王蒙却非常满足，他写道："一踏上苏联的土地便已感受到了苏联人民、苏联知识分子的友好情谊。"

5月22日一行人启程前往乌兹别克斯坦首都塔什干，并在机场受到了官方热情的迎接。在这里他们参加了电影节的开幕式，并一连几天观看了来自世界各地的优秀电影作品。5月26日，在与苏联影协外事部门负责人娜杰日达·伏日科娃会见后，便乘火车前往乌兹别克斯坦的第二大城市，一座中亚的古老城市，也是丝绸之路上重要的枢纽——撒马尔罕。在这里他们不仅参观了古代清真寺、列宁集体农庄，更与当地农庄的维吾尔族庄员亲切交流谈天。王蒙娴熟的维吾尔语再次发挥重要作用，庄员兴奋地向别人介绍："这是我们的维吾尔人！从中国来的维吾尔人！"

5月28日，在返回塔什干后，他们参观了电影市场，介绍了苏联电影在中国的放映情况。应邀前往乌兹别克斯坦纪录片厂观看纪录片，并结交了很多外国友人。5月31日《青春万岁》顺利在电影节上进行了展映，收获了观众的认可与掌声。第二天，中国电影代表团依例举行记者招待会，记者们的提问非常踊跃也很有礼貌。王蒙曾记述："他们问《青春万岁》影片中反映中苏人民友好的一些场面是否小说原有的，我们给予了肯定的答复。他们问中国的电影生产情况。他们还问对塔什干电影节的口号的看法。我回答说，电影节活动有助于各国电影工作者的艺术交流，能够增强各国人民之间的相互了解。至于维护世界和平，是一个重要的却也是艰巨复杂的任务，它需要多方面的努力。"后来《苏联报》也在版面显著的位置刊发了中国电影代表团举行记者招待会的消息。

说到电影《青春万岁》在苏联参加电影展，就不得不提王蒙的代表作《青春万岁》。在创作这部小说时，王蒙就曾经幻想过带着作品到苏联参加活动的场景："五十年代，我不知道有多少次梦想着苏联。听到谁谁到苏联留学或者访问了，我心跳，我眼亮，我羡慕得流泪。""一九五三年初冬，我开始我的处女作《青春万岁》的写作，我当时有一种隐秘的幻想。我幻想我的作品会获得巨大的成功，从而我有可能随中国青年代表团去莫斯科参加世界青年联欢节。"曾经王蒙认为幻想太过美妙和不可思议，甚至羞于认真想下去。但没想到这样的幻想竟成真了，三十一年后，王蒙真的携作品改编的电影一起踏上了苏联的土地。

汉学家托罗普采夫曾在访谈中谈及初读王蒙小说《青春万岁》时的深刻体会："1982年冬天，我很偶然地读到了王蒙的小说《青春万岁》。我从头到尾把它读了两遍，注意到它触动了我内心深处的感觉，一种作为人才有的感动。这是我以前在中国的散文中从未见过的。我开始如饥似渴地寻找这个作家的名字——王蒙，并读了他的一些其他的作品。然后，霎时间我了解到，在中国终于诞生了真正的文学，而不是为政治服务的东西，是真正的艺术。"

此次访苏，除了出席塔什干电影节的相关活动，王蒙还受邀去苏联科学院远东研究所讲当代中国文学情况。托罗普采夫夫妇、索罗金、李福清和艾德林都特地来到远东研究所与王蒙见面会谈。这几位汉学家都是苏联学界久负盛望的学者，而且都曾翻译或研究过王蒙的作品，对中国文学的发展以及王蒙的创作和艺术成就有独到的见解。中苏文学家们欢聚一堂，切磋心得，畅享文思。

6月11日，在出席苏中友协欢迎会的当间，王蒙又受邀到《外国文学》编辑部座谈。当时的苏联作协主席、《外国文学》主编、汉学家费德林亲自前往迎接。费德林曾担任苏联驻联合国代表和苏联外交部副部长，可见苏联学界对王蒙此行的重视。两人相谈甚欢，费德林还提出中苏两国交换文学期刊的提议，王蒙表示赞成。

在即将结束苏联之旅时，王蒙非常感慨，写道："我很高兴，很欣慰，却也有几分忧伤。我终于亲眼看到了苏联，看到了苏联人民、知识分子、文艺工作者对中国人民的真诚友好。我看到了她的长处和短处，她的表面与内层。当然，我看到的还很不够。她的长处使我为现状而忧伤；她的短处使我为'过去'的失落而忧伤。"

2. 故地重游：2004年访问俄罗斯

2004年11月15日，王蒙第二次赴俄。此次访问是由俄罗斯科学院远东研究所倡议，应俄罗斯总统驻西伯利亚联邦区全权代表、俄中友好和平与发展委员会俄方主席德列切夫斯基的邀请，王蒙再次踏上了俄罗斯的土地。

　　这是时隔二十年后王蒙再次踏上这片熟悉的土地。此时苏联已经解体，不知王蒙感受更多的是怅然若失还是恍若隔世。他在《2004·俄罗斯八日》开篇处便写道："没有。还是没有。终于找不着了啊。"在飞往俄罗斯的飞机上，作家还试图找寻一些苏联味道，至少是俄罗斯民歌味道的歌曲。念及"原苏联"一词，作家便觉得自己仿佛也如那前朝"遗老"般的悲哀。

　　此次俄罗斯之行，是为一项重要的事情——接受俄罗斯科学院远东研究所授予的荣誉博士学位。俄罗斯科学院远东研究所所长季塔连科在致王蒙的电函中说："考虑到您在中国社会的极大威望，发展中国文化与文学方面的卓越成功，并考虑到您促进中俄两国文化交流积极的社会活动而一致决定授予您我所荣誉博士学位。同时，您将成为我所的东亚和平发展国际委员会成员。"

　　2004年11月王蒙被俄罗斯科学院远东研究所授予博士学位。在授予仪式上王蒙用俄语致答词

在荣誉博士学位授予仪式上，所长季塔连科院士依例提问："您是否继续致力于我们的人民之间的和平与友好？""您是否准备继续致力于科学的发展繁荣？"王蒙都郑重回答道："是的"。在仪式上，王蒙特别用俄语致答谢词，他深情地说道："苏联、俄罗斯、莫斯科是我青年时代的梦。现在，苏联没有了，我的梦想已经比青年时期发展成熟了很多。但是，俄罗斯还在，莫斯科还在，中俄人民的友谊还在，而且一切会更加繁荣和美丽。"王蒙的答辞使在座的俄国朋友都深深动容。

此次访问俄罗斯，王蒙还会见了当时俄罗斯文化部长索科洛夫。索科洛夫是一位音乐家，曾任柴可夫斯基音乐学院的院长。两人交谈甚欢，从"世界文化的多元与民族文化"谈到"文化大国建设"，谈话活泼幽默，一时宾主尽欢。其间王蒙谈到俄罗斯的音乐对中国的影响，提到了莫索尔斯基、鲍罗金、柴可夫斯基，苏维埃时期的杜纳耶夫斯基等等，还提到俄罗斯的列宾、列维坦等一大批优秀画家，索科洛夫啧啧称叹。王蒙说："俄罗斯的文化，包括苏联的文化对我们有过那么深刻的影响，使我现在谈起来感觉到我又恢复到青年的时候，我好像又来到了圣彼得堡的彼得大帝的像前，想起来了普希金为这个像所写的诗歌。"

1984年首次访苏，王蒙就曾到访《外国文学》编辑部，《外国文学》期刊作为苏联–俄罗斯文学界的权威期刊，一直关注并刊登最能代表中国文学发展方向的优秀作品，介绍中国文学的代表作家；王蒙及其作品也是由《外国文学》最早介绍到苏联–俄罗斯的。此前双方已经建立起友好沟通机制，所以此次访俄王蒙接受了《外国文学》编辑部及著名汉学家华克生、托罗普采夫等的采访。采访记录由托罗普采夫整理后发表在《外国文学》2005年第5期上。

这次采访中，王蒙首先谈了中国文学发展的现状。在高度肯定中国文学发展方向的正确性后，也提到一些作家还有一些不适应。提到自己的创作，王蒙讲到一件趣事："我的小说《活动变人形》曾在莫斯科出版，由华克生翻译。1989 年初，苏联外长谢瓦尔德纳泽来北京时，中国外交部长钱其琛在钓鱼台国宾馆设宴款待他，当时我也在场，谢瓦尔德纳泽一见我就说：'王蒙同志，您的书在苏联很受欢迎啊！'我回答他：'在中国，我的小说发行量有 2.9 万册，但在莫斯科发行了 10 万册，我现在考虑是不是应该开始主要为苏联人民写作了！'"引得大家哄堂大笑，气氛达到活跃的顶点。

采访中王蒙不但谈了自己作品的创作、出版、翻译和海外发行情况，还为俄罗斯读者介绍了一些中国的新锐作家，并介绍了他们不同的创作风格和主题，以及北京的《世界文学》和上海的《外国文学》期刊。此次访谈中，《外国文学》编辑部诚挚邀请王蒙成为该期刊国际编委会的成员，王蒙欣然同意。王蒙说："谢谢，谢谢，这是个好主意。十五年前，艾特马托夫①给我写了一封信，提议加入该委员会。但当时我是文化部长，中苏关系存在很多困难，我只好遗憾地拒绝了。现在一切都没有问题了，这对我来说是一种荣幸。"

聊到此次访问莫斯科的感受，王蒙动情地说："我很高兴来到这里，我感觉就像是在拜访老朋友。"此次访俄，王蒙终于有机会细细游览一番雪中的莫斯科，他拜谒了列宁墓，参观了红场、克里姆林宫、大剧院，游历了麻雀山、莫斯科河……此情此景也再次令他为苏联、苏共的解体和消亡而叹惋，幸而莫斯科看起来一切平静有序。

此次访俄，为了发行新版的王蒙中短篇小说集俄文版，王蒙在"找到你自己"书店出席了书店举行的读者见面会。这本小说集是由汉学家托罗普采

---

① 钦吉斯·艾特玛托夫（吉尔吉斯语：Чынгыз Айтматов，1928 年 12 月 12 日—2008 年 6 月 10 日），又译钦吉兹·艾特马托夫。吉尔吉斯斯坦作家，其作品集被翻译成一百多种文字在世界各地出版。

王蒙在《外国文学》编辑部座谈（托罗普采夫／摄）

夫翻译编辑的。见面会因交通原因推迟了一个多小时，但是数十名忠实读者一直耐心等待，现场气氛十分热烈。这些对中国文化、文学都抱有极大热情的读者让王蒙非常感动，他们一起谈作品，聊中国，甚至还一起合唱了苏联歌曲。

　　除此之外，王蒙还参观了莫斯科大学亚非学院，与院长梅耶尔教授见面交谈，互赠书籍。在这里王蒙参观了彼得罗夫斯基纪念馆，并为莫斯科大学

王蒙与读者在一起（托罗普采夫／摄）

亚非学院的汉学家们作了场讲座。参加这次讲座的不仅有莫斯科大学的师生，还有来自语言大学、高尔基文学院、实用东方学研究所，以及校际汉语言研究中心等院校及研究中心的学生和老师。讲座现场气氛热烈，王蒙分享了全球化背景下中国文化的特殊性、中国文学的现状，并回答了提问。王蒙表示，长期以来，他一直想见到这些年轻的汉学家，相信未来他们会成为各自领域的专业人士。

结束了莫斯科的游历，王蒙乘火车来到了圣彼得堡，参观了普希金故居、冬宫和阿夫乐尔号巡洋舰。根据这次访俄经历，他写下了《2004·俄罗斯八日》《俄罗斯意犹未尽》等记录自己访俄经历的散文。行程结束回国后，他把自己写的有关苏联和俄罗斯的作品汇成了一本集子《苏联祭》，以此来纪念自己的青春梦想。

王蒙与莫斯科大学亚非学院院长梅耶尔（托罗
普采夫／摄）

　　2006 年 5 月，王蒙的《苏联祭》顺利付梓。书的封面上赫然印着一枚
硕大的红星，扉页上写着："谨以此书迎接与纪念二〇〇七——苏联十月社
会主义革命九十周年"。然而，《苏联祭》并不是一本普通的书，其中收录了
王蒙自 1984 年以来三十余年间创作的《访苏心潮》《苏联文学的光明梦》《歌
声好像明媚的春光》等与苏联（俄罗斯）有关的游记、随感、小说等共十七
篇。它是王蒙的"心史"，承载着王蒙太多的青春、记忆与悲欢。

3. 以书为媒：2007 年秋再访俄罗斯

2007 年 9 月 5 日至 10 日，第 20 届莫斯科国际书展在莫斯科全俄展览中心举行。来自七十多个国家和地区的两千五百多家出版商、发行商、版权机构代表在此共襄盛会。中国作为主宾国，参加了书展并举行了一系列活动。受组委会的邀请，王蒙再次踏上了俄罗斯的土地参加莫斯科书展的相关活动。

在展会上，国务委员、中俄"国家年"中方组委会副主席陈至立与俄罗斯联邦政府第一副总理梅德韦杰夫共同出席了开幕式并致辞。当时王蒙与铁凝、柳斌杰、谢斯拉文斯基等一起出席了开幕式以及自己作品俄文版的发行式，并在展会上作了题为"现实主义传统在当代文学中的传承和发展"的精彩演讲。这次访俄，王蒙有机会参观了托尔斯泰的故居，看到了陀思妥耶夫斯基的雕像。后来他时常提起那座雕像，提起俄罗斯人对于陀思妥耶夫斯基文学作品的重新认识。会后，王蒙还专程到喀山，感受那条孕育了俄罗斯民族和众多名家名篇的母亲河——伏尔加河，参观了列宁就读的喀山大学以及他曾工作过的面包房。王蒙感慨不已，苏联解体多年之后，这些东西并没有被人们淡忘和抛弃。

在莫斯科展会上演讲时，为王蒙担任翻译的是李立三的女儿、北京外国语大学的李英男教授。2009 年，李立三的夫人李莎出版自己的回忆录《我的中国缘分》，王蒙作了序。他在序中写道："李莎的回忆令人正视了一个正在逝去、已经开始远离我们、已经渐渐被青年人遗忘的时代。而对于世界和中国来说，那又是天翻地覆、锥心刺骨、有声有色、有血有泪的时代。热烈，真诚，浪漫，激情，简单化，无序，急躁，有时候走极端走到了令人窒息的地步。"这正是他被感染的苏联情结——热烈、真诚、浪漫、激情。

4. 高层对话: 2017 年三访俄罗斯

王蒙对于俄罗斯、俄罗斯文学和中俄两国文化交流的关心是一以贯之的。2014 年 11 月底，第二届中俄文化论坛在北京举行，王蒙在开幕式上做了"对接先进文化，弘扬传统文化"的演讲。他回顾了两国文学与文化思想的交流，说从孙中山那时就讲以俄为师，讲他看到索契冬奥会上出现的大批苏俄作家头像时的激动。他说他年轻的时候喜欢阅读俄罗斯文学，比如普希金、屠格涅夫、托尔斯泰、果戈理、高尔基、契诃夫，还有俄罗斯文艺理论家的作品。

2017 年 11 月 30 日至 12 月 3 日，应俄罗斯圣彼得堡国际文化论坛组委会邀请，王蒙第四次出访俄罗斯，出席第五届圣彼得堡国际文化论坛。12 月 2 日，在马林斯基剧院，俄罗斯总统普京小范围会见三十名俄罗斯及外国文化艺术界著名人士，王蒙作为四名主讲嘉宾之一列坐其中，并作了题为"中俄文化交流的历史意义"的发言。王蒙表示，论坛为世界各国人民了解彼此文化、增进相互友谊提供了极好的平台，中国领导人十分重视与俄罗斯进行文化交流与合作，相信今后中俄人文领域交流与合作会更加丰富多彩。在这次论坛全体会议上的演讲中，王蒙还呼吁：珍惜与弘扬文化传统，把对古代文物的珍惜与对发展的追求统一起来，建立全球化、现代化、多元化、民族与地域特色结合的美好文化图景。

出席此次俄罗斯第五届圣彼得堡国际文化论坛的还有时任俄罗斯文化部部长梅津斯基，马林斯基剧院艺术总监、首席指挥捷杰耶夫。王蒙在回忆此次会见时，提到在论坛上他与时任俄罗斯文化部部长梅津斯基亲切交谈，并赠送梅津斯基俄文版长篇小说《活动变人形》一书。

三、王蒙与苏-俄各界友人深情厚谊

自王蒙作品被翻译和介绍到苏联后，王蒙便与苏联、俄罗斯文学和文化界保持了友好而密切的交往。苏-俄的许多汉学家因欣赏和肯定王蒙的创作，在中苏关系稍有缓和之时便积极推荐和翻译王蒙的作品。他们的翻译和研究为王蒙作品在苏联、俄罗斯的出版发行起到了重要作用。同时，因为王蒙热爱俄罗斯文化，也乐于与苏-俄知识分子交流交往，通过艺术创作、精神的交流和灵魂的碰撞，他们跨越文化差异和距离的阻隔，成为了彼此一生的挚友。王蒙与这些文艺界友好人士惺惺相惜，也从一个重要方面成就了王蒙作品在俄罗斯和在世界范围内的影响力。

1. 芝兰之交：与汉学家们的过往

在王蒙关于苏联和俄罗斯的回忆录、随笔、采访等中，有一个名字频繁出现在我们的视野——托罗普采夫，或者王蒙惯常的叫法称他为"谢公"。我们有幸在今年对 83 岁高龄，已迁居以色列的托罗普采夫进行了书面访问。一提及是要聊一聊王蒙，谢公便欣然同意接受采访，并为我们提供了很多极具价值的信息。

托罗普采夫的全名是谢·阿·托罗普采夫，是俄罗斯科学院远东研究所高级研究员、俄罗斯功勋科学活动家、中国文学翻译家、"俄中友谊地久天长"奖章获得者。他为自己起的汉语名叫谢公，理由是他的俄语名字开头一个音节是"谢"；另外，他知道诗人李白推崇谢灵运和谢朓。

托罗普采夫的父亲阿·托罗普采夫是一位建筑师。20 世纪 50 年代时曾作为苏联专家来中国工作，是当时建造北京展览馆、上海展览中心的主要负责人。因此，托罗普采夫年少时曾在北京生活过，也曾到上海、西安等城市

旅游，留下了难忘的印象。2015 年 5 月 8 日，习近平主席在莫斯科接见俄罗斯援华专家与家属，参与的四十人当中就有谢公和他的夫人尼娜。谢公还代表受接见者发言。他们夫妇两人双双获得了"俄中友谊地久天长"奖章。2006 年，中国教育部授予谢公"中华图书特殊贡献奖"，这是对他长期研究中国文化的表彰与鼓励。2015 年 12 月，中国驻俄罗斯大使馆中国文化中心举办第一届"品读中国"文学翻译奖的颁奖活动，授予谢公"终身成就奖"，学界同仁公认，实至名归。

谢公大学就读于莫斯科大学亚非学院汉语专业，后又攻读研究生。上大学期间，曾在北京大学进修。研究生毕业后在俄罗斯驻华大使馆工作。几年后进入苏联科学院远东所从事科研工作。他一度研究中国电影发展史，后来从事文学翻译，译过王蒙、铁凝、残雪的小说。1984 年王蒙出访莫斯科，曾到他家里做客。王蒙还曾写了一篇题为《大馅饼与喀秋莎》的散文，记述的正是王蒙到这位汉学家家中做客的经历。谢公的女儿小名卡佳，爱称喀秋莎。那一天谢公的夫人尼娜做了大馅饼款待客人，喀秋莎为客人唱歌弹琴，并演唱歌曲《喀秋莎》，于是就有了这样富有生活气息的标题。

说起研究王蒙的"契机"，谢公写道："当我最初触摸王蒙的散文时，我便意识到：新的中国文学诞生了！那是在 20 世纪 80 年代最初的几年，中国已经开始变革，但在文学方面还未见到任何改变，作家们仍然不敢去窥探一个人的内心，他的思想、感情和灵魂。""王蒙以这种'灵魂的冲动'感染了中国新文学，并将生机勃勃的生命注入其中。"谢公还盛赞王蒙的作品，认为王蒙的作品"是如此的充满智慧和才华，吸引了包括李福清院士、华克生教授、索罗金教授等在内的致力于研究中国文化和语言的最为杰出的专家们，他们甘之如饴且十分专业地翻译了王蒙的作品，并对其进行了深入的分析。"

在提及与王蒙交往过程中的趣事和王蒙亲切称呼他为"谢公"时，托罗普采夫教授动情地写道："无论是对专业的尊重还是对友情的看重都凝聚在这个'谢'字中了。而且我非常确定的是，这两个组成部分是密不可分的，如果没有与作者本人亲切热诚的接触，王蒙的散文就不会如此完整地展现在我面前。如果没有这样的友谊，我或许就无法在王蒙的散文中看到真正的王蒙和他那蕴藏在艺术空间中的深邃思想。""我不仅喜爱作家王蒙，也喜爱王蒙这个人，喜爱像他这样一位无论是处于种种磨难之中时，抑或居于高位之上、享有无上荣誉之时，仍能初心不改并坚持道德原则的人。"

谈及王蒙及其作品对于自己的意义时，托罗普采夫深情地说道："对我来说，王蒙的作品长期以来都在我心中首要的位置上，甚至和研究所中进行中国电影的额外研究一样重要。我在他书写人物的散文中，看到了挣脱枷锁的希望。虽然我（当时）仍然没有机会能够拜访正在改变中的中国，但通过王蒙的作品，我看到了新中国。在王蒙的作品中，没有很特别的超现代性象征，但他在其中所灌注的思维，反映出了真正的中国人。我兴奋地开始接二连三地翻译他所写的作品，每一次都让我更深入今日的中国，甚至是那些曾生活于历史长流中的人物。"[①]

在谈到翻译和研究王蒙作品所遇到的困难时，谢公回忆道："王蒙的作品在苏联出版时所遇到的唯一困难，就是意识形态的干涉。在没有打算营利的情况下，我所有翻译的作品大都是以期刊、文集的方式定期发表，其中还包括一本《王蒙文选》。绝大多数俄文的王蒙作品翻译，都是由我所完成的。此外，这里不得不强调的是，当我进行翻译的时候，由于我和王蒙在心灵上有着深切的共鸣，因此大部分的中国文学及语言专家，例如索罗金（В.Ф. Сорокин），甚至很怀疑地把我的译作和原著拿起来比较，因为我以简洁俄

---

① 何培忠、石之瑜、季塔连科、戈尔布诺娃、甘申：《当代俄罗斯中国学家访谈录》，中国社会科学出版社2015年版。

文译出来的东西，使他不得不对翻译的可信度起疑。不过，在这方面，他什么错误也挑不出。"①

王蒙与谢公的深厚情谊不仅仅只是"以书会友"，他们开始互相通信，开始是书信交流，后来又发展到了网上，每次到对方的国家，都一定会去家中做客。谢公曾说道："每次访问北京时，我都会固定地和他见面——就算现在也是一样。我也曾多次去过他家。起先在'再教育'期间，他住在老旧的铁皮公寓里，门铃是坏的；之后，他搬到四合院里；然后，他又迁往位于北京公寓居住。他帮我克服了行政程序上不时遇到的问题，还替我起草 2006 年四川李白文化节的参与邀请"。"我和王蒙的通信一直维系到现在。当王蒙准备开始写他在苏联及俄罗斯旅行的回忆录时，他邀请我帮他撰写书的前言。当然，我也很乐意为他动笔。"②

除了托罗普采夫教授，王蒙与多位苏联–俄罗斯汉学家都保持着密切友好的往来，如李福清院士、索罗金教授、艾德林教授、费德林教授等。索罗金全名弗·费·索罗金，文学博士，俄罗斯科学院远东研究所高级研究员。在王蒙访苏前，索罗金在中国时便已与王蒙相识。1984 年王蒙第一次访苏时曾应邀去远东研究所讲当代中国文学，会后便受邀来到索罗金家出席家宴，汉学家李福清教授也一起陪同前往。索罗金著译丰硕，他早期研究的重点为中国现当代文学，发表过评论叶圣陶、老舍、叶紫、艾芜及其他现代作家的文章。索罗金注重当代文学，编选《当代中国小说·王蒙、谌容、冯骥才》(1984)、《纪念》(1985，收入王蒙、冯骥才、高晓声等人的短篇小说)，为一系列当代小说或长中篇小说的俄译本作长篇序言。他和老汉学家艾德林

---

① 何培忠、石之瑜、季塔连科、戈尔布诺娃、甘申：《当代俄罗斯中国学家访谈录》，中国社会科学出版社 2015 年版。

② 何培忠、石之瑜、季塔连科、戈尔布诺娃、甘申：《当代俄罗斯中国学家访谈录》，中国社会科学出版社 2015 年版。

王蒙与托罗普采夫在北京的饭店交谈（托罗普采夫/提供）

王蒙与托罗普采夫夫妇合影，左一为王蒙夫人单三娅（托罗普采夫/提供）

合写的《中国文学（简编）》（1962）则是一本自古迄今的中国文学简史。

李福清院士也是一位著名的俄罗斯汉学家，苏联科学院通讯院士，高级研究员。李福清迄今已用俄、中、日、韩、英、德、越等语言发表作品二百余种，他一直致力于中国神话、民间文学和民俗学的研究，对中国当代文学也颇为关注。他曾翻译过王蒙的散文作品并编选过《中国当代中篇小说选》，他的研究范围相当广泛，特别是在中国古典小说、中国年画、中俄文化交流史等研究领域取得了令人瞩目的成就。李福清经常在世界各国知名学府讲坛上宣传中国文化，介绍他的研究成果。他还是南开大学客座教授，被中国教育部授予"中国语言文化友谊奖"。王蒙曾称赞李福清对中国古典小说的传统技巧在当代小说中的运用，分析得细致精当，有些议论则发前人所未发，甚至超过了中国同行。

费德林曾任苏联驻联合国代表、苏联外交部副部长、苏联作协书记、《外国文学》主编。1984 年王蒙访苏时曾与费德林教授会见并亲切交流，在出席中苏友协举办的欢送会后，到《外国文学》编辑部与各位专家见面交流。

2. 中苏、中俄友好关系的使者

习近平主席出席"一带一路"国际合作高峰论坛开幕式时，曾谈到"民心相通"。他指出，"国之交在于民相亲，民相亲在于心相通"。在中俄两国关系发展的进程中，人文交流合作一直是促进两国人民相知相亲的重要纽带。2023 年 3 月 20 日，在赴莫斯科对俄罗斯进行国事访问之际，国家主席习近平在《俄罗斯报》和俄新社网站发表署名文章指出：要密切人文交流，办好中俄体育交流年。用好地方合作机制，推动两国友好省州、友城积极开展对口交往，鼓励双方人员往来，积极恢复两国旅游合作。开展好夏令营、联合办学等活动，不断增进两国民众特别是青少年相互了解和友谊。

近年来，中俄人文交流日益密切，促进两国人民相互了解，推动文明交流互鉴，双方友好的社会民意基础更加稳固，为中俄新时代全面战略协作伙伴关系保持高水平发展作出重要贡献。

2019年6月5日，在国家主席习近平对俄罗斯进行国事访问之际，光明日报社与塔斯社共同举办的"中俄互评人文交流领域十大杰出人物"评选结果揭晓仪式，在莫斯科大剧院隆重举行。主持人激动地宣布王蒙当选的喜讯，并指出："王蒙作为一名具有重要国际影响力的作家、学者，是中俄友好的见证者、书写者，为中俄文化、文学交流作出了重要贡献，是中俄文化的伟大使者。"

四、王蒙在俄罗斯的影响

1. 俄罗斯文学界与文化界的王蒙

1966年9月经苏联科学院主席团批准，苏联科学院远东所（今俄罗斯科学院中国与现代亚洲研究所）正式成立。研究所已有五十多年的历史，是俄罗斯科学院的重点研究所之一，其研究范围包括苏联和俄罗斯与中国、日本、朝鲜半岛的关系及上述地区的社会经济发展状况、历史、哲学、文化、民族等问题，该所的中国学、日本学研究实力雄厚，在俄罗斯国内和国际上都具有重要影响。20世纪80年代，随着苏中关系的变化和中国的发展，远东所的研究范围逐渐扩大到中国的社会经济发展经验、中国与世界的关系，以及如何消除苏联与中国的对抗并在两国间建立正常关系等问题。该所主要任务是对中国、日本、韩国、朝鲜等国的问题及其社会经济发展经验进行系统研究，并研究俄罗斯与这些国家的关系、国际政治问题、亚太地区经济一体化进程。该所承继了俄罗斯二百多年来汉学研究与东方学研究的民主传统，比丘林、瓦西里耶夫、阿列克谢耶夫、康拉德等著名学者都曾在该所工作过。

2004 年由俄罗斯科学院远东研究所所长季塔连科主编，东方文学出版社出版的《中国精神文化大典（五卷本）》（Духовная культура Китая: энциклопедия: в 5 т.）在俄罗斯正式发行，该书可谓集俄罗斯科学院远东研究所多位权威专家数十年研究成果之大成，一经出版便在中俄两国学界引起了巨大反响。其中的第三卷《文学、语言和文字》（Литература. Язык и письменность）就收录了"王蒙"词条，并对王蒙对于当代中国文学和文化作出的贡献给予了高度评价。其中写道："王蒙作品（截至 2003 年）在中国

ВАН МЭН

王蒙

乙

238

Ван Мэн. 1934, Пекин. Виднейший писатель последних десятилетий. Из интеллигентной семьи. В 1948 вступил в подпольную орг-цию КПК. В 1955 начал публиковаться в журн. (рассказ «Сяо доур» — «Фасолинка»). В 1956 рассказ «Цзучжибу синьлай ды няньцинжэнь» («Новичок в орготделе») принес ему всекит. известность. В 1957 был объявлен «правым», исключен из партии и направлен на «трудовое перевоспитание». Реабилитирован в 1978. Опубликованные в 1979—1980 рассказы и повести «Чунь чжи шэн» («Весенние голоса»), «Хай ды мэн» («Грезы о море»), «Е ды янь» («Взгляд в ночь»), «Бу ли» («Компривет») и др. произведения, использовавшие элементы «потока сознания», вызвали в печати волны как поддержки «нового стиля», так и осуждения за «отход от традиций». Ван Мэн активно печатается (к 2003 в КНР и за рубежом вышло 155 отд. изданий его произв., в т.ч. во Франции, Японии, Германии, Италии, США, России), неоднократно был удостоен премий за лучший рассказ. Изд-во «Жэньминь вэньсюэ» выпускает «Собр. соч. Ван Мэна» в 23 т. Основная тема произв. Ван Мэна — интеллигенция и партработники; содержательная сверхидея — движение сознания от былой скованности к освобождению от догм, к признанию самоценности личности. Творч. манера писателя наиболее ярко проявляется в рассказе, он тяготеет к широкому и глубокому подтексту, разветвленной ассоциативности. Характерный для новой лит-ры реализм в его тв-ве обогащен приемами «потока сознания», символикой, повышенным интересом к психологич. нюансам. Проза Ван Мэна эссеистична по манере, иронична и субъективна, в ней сильна сатирич. струя, ее нац. корни восходят к лучшим класич. образцам. Его тв-во оказало значительное влияние на совр. кит. лит-ру. В 2002 в КНР был создан Ин-т изучения тв-ва Ван Мэна. Особая роль Ван Мэна в культуре и обществ. жизни Китая была зафиксирована на междунар. конф., организованной мин-вами культуры и образования, Союзом кит. писателей и ун-том Хайян в сент. 2003 к 50-летию творч. деятельности Ван Мэна. Ван Мэн был членом ЦК КПК (1985—2003), в 1986—1989 занимал пост министра культуры КНР. В наст. время является (с 1985) зам. председателя Союза кит. писателей, зам. председателя кит. ПЕН-клуба, ректором Ин-та лит-ры ун-та Хайян. Наиболее крупные работы — романы «Да здравствует юность», «Ходун бянь жэньсин» («Метаморфозы, или Игра в складные картинки»), «Цзицзе силе» («Тетралогия сезонов» — «Сезон любви», «Сезон утрат», «Сезон метаний», «Сезон карнавала»); повести «Цзасэ» («Чалый»), «Бу ли» («Компривет»), «Гладь озера».

* Ван Мэн сюаньцзи (Ван Мэн. Избранное). Т. 1—4. Тяньцзинь, 1984; Ван Мэн. Новичок в орготделе / Пер. В. Сорокина // Люди и оборотни. М., 1982, с. 25—62; он же. Весенние голоса // Память. М., 1985; он же. Чалый / Пер. С. Торопцева / Средний возраст. М., 1985, с. 25—62; он же. Да здравствует юность. М., 1988; он же. Зимние пересуды / Пер. С. Торопцева // Современная новелла Китая. М., 1988, с. 93—119; он же. Избранное / Сост. и предисл. С. Торопцева. М., 1988; он же. Следы на склоне, ведущие вверх. Проза / Сост., пер. и послесл. С. Торопцева. М., 2003; Китайские метаморфозы: современная китайская художественная проза и эссеистика / Сост. Д.Н. Воскресенский.. М, 2007, с. 17—78, 418—421 ** Аманова Г. Тема Синьцзяна

收录于《中国精神文化大典》中的"王蒙"词条

和境外已出版一百五十余种，他的作品在法国、日本、德国、意大利、美国、俄罗斯等地出版，并多次获奖。人民文学出版社出版了《王蒙选集》(23卷本)。王蒙作品的主题是知识分子和工人；富有意义的深刻思想——使人的意识从之前的僵化和教条中解放出来，再到对个人自我价值的承认。作家的创作方式在作品中表现得尤为明显，他倾向于使用广泛而深刻的潜台词和铺展开来的联想……"。"王蒙的作品对现代中国文学产生了巨大影响"。"王蒙在中国的文化和社会生活中具有特殊作用。2003 年中国文化部、教育部、中国作协和中国海洋大学为庆祝王蒙创作 50 周年举办了一系列的国际学术研讨会，由此可见王蒙的影响力"。①

2. 俄罗斯学界王蒙研究的发展

俄罗斯的王蒙研究起步于20世纪80年代，由汉学界带头，从生平介绍、作品简介入手，很快进展到对王蒙人生观、创作观、艺术手法等各方面的分析研究。不少学者既是王蒙作品的译者，又是王蒙著作的研究者，他们的研究成果有力地推动了王蒙研究的深入发展。

（1）80 年代开拓性阶段

1981 年，苏联科学院社科信息研究所主办的《国外社科》杂志首次刊登有关王蒙创作的简短信息。② 这篇由热洛霍夫采夫（А.Н. Желоховцев）所写的简介，引起著名汉学家艾德林（Л.З. Эйдлин）的注意。翻译家斯米尔诺夫回忆当时的情形，写道：1981 年，《外国文学》杂志正准备在相隔二十年之后首次发表中国当代文学作品，请艾德林选编并作序。在中苏关系恶化

---

① Духовная культура Китая: энциклопедия: в 5 т. / Российская акад. наук, Ин-т Дальнего Востока; гл. ред. М. Л. Титаренко. 2-е изд., стер. Москва: Восточная литература, 2011.

② Желоховцев А.Н. Творчество Ван Мэна. Общественные науки за рубежом, 1981, №3. С.156.

的阴暗年代，艾德林不愿迎合反华大合唱，一直保持着缄默，现在终于有机会正面介绍中国文学，他感到"节日般的高兴"。他把翻译任务连同王蒙《夜的眼》的原文交给斯米尔诺夫，以十分赞赏的口吻推荐说："这位作家太棒了！不会让你懊悔的。"①

作为"开场白"，艾德林特意撰写了一篇文章。并指出，在"新老作家"中，艾德林特别提到其中最年轻的王蒙，指出他 50 年代发表过一批处女作，但那"仅仅是序幕"，近几年他写作成果颇丰，名望大增，深受读者们的青睐，说明王蒙的文学生涯才刚刚开始。

1984 年，艾德林为《人到中年——当代中国小说集》作序，题为《中国中年作家》，②再次用赞赏的口吻讲到王蒙和他的艺术风格。艾德林认为：王蒙的"意识流"不能说是来自西方的"舶来品"，其实在中国古典文学、鲁迅的《野草》等作品中都能找到先河。艾德林表示完全同意冯骥才的观点：王蒙是现代性十分突出的作家，但他不属于西方，他是真正的中国作家。文章末尾提示读者：王蒙，谌容，冯骥才——请记住这些名字，"今后我们还会不止一次地和他们相逢，祝愿他们创作成功，发表才华横溢的新作。"

艾德林的介绍和推荐对王蒙译介起到了有效的推动作用。80 年代，继艾德林之后，有不少汉学家为陆续出版的中国当代文学作品集作序，概述中国当代文学发展状况，并介绍王蒙及其创作特点。

1982 年，热洛霍夫采夫和 В．索罗金为《人妖之间——中国作家小说集》

---

① Смирнов И.С. Вступление. Ван Мэн. Микрорассказы. Иностранная литература, 2006. № 4. С. 70–71.

② Эйдлин Л.З. Китайские писатели среднего поколения. Предисловие. «Средний возраст». Современная китайская проза. М., «Известия», 1984. Гл. ред. Н.Т. Федоренко.

写了序言，①重点介绍了《组织部来了个年轻人》，并特别注意到王蒙笔下俄苏文学对主人公林震的影响。两位著者将这部作品评价为中华人民共和国成立初期"社会批判方向的开拓性鲜明例证之一"，认为俄罗斯读者或许会发现小说一些情节和言语有些天真，但作者对未来充满信心，写作目的纯真无邪。

资深汉学家费德林（Н.Т. Федоренко）在《当代中国文学作品集》前言②里，概述了1978年至1982年中国文学新动向，对王蒙五篇小说（《湖光》《听海》《春夜》《夜的眼》《惶惑》）一一做了介绍，突出王蒙所反映的新老两代人的更替、久经磨难的老一代面临重新适应变换中的生活等问题。费德林从王蒙《听海》等作品中提炼出两个主题——人与人际关系、人与大自然，并和读者分享了哲理性的启示："每个人的生命都是独一无二的无价之宝，每一个生命都充满丰富的内涵，并与他人的生命有千丝万缕的联系"，每一个"他人"都值得我们学习，都可以提供宝贵的经验教训。在大自然的怀抱中，人能获得安慰和智慧，重新审视走过的路程。

索罗金《文学之镜所反照的现实变化》③一书阐述了1976年至1985年间中国政治氛围的变化和文艺领域的新作品、新动向，指出王蒙是当今中国文坛上最活跃、最引人注目的作家之一，并用一定篇幅介绍了《最宝贵的》《布礼》《蝴蝶》《春之声》《相见时难》等作品内容。在中国当代文学潮流中，索罗金最看重的是带有揭露批判倾向的"反思文学"，认为最成功的是1979至1980年间发表的许多作品。尔后，中国作家们开始越来越

① Желоховцев А.Н.,Сорокин В.Ф. Вступительная статья. Люди и оборотни. Рассказы китайских писателей. М.: Прогресс, 1982. С. 3–24.

② Федоренко Н.Т. Предисловие. Сб. Современная китайская проза. «Радуга». Москва.

③ Сорокин В.Ф. Меняющаяся действительность в зеркале литературы. Литература и искусство КНР 1976-1985. Москва, Наука, 1989. С.17–67.

多地把心思转到描述好人相遇、相互支持帮助，或展现边远地区的风土人情等。比较典型的是王蒙的《杂色》和以新疆为题材的系列短篇《淡灰色的眼珠》。

著名学者李福清（Б.Л. Рифтин）院士《论当代中国中篇小说及其作者们》[①] 一文中欢呼中国文学的"复兴"，并期待重新回到真实反映生活的轨道上。他认为王蒙代表的是"伤痕"文学。文中以《杂色》为重点，深入揭示了王蒙的艺术特点，认为该小说将王蒙常用的"意识流"与中国传统的叙事手法有机结合为一体。《杂色》的隐喻艺术也吸引了李福清，他发现主人公曹千里的名字让人想到中国神话的"龙种千里马"，意义深刻。李福清指出，王蒙找到了"适合自己高度艺术意识的表现手法"，与50年代末相比，向前迈出了大大的一步。

托罗普采夫（С.А. Торопцев）从王蒙的创作观、文学理论观入手开展专题研究，发表了一系列学术论文。1983年春，题为《王蒙论文学创作》的文章，[②] 以八篇文学评论[③] 为基础，对王蒙文学理念做了完整而详细的归纳。他指出，依王蒙的观点，"文学创作意味着自由寻找符合生活现实的素材，并根据作家亲身体验将其加以改造升华。"[④]

---

① Рифтин Б.Л. О современной китайской повести и ее авторах. Сб. «Средний возраст». Современная китайская повесть. «Радуга». Москва, 1985. С.5–7

② Торопцев С.А. Ван Мэн о литературном творчестве. «Современная художественная литература за рубежом», 1983, №4.

③ 《反真实论初探》，《文学评论》1979年第5期；《我们的责任》，《文艺报》1979年第11—12期；《谈短篇小说的创作》，《人民文学》1980年第7期；《对一些文学观念的探讨》，《文艺报》1980年第9期；《我在寻找什么?》，《1981北京文艺年鉴》；《"人心"端详》，《文学评论》1982年第4期；《善良者的命运》，《文学评论》1982年第5期；《关于拟造典型人物问题的探讨》，《北京文学》1982年第12期。

④ Торопцев С.А. Ван Мэн о литературном творчестве. «Современная художественная литература за рубежом», 1983, №4. С.51, 52.

托罗普采夫对王蒙的创作给予高度评价，他十分赞赏王蒙创作实践的弃旧立新、勇于探索等创新性特点。王蒙放弃了注重描写人物外表和外在表现的老式写法，把重点放在揭示人物的内心世界（如《春之声》）。这种创新性文学角度不只表现在主人公身上，而是贯穿于全文的艺术内涵（如《蝴蝶》）。

在 1984 年刊登的题为《个性的发现》[①] 一文中，托罗普采夫以王蒙为例集中介绍了中国文坛上的新潮流——"心理现实主义"，对《春之声》《海的梦》等艺术特点做了深入细致的分析。指出，《春之声》开启了中国文学中"意识流"的先河，但王蒙的笔法显然有别于西方作家的"意识流"。王蒙只是借用"意识流"的一些手法，但绝不是盲目模仿。在借鉴过程中，也显然考虑到读者的接受水平，做到"在创新中时不时地回头，免得读者在雾蒙蒙中迷了路"。

托罗普采夫不认同中国一些评论家把王蒙的创新仅视为形式上的探索，在他看来，形式和内容是统一的整体，"新的形式会自动引发内容的变化。"[②] 王蒙以新的形式展现作品中的人物挣脱原先的束缚、逐步解放思想的意识变化，强调了自由思索的权利和个人意识的价值。

《王蒙的写作新意和艺术探索》（1984）[③] 进一步阐释王蒙的写作风格，指出：王蒙作品通常有若干相互交错的情节线索，情节本身相当简单，集中于人物的日常行为，故事叙述往往在某一环节上突然中断（如《杂色》《湖光》等），让人反复回味。通过人物头脑中的曲折联想塑造了人物的意识形象和折射于意识的世界图景，同时又为作品的思想内容增加了深度和广度。

① Торопцев С.А. Открытие личности. Заметки о китайской психологической прозе. Литературное обозрение, 1984, № 1. С.28–32.

② Торопцев С.А. Открытие личности. Заметки о китайской психологической прозе. Литературное обозрение, 1984, № 1. С. 32.

③ Торопцев С.А. Ван Мэн: творческие находки и поиски. Проблемы Дальнего Востока, 1984, №2. С. 135–142.

这种创作方法实际上代表了作为统一整体的形式和内容的深刻变革。王蒙作品富于哲理性，文中一景一物都会引发主人公和作者的深思。王蒙善于以不同寻常的角度描绘日常情景，挖掘人们未曾料到的深刻内涵，并通过一连串的联想揭示人们所关注的一些社会道德问题，阐述与故事内容有机融为一体的哲理。

1988年，在托罗普采夫等汉学家的努力下，俄文版《王蒙选集》问世，托氏以王蒙的原话"超越时空界限"[①] 为题目撰写了前言，对自己前期研究成果做了综合性的展示与进一步的提升。追述王蒙人生道路时，突出了新疆对王蒙个性成熟的作用，提出：如果没有新疆，可能也不会有深深扎根于人文思想的王蒙创作。在创作中"今日王蒙"与"昨日王蒙"具有不可分割的内在联系，早期作品中已可发现今日艺术风格的种子和重视人物心理活动的倾向。王蒙通过自己的作品一直在努力"建桥"，跨过时间长河，把往日与今日联系起来，极大地拓展了时空界限。王蒙的时空具有流动性的特征，闪耀着心理和情感的亮光，在表面的无序中隐藏着丝丝缕缕的联系。王蒙是拒绝无序和混乱、热切向往和谐的。他认为，人必须有生气勃勃、与外部世界相互感应的灵魂，要投入大自然的怀抱，才能恢复内心世界的安怡和谐。突出人的价值，尽力理解人，揭示人的自我认知过程，探寻构成个性的诸多元素，这就是王蒙创作的核心。

《前言》还重点介绍了初次与苏联读者见面的《活动变人形》，认为这部长篇小说体现了作家"由点到面"新的创作倾向。原来王蒙所擅长的创作方法是通过"点"（即能吸引感动读者的具体情景、细节、小故事等"人生的微元素"）来映射辽阔的社会空间。现在《活动变人形》打破"点"的局限，

---

① Торопцев С.А. Преодолеть границы времени и пространства. Ван Мэн. Избранное. М., Радуга, 1988. С. 5–16.

将多个"点"连接为史诗般的大画面，通过具体的人生故事重新勾勒了几代人乃至整个时代的轮廓。

20 世纪 80 年代托罗普采夫等汉学家的译介为王蒙研究的深入发展奠定了扎实的基础，为 90 年代年轻学者步入这一领域铺好了道路。

（2）千年之交的"王蒙研究热"

90 年代前半期，阿玛诺娃（Г.А. Аманова）的研究成果引人注目。1991 年至 1992 年，她连续发表两篇论文《王蒙创作中的新疆题材》（1991）和《中国作家王蒙 80 年代的创作成果》（1992），并在这个基础上完成了题为《王蒙生平与创作之路》①的博士论文。于 1993 年在俄罗斯东方研究院成功通过答辩。阿玛诺娃所依据的资料比较翔实，首先是王蒙本人的作品和有关文章（其中有不少当时尚未译成俄文），有俄罗斯学界的前期成果，还有中国学者、文学评论家的诸多文章等，论文借此对王蒙 80 年代的创作做了详细论述和总结。

阿玛诺娃认为，80 年代王蒙作品的主调是人的个性及其精神生活，主要体现在知识分子和青年的题材上。作者笔下的知识分子形象通常与反思、忏悔、呼唤个性复活等情调相连，部分作品也反映了老一代知识分子面对社会变化所产生的惶惑和疑虑。描绘青年一代时，王蒙重点探究年轻人的道德缺损、精神空虚、悲观主义蔓延、代沟不断加深等问题。作者清晰地看到这种现实，但依然颂扬"天真的理想主义"、集体主义、无私奉献等价值取向。论文强调，王蒙具有特殊的"先见之明"，走在其他作家前面，在《相见时难》

---

① Аманова Г.А. Тема Синьцзяна в творчестве Ван Мэна. Сб. «Литература и культура народов Востока. М., Наука, 1991. С. 3–11; Аманова Г.А. Творчество китайского писателя Ван Мэна в 80-е годы. В сб. Китай и мир. История, современность, перспективы. Тезисы докладов 3-й международной научной конференции. М., ИДВ, 1992. С.77–80; Аманова Г.А. Ван Мэн: Жизнь и творчество. Диссертация（кандидат наук）. 1993. Ин-т востоковедения РАН.

等作品中率先提出了新的历史条件下中西文化互动的问题，揭示了不同文化相融相合的困难。

论文将王蒙创作历程划分为若干不同特征的发展阶段：50年代，从歌颂阶级斗争（《小豆儿》）到尖锐批判现实（《组织部来了个年轻人》）；70年代末到80年代初，客观反映中国当代生活中悲剧性问题，包括"文革"后中国社会的精神危机（《布礼》《风筝飘带》《蝴蝶》等）；近期阶段，用完整的综合性视觉观察世界，面对现实进行哲理性思考。从艺术风格上看，早期阶段呈现"传统的现实主义与积极的浪漫主义自由结合"的特征；作者复出后的阶段，拓宽了艺术界限，采用现代主义元素，加强了合成型笔法。

在王蒙创作特点问题上，阿玛诺娃与托罗普采夫观点一致，强调王蒙现代主义文学元素（包括"意识流"等）具有积极色彩。主人公的悲鸣不是源于个人的精神危机，而是出自忧国忧民的情怀；作者在关注个人内心活动的同时，仍然坚持个人与人民血肉相连的思想。王蒙把崭新的艺术手法引入中国当代文学，突出了作者不同凡响的文学个性，增加了作品的吸引力。这正是王蒙成功之处。

集中分析王蒙创作中的新疆题材，是阿玛诺娃研究的重要特色。在新疆的十六年不仅是王蒙生活中的特殊阶段，也对他文学个性的形成产生了重大影响，在新疆的时候他重新审视自己的思想，牢牢树立了以人为本的世界观。

新疆题材的短篇和散文较多地见于王蒙80年代的创作，具有独特的艺术风格，把表面平静的叙事与感情充沛的抒情笔调结为一体。作者怀着对新疆的深厚依恋，生动描绘了当地美丽诱人的景色和人们的心灵之美，再现了"有节奏的慢生活"的魅力。与新疆相关的作品还出现了王蒙50年代未曾触动过的女性、爱情等新的内容。此时作者的笔调显得更加柔和，更富情感；有些作品还显然受到维吾尔族传统幽默的影响，增添了与众不同的民族色彩。

2004 年，王蒙研究成果累累，尤其《中国当代文学背景下的王蒙》① 论文专辑在学术上具有标志性意义。著者阵容呈现新老学者相结合的特点，其中代表老年的是托罗普采夫和最早发现王蒙的热洛霍夫采夫。后者在题为《王蒙论中国当代文学》② 一文中，根据香港出版的《王蒙说》（文学篇）详细介绍了王蒙的文学观、创作观，突出了王蒙指出的文学创作的内在矛盾，包括写作与日常生活的矛盾，作者主观世界与客观世界的矛盾，还有雅与俗、理想与现实等诸多矛盾，强调其中最重要的是现实与虚构的矛盾。王蒙本人绝不走极端，也不追赶新潮，"他注意观察热热闹闹的文学生活，但在自身创作中坚持现实主义原则"。热洛霍夫采夫指出：从王蒙的创作立场来看，他毫无疑问属于现实主义作家，因为他认为任何虚构，包括孙悟空形象都有现实基础。王蒙这些观点植根于中国历来把文学作品视作真实故事的传统。

代表青年一代的舒鲁诺娃（Е.К. Шулунова）主要研究王蒙的艺术技巧和创作特色，并撰写了《王蒙小说的象征性语言》③ 一文，强调"象征"是帮助解读王蒙作品的一个重要钥匙。王蒙文本中的象征体系结构复杂，其功能是把不同层次的现实联在一起。其中，"水"作为意义符号包容了中国传统文化的许多元素，在王蒙笔下呈现多义性——象征着纯净、生命、诞生、复活等等。如以精神复活为主题的《深的湖》，以"湖"为象征，指意人的深层心理和生命的深刻意涵，也体现了存在的深奥。《寻湖》中，"湖"象征

---

① Ван Мэн в контексте современной китайской литературы. Сборник статей. Издательство: Институт Дальнего Востока РАН, 2004.

② Желоховцев А. Н. Ван Мэн о современной китайской литературе. Ван Мэн в контексте современной китайской литературы. Сборник статей. С.84–100.

③ Шулунова Е.К. Символика как художественный язык прозы Ван Мэна. Ван Мэн в контексте современной китайской литературы. Сб. статей. Издательство: Институт Дальнего Востока РАН, 2004. С.101–128.

着完整的世界形象以及人与世界的关系。"雨"是王蒙有所偏爱的象征，不少小说、散文常有下雨的情景，衬托着作者或主人公的心态。"雨水"刷新人的灵魂，唤醒生活的欲望，被赋予正面的象征内涵，让人联想到"天之恩""天人合一"等道教和佛教的传统理念。总而言之，象征性是王蒙艺术风格最鲜明的特征之一，是其创作的灵魂，象征大大拓展了作者的意境，加深了作品的内涵。

《中国当代文学背景下的王蒙》专辑中最有分量的当是托罗普采夫所著长篇学术论文《王蒙小说散文的理念体系》。[1] 论文内容主要阐述了王蒙创作的几个重要方面：人与典型；家庭与国家；和谐的工具——音乐；构建神话的隐喻；时间与空间；动与静的对立；有声和无声的言语；水的象征意义；作为文学客体的创作；超越现实主义的界限；从浪漫主义的"点"到史诗体裁的小说。论文从不同角度揭示了王蒙的艺术特色。如"和谐的工具——音乐"一章以王蒙小说与音乐（音乐家、作曲家、音乐作品、曲调等）相关的内容为重点，探究作者赋予音乐的意义及其建构形象的艺术功能。"构建神话的隐喻"一章致力于解读王蒙作品的"潜台词"，强调："大作家的写作所靠的不是词汇，而是形象。越是有才华的作家，他的'潜台词'就隐藏得越深。"[2]

论文的新意还在于探究王蒙艺术境界与中国传统文化特别是与道家思想的关系。在托罗普采夫看来，《听海》中失明老人的形象集中反映了老子认知世界的理念（《动与静的对立》）；《风筝飘带》等小说中的梦幻，让人想到庄周梦蝶的意境（《时间与空间》）等。小说人物之间除了"有声"的对话，

---

[1]　Торопцев С.А. Проза Ван Мэна в концептуальном континууме. Ван Мэн в контексте современной китайской литературы. Сб. статей. Издательство: Институт Дальнего Востока РАН, 2004. С. 34–79.

[2]　Торопцев С.А. Проза Ван Мэна в концептуальном континууме. С. 48.

还有"无声"的交流,"无声"在很大程度上体现了老子"知者不言,言者不知"的思想(《有声和无声的言语》);许多作品所采用的水的形象可以追根到《道德经》所讲的"善水"等(《水的象征意义》)。

此外,王蒙眼中的创作过程和创作主体也是论文的重点(《作为文学客体的创作》《超越现实主义的界限》),认定王蒙的创作方法以现实主义为主,但也有一些超现实主义的元素。王蒙阐述对创作的认知时,强调其社会属性,然而,某些作品(如《黄杨树根之死》《没有》等)的"潜台词"隐隐约约地暗示创作另外一些特性,即创作"不是由社会来支配,而是由心灵深处的奥秘所引导",或是受制于"能改善人的社会性能的上天恩赐"。

2004年,托罗普采夫翻译选编的王蒙作品集《山坡上攀登的脚印》问世,托氏为该书撰写了面向广大读者的"后序",[①]对王蒙"意识流"等创作特征明确阐述了自己的观点:王蒙"不是也绝不会是乔伊斯,或者普鲁斯特。这并不是因为中国文学不接受即兴创作,更多的是因为中国人对思想意识的自我控制根深蒂固,使得'意识流'不能无边无际地自由流动,必须引入经过谋划事先铺好的渠道。"[②]文中高度评价了王蒙对当代中国文学发展所做出的杰出贡献,写道:"王蒙通过自己的创作,让当代中国文学转头汇入世界性潮流,不仅确立了他在文学史上的地位,也保障了他青史传名。"这一高度定位进一步推动了王蒙研究在俄罗斯蓬勃发展。

2005年,舒鲁诺娃完成了名为《从中国作家王蒙的评论、散文等看其

① Торопцев С.А. Пришедший из тумана. (Кое-что о жизни и прозе Ван Мэна). Послесловие к сб. «Следы на склоне, ведущие вверх». Изд. Едиториал УРСС, 2004. С.247–254.

② Торопцев С.А. Пришедший из тумана. (Кое-что о жизни и прозе Ван Мэна). Послесловие к сб. «Следы на склоне, ведущие вверх». Изд. Едиториал УРСС, 2004. С.254.

创作观和有关创作主体个性的理念》^① 的博士论文。重点阐释了王蒙对文学本身及其社会作用的理念，追述他寻找并确认自我认知的历程，进一步加深对王蒙世界观、创作观的理解。舒鲁诺娃强调，追求和谐是王蒙创作的宗旨。王蒙认为，文学创作是十分严肃的事业，通过文学作品可以提高人的道德素质，促进人与社会的和谐、人与生存的和谐等；主张作家遵循中国的传统，服务社会，积极干预生活，关注作为个体的人。王蒙的创作与现实生活密切相连；为了全面观照社会生活的方方面面，他很好地借鉴融合了古今中外的文学成果，古为今用，外为中用，始终保持着"中国作家"的自我定位。论文的结论是：王蒙的思想立场和创作实践体现了当代中国文学发展的基本态势。

以王蒙为例探讨当代中国文学典型特征和发展趋向，成为俄罗斯学界"从点到面"的研究方法。

如托罗普采夫、波列夫斯卡亚专著《时空中的中国文化》^② 用跨学科视角纵观今昔，聚焦于以王蒙为主的中国当代作家，把王蒙创作当作"点"，深入研究人物刻画、艺术手法、作品结构等问题，从而努力探索中国文学文化的基本建构。如该文论述文学冲突类型演变问题时，以王蒙《春之声》《杂色》《海的梦》《木箱深处的紫绸花服》《风筝飘带》等作品为基础，论证了当代中国文学冲突转向心灵深处，显现出抒情性、主观性等特征。冲突双方不再是对抗，而是共存关系；冲突的解决方案不是一方战胜或消灭另一方，而是矛盾的双方走向和谐。专著作者认为：中国当代文学现已确立了新的冲突类型，即抒情性心理冲突。

---

① Шулунова Е.К. Концепция творчества и творческой личности в прозе и публицистике китайского писателя Ван Мэна. Диссертация. Электронная версия. / diss.rsl.ru, 2005.

② Боревская Н.Е., Торопцев С.А. Китайская культура во времени и пространстве. ИДВ РАН, ИД Форум, 2010.

该书"主人公的生态观"一章主要研究王蒙等人作品中人与自然的关系，提出，当代文学中大自然和城市代表着两个相互为敌的文明，人被夹在其中，徘徊不定。一方面，渴望回到大自然的怀抱，重获安宁和谐；另一方面，又意识到，回归自然的梦想难以实现（如《海的梦》《春之声》等内容所体现）。只有灵魂纯洁、人格完整的人方能圆梦(如同《听海》的失明老人)，其他人（如《湖光》的主人公等）因失去与大自然的内心联系，则无法成就自己的梦想。

另有学者运用"点面结合"的方法，把王蒙研究成果嵌入中国当代历史文学大画面，加以衬托。如图鲁舍娃《当代中国文学——中国社会进程的一面镜子》[1]重点论述了1978年后当代中国文学从"创伤文学"到"反思文学"，再到"寻根""新乡土文学"等发展进程。谈及王蒙时，指出他开始是"反思文学"最鲜明的代表，后来转向"客观研究中国人的民族心理"，写出长篇小说《活动变人形》，通过人们的思想和心理变化，力图剖析今与昔之间的联系。尼季基娜的博士论文《20世纪后半期中国小说人物理念的演变》[2]展现从1949年到90年代中国小说主人公的变化，认为20世纪50至60年代是高度理想化、意识形态化的阶段，以王蒙《组织部来了个年轻人》为标识。当时刚刚步入文坛的王蒙采取"十分冒险的手法"，一方面塑造了满怀热忱、一心为党的理想化的青年干部形象；另一方面，又通过小说中其他人物批评了党内官僚主义、形式主义等负面现象，结果为此受到了批判。

---

[1] Турушева Н.В. Современная китайская литература как отражение социальных процессов в КНР. Вестник Томского государственного университета. 2014. № 383. С. 126–132.

[2] Никитина А.А. Эволюция персоносферы китайской прозы второй половины XX века. Диссертация. 2017./ https://www.academia.edu/35007560/.

采列诺夫《王蒙短篇小说中的知识分子形象》① 一文分析到，王蒙的《蝴蝶》等以知识分子为题材的作品，反映了七八十年代中国知识分子的精神危机，充满悲剧性和紧张感。长篇《活动变人形》让人看到中国老一代知识分子的缺陷——软弱无力，委曲求全，受传统文化制约，对西方文明只知其一、不知其二，酿成主人公倪吾诚的生活悲剧，实际上是社会文化悲剧。俄罗斯学者认为，王蒙的创作不仅有文学价值，也有历史价值，使读者在欣赏文字之美的同时，可以触摸中国历史。

"王蒙和世界"——这一课题引发不少俄罗斯学者的兴趣，尤其是王蒙作品涉及俄罗斯文化文学的内容常是关注的重点（如曹千里对柴可夫斯基的倾心，苏联文学对林震的影响等等），不少学术文章都有所提及。也有学者进一步拓宽视野，从比较文学角度，探究王蒙小说的文化底蕴。如，别索茨卡娅《文学文本中作家与世界文学的对话：当代中国作家王蒙作品中俄罗斯和法国经典文学传统及文本乐谱》② 一文，以《黄杨树根之死》《深的湖》《无言的树》《蝴蝶》等作品为基础，研究王蒙与外国文学的互动关系。论文指出，王蒙作品经常提及国内外名著和文学巨匠，尤其是俄罗斯的屠格涅夫、契诃夫，法国的福楼拜、巴尔扎克等。与外国文学相关的典故、引言、联想等修辞手法具有周密安排的叙事功能，如在《黄杨树根之死》《深的湖》等用来描绘主人公与众不同的思想特点，加强个性化，使读者通过联想可以"拓宽个人思想的容纳量"。《深的湖》展现青年学生的精神世界，重笔描写

---

① Церенов А.Д. Образ интеллигенции в рассказах Ван Мэна. /https://scipress.ru/philol-ogy/articles/obraz-intelligentsii-v-rasskazakh-van-mena.html.

② Песоцкая С.А. Художественный текст как диалог писателя с мировой культурой: традиции русской и французской классических литератур в творчестве современного китайского писателя Вана Мэна:звуковая партитура текста. Сибирский филологический журнал, 2011. С. 108–119. https://cyberleninka.ru/article/n/hudozhestvennyy-tekst-kak-dialog-pisatelya-s-mirovoy-kulturoy-traditsii-russkoy-i-fran-tsuzskoy-klassicheskih-literatur-v-tvorchestve.

他迷恋契诃夫小说，试着写一些悲哀的诗，囫囵吞枣地模仿契诃夫拒绝庸俗的生活态度，但最后还是意识到：每时每刻围绕"庸俗"问题打转，难道不算庸俗吗？论文认为，契诃夫的形象用于此文，加深了叙事的自我讽刺色彩，也让人看出作者对契诃夫人生观的态度是复杂的、一分为二的。

此外，吸引王蒙的还有屠格涅夫那富有诗意的自然景色描写和精细的心理剖析，这些文学特色与王蒙的《蝴蝶》等作品遥相呼应。《黄杨树根之死》中还特别提到屠格涅夫的《贵族之家》，这绝非偶然，屠格涅夫这部小说所体现的个人道德意识与追求幸福、享受的天然欲望之间的矛盾等道德哲学命题，在《黄杨树根之死》有所映射。

纵观四十多年来不断变化的俄罗斯（苏联）情况，可以说王蒙研究于20世纪80年代奠定了扎实的基础，困难重重的90年代坚持向前迈步，进入21世纪后，进一步向纵深发展，研究者的学术视野不断拓宽，研究队伍逐步扩大，出现了年轻化趋势。王蒙研究现已走出范围有限的大都市，跨入西伯利亚等新的辽阔区域，并吸引了汉学界之外的其他人文社科领域的研究者和青年学子，可谓后继有人，潜力无限。

四十年来，王蒙与苏—俄的美好情谊和动人故事一直在发生，他的书与情、人与事、足迹与影响还将继续在这片异国的土地上流传。王蒙因为青年的梦想而认识和了解苏—俄，因为信仰和热爱而熟谙俄罗斯文学，因为交流互鉴而醉心俄罗斯文化。而俄罗斯也没有辜负他的深情与付出，读者的热情、译者的热忱和学者的热诚都在反复描写他的名字——王蒙！

附　录：

托罗普采夫书面采访纪要

［俄］　托罗普采夫　　叶　帆

叶　帆： 谢尔盖·阿尔卡季耶维奇您好！今年值王蒙华诞90周年，王蒙作为在中国现当代文学非常杰出的代表人物，在中国的文学和文化发展过程中起着举足轻重的作用，我们注意到王蒙的作品基本都曾翻译到苏联和俄罗斯，近些年也不断有一些著作和论文对王蒙及其作品进行研究。王蒙曾四次访俄（苏联），对苏联和俄罗斯有着深厚的感情，后来也创作了许多与俄罗斯相关的散文，据了解您与王蒙私交甚好，您作为俄罗斯王蒙研究方面的专家，能否请您从以下几个方面谈一谈您所了解的王蒙？

叶　帆： 请问是什么契机让您开始关注并研究王蒙的？

托罗普采夫： 当我最初触摸王蒙散文时，我便意识到：新的中国文学诞生了！那是在20世纪80年代最初的几年，中国已经开始变革，但在文学方面还未见到任何改变，作家们仍然不敢去窥探一个人的内心，他的思想、感情和灵魂。按照俄罗斯卓越的语言学家尤里·洛特曼的界说，艺术不是某种人造事物的装饰，而是另一种生命———一种并不总是能被人所见的生命。我在王蒙的散文中看到了这种生命。王蒙以这种《灵魂的冲动》《感染》了中国新文学，并将生机勃勃的生命注入其中。

叶　帆： 您在研究王蒙作品的过程中王蒙作品的什么特质最为打动您？

托罗普采夫： 20世纪七八十年代之交王蒙创作的一些短篇小说中，能感觉到那些角色不是千篇一律的，而是有别于普罗大众的、有着鲜明个性的人物。后来，我对王蒙的作品有了更广泛和更深入的了解，我意识到他的这种创作倾向早在20世纪50年代便已展露出来。并且他的这一创作特点并未弱化或消失，反而是不断加强。他的散文充满了简单生动的平凡人物，对于他们来说无需其他，仅是见到大海便可以为他们带来莫大的欢乐与幸福。他笔下的正面人物都是很鲜活的、带有个人感情和对世界培育不同看法的人。而作者本人就生活在这些角色之中，用他的爱使角色鲜活生动起来。

叶　帆: 您不但研究王蒙作品，您更是亲力亲为翻译了许多王蒙作品，您在翻译过程中，您是如何选取作品的? 在作品翻译过程中，您有没有考虑通过这些作品为俄罗斯读者呈现怎样的中国，怎样的中国文化和怎样的王蒙?

托罗普采夫: 在王蒙的每一部作品中都能听到旋律。有时它是一首特定的歌曲或音乐序曲，但更多的时候这种旋律无法用音符记录，它是一种形象，一种灵魂精神的讯号。对我来说，听到它，将它作为主旋律，并在外语中找到它的对等物是非常重要的。所以后来，我自己概括了王蒙创作的主要旋律，即春天与欢乐。获得这种感受并不需要你拥有青春的年纪，重要的是要克服《心灵的秋天》，就如，在小说《春夜》中父母面对逃去约会的女儿所做的那样。或者像王蒙自己在生活中所做的那样，他克服了一切严酷现实中的阻碍，在他即将90岁的人生中依然充满了青春的、春天般的热忱。

叶　帆: 能否请您谈谈王蒙在苏联和俄罗斯文化界及学界的影响?

托罗普采夫:《外国文学》作为俄罗斯最权威的学术期刊之一，发表的作品都是严格甄选的精品。《外国文学》不仅欢迎刊发王蒙的散文，而且邀请王蒙成为期刊公共委员会的成员，该委员会对作品的选择和期刊的整体政策有重要影响。这充分反映了期刊对这位德高望重的作家的尊崇和对他参与确定期刊文化政策的能力的信心。中国文学作为世界文学的一部分，《外国文学》的这一举动也说明，期刊对于王蒙作品在俄罗斯读者群中形成与中国新文学相对应的正确形象也充满信心。

叶　帆: 我们注意到王蒙的多数作品都曾翻译到苏联和俄罗斯，在俄罗斯也造成了不小的轰动，王蒙是中国现代文学在俄罗斯很有影响力的代表人物，请您介绍一下王蒙作品在俄罗斯的翻译情况。

托罗普采夫：王蒙的散文是如此地充满智慧和才华，吸引了包括李福清院士、华克生教授、索罗金教授等在内的致力于研究中国文化和语言的最为杰出的专家们，他们甘之如饴且十分专业地翻译了王蒙的作品，并对其进行了深入的分析。这在很多方面都有助于吸引俄罗斯读者，扩大作品发行量和促进作品的一版再版。

叶　帆：我们注意到在苏联及俄罗斯有很多学者都在研究王蒙，无论是研究其作品、艺术手法，还是其生平、创作思想，研究成果可谓非常丰硕，能否请您为我们介绍一下王蒙研究的主要流派与成果？

托罗普采夫：从王蒙作品的主要风格上看，他无疑是个现实主义者，他的小说是现实的再现。但这并非是机械的、镜像般的反映，而是对正在发生的事情的重构，这种重构会由于角色对这一行为的态度而变得复杂。在不同的作品中，这些方面有不同的比例，有时现实本身会成为次要的，通过角色的意识转变为对现实的二次重构。王蒙小说中"意识流"的艺术手法就是这样产生的。例如小说《春之声》，它的中心并不是主角乘坐火车旅行本身，而是他的意识和对他所见事物的感知与加工。而在短篇《他来》中，则根本没有现实，它的艺术主体本身是一个梦，是主角梦的交织。这激发了读者的想象力，迫使他们去推测，并在他们的灵魂中引发回响。在这些作品里能听到中国古典诗歌的回响，情节有时甚至不是出自故事链条之中，而是源自诗人想象的感性笔触中。

叶　帆：我们注意到，您的研究主要集中在诗人李白和作家王蒙这两方面，请问您如此中意这两位作家，是否觉得他们之间有什么共同之处？

托罗普采夫：王蒙作为一位杰出的文化创造者的力量就在于他所构筑的并非空中楼阁，而是基于中华文明几千年的积淀上，创造了中国的最新的文化。如果树根死亡，那么叶子也会凋散。在王蒙散文的芬芳中，我们嗅到了《诗经》和《楚辞》的精神，也发现李白和苏轼的灵魂。当我在做宋词的俄文翻译时，王蒙欣然同意为这本集子写一篇序言，正如他在序言中所写："我个人对于词的喜爱无以复加，我曾经说哪怕仅仅是为了读好苏东坡与辛弃疾的词，'来生'我还要做中国人。我的话使不止一个中国老知识分子热泪如注。同时每种词牌都有它的特点，它的功能特色与风味色彩，中国曲子词的形……中餐是中国腹，诗词是中国心，中国人的爱国是心腹之爱"。中国古典诗歌和南北朝到明代时期的重要小说为王蒙的散文注入生命之泉，赋予它生命的力量。

那么为什么还有李白呢？乍一看，这似乎是一个意外。但在每一个意外中，都暗藏规律。李白不仅仅是一位伟大的诗人、不仅是首屈一指的诗人，他仿佛是来自其他更高级世界的"天外来客"。王蒙亦是如此，他不仅杰出，而且他来自精神上不同的空间，并融入了中国最新的文化之中，由此成为新文化的创造者并将其发扬光大。

叶　帆：听说您与王蒙的私交非常好，王蒙亲切地称呼您为"谢公"，请问"谢公"这一亲切称呼从何而来？能否聊聊您与王蒙之间交往的趣事或者印象深刻的事？

托罗普采夫：说到这个问题就不由地要延续前一个问题。王蒙乐意接纳我的中文名字"谢公"，正是因为他深深地醉心于古典文化之中。要知道李白就是这样称呼他最喜欢的诗人谢朓的，而谢朓的姓就是我音译名字谢尔盖的第一个字，也就是说，在王蒙看来，无论是对专业的尊重还是对友情的看重都凝聚在这个"谢"字中了。而且我非常确定的是，这两个组成部分是密不可分的，如果没有与作者本人亲切热诚的接触，王蒙的散文就不会如此完整地展现在我面前。如果没有这样的友谊，我或许就无法在王蒙的散文中看到真正的王蒙和他那蕴藏在艺术空间中的深邃思想。同时如果没有作者本原的存在，这个艺术空间便会有较大的缺憾。我不仅喜爱作家王蒙，也喜爱王蒙这个人，喜爱像他这样一位无论是处于种种磨难之中时，抑或是居于高位之上、享有无上荣誉之时，仍能初心不改并坚持道德原则的人。

叶　帆：我们观察到，近些年王蒙及其作品研究有回暖的趋势，您认为今后王蒙研究还有哪些尚有可为的领域，以及之后的发展趋势是怎样的？

托罗普采夫：当你在读《生死恋》，甚至是更近一些时期的作品，有时你有种感觉：王蒙笔下人物的思想与行动相比不再是屈居次要位置，人物思想成为第一位的，且似乎成为了造物神德穆革般的存在。解放的艺术语言跨越了从前无法触及的界限，将古典的严谨与世俗或互联网的语言相结合，同时又不失其完整性和有机性。他最新作品的头韵显然可以追溯到诗和词。王蒙散文的哲学性是固有的，但多年来随着岁月智慧的沉淀，这种哲学性更趋向综合，开始提出《天问》，当然问题的答案不易寻得，但回答却是必要的，否则便不会有未来。这就是王蒙不仅是对今天，更是对明天的意义。但现在需要一种完全不同的翻译方法，如果早些时候，译者像天线一样，需要捕捉人物的感受，那么现在译者则需要有使哲理性和精神活动相协调的能力。

叶　帆：今年是王蒙 90 华诞，中国人常说"人生七十古来稀"，90 诞辰可谓上寿，你们两位作为中俄友好交往的典范，请问您有没有什么祝愿想送给王蒙？

托罗普采夫：王蒙和他笔下的角色都是热情的音乐爱好者，而这并非偶然。音乐是中华民族精神中不可分割的一部分。这也难怪为何所有的古典诗歌都与旋律交织在一起。正如孔子所坚持的音乐美学思想——美善合一。与自己，与周围的世界，与永恒的天空和谐相处，对一个人来说，对一个公民来说，对一个作家来说，是一种幸福的命运。就如一棵常青的松树或一棵顽强的橡树栉风沐雨地存活了上千年，它们苍翠树冠发出的音乐之声也将永不消逝。

王蒙在德国

张　帆＊　高　鸽＊

"人民艺术家"王蒙不仅在中国文坛成就卓著，而且德语译介实绩斐然。他的文学作品备受德国读者及汉学家认可，影响业已超越狭隘的"政治屏蔽"，彰显共情共性的艺术魅力。作为德译中国现当代文学的先锋人物和代表作家，王蒙多次应邀出访德国，当之无愧地成为中德重要文学、文化交流活动的上宾，也在闲暇之余多有体味德国文化及风情，旁证东西德从分裂走向统一的历史，并据此创作散文数篇。故若要全面地了解王蒙文学的国际影响力及其作品中时有出现的德国元素，断然无法绕开其在"世界第一翻译出版大国"——德国的译介与传播历程，以及王蒙与德国之间细水长流的因缘际会。

一、王蒙作品在德国的翻译出版情况

王蒙在德国的译介至今已逾四十载，德译作品共计 88 篇／部（含再版、转载和集录），是德译中国现当代文学繁荣的扛鼎砥柱，无论体量抑或影响堪称中国当代作家之翘楚。王蒙作品的德语译介历经三个阶段，即蓬勃发展的 20 世纪 80 年代、逆潮而上的 20 世纪 90 年代以及整体低迷但不乏亮点的

＊　张帆，上海外国语大学德语系教授、博士生导师，中国话语与世界文学研究中心主任。
＊　高鸽，浙江大学城市学院德语系讲师，中国话语与世界文学研究中心兼职研究员。

新世纪二十年。

王蒙在德国的译介始于 1980 年。德国著名汉学家顾彬（Wolfgang Kubin）主编的《百花：中国当代小说集（第二卷：1949—1979）》收录王蒙成名作《组织部来了个年轻人》，就此拉开王蒙在德国译介热潮的大幕。综观 1980—1989 年，王蒙共有五部个人文集与 32 篇译文在德国译介出版，考虑到在此十年间中国现当代文学德语译文总共不足四百篇的景况，王蒙这一译介体量令人叹为观止。

1981 年，德国汉学家安德利亚斯·多纳特（Andreas Donath）主编《风筝飘带：中国日常故事》小说集，由达姆施塔特／诺伊维德赫尔曼·鲁赫特汉德出版社出版，1984 年法兰克福乌尔施泰恩出版社再版。该书名家名篇云集，却独以《风筝飘带》命名，足见王蒙已被奉为新潮美学的引领者与佼佼者。1983 年，德国汉学家鲁道夫·瓦格纳（Rudolf Wagner）主编《中华人民共和国的文学与政治》收录王蒙小说《悠悠寸草心》，由著名的法兰克福苏尔坎普出版社出版。对于王蒙要言不繁、别有意趣的微型小说，德国汉学界同样颇为关注，德国汉学家赫尔穆特·马汀（Helmut Martin）等主编的《王蒙及其他作家微型小说：中华人民共和国讽刺文学》收录王蒙《越说越对》《维护团结的人》《互助》以及《小小小小小》四篇小小说，1985 年由科隆欧根·迪德里希斯出版社出版。

尤为值得一提的是，创刊于 1955 年的德国经典文学杂志《季节女神》1985 年第 2 期集中译介刊登王蒙《雄辩症》等四篇小说以及游记《浮光掠影记西德》，并在 1989 年第 3 期再次刊登《扯皮处的解散》与《夜的眼》两篇小说。伦敦《泰晤士报》称《季节女神》是德国最具判断力的长寿杂志之一，王蒙被权威的《季节女神》杂志两次专题推介，既是肯定，亦是褒奖。此外，极具思想深度和批判性的德国《日报》1985 年 6 月 19 日刊登王蒙小说《常胜的歌手》，中国作家荣登德国全国性非文学类大众报刊，亦印证了王蒙在德国的译介热度。

在单行本方面，1986 年由中国的外文出版社出版了王蒙首部德译小说集《蝴蝶》，代表作中篇小说《蝴蝶》还以广播剧的方式在全德播出，迅速提升了王蒙在德语世界的知名度。柏林／魏玛建设出版社 1988 年重新编选翻译王蒙文集，即以《蝴蝶梦：小说集》命名。1987 年，德译王蒙文集《夜的眼：小说集》由苏黎世联合出版社出版，同年柏林／魏玛建设出版社再版。除《夜的眼》外，该选集亦收录《布礼》《海的梦》等王蒙经典作品。德国文学家尹瑟·考奈尔森（Inse Cornelssen）等编（译）王蒙个人文集《说客盈门及其他故事》，收录王蒙《说客盈门》《春之声》《失恋的乌鸦二姐》《我们是同类》《谁的乒乓球打得好?》《常胜的歌手》《不如酸辣汤》《听来的故事一抄》《吃臭豆腐者的自我辩护》《南京板鸭》《相见时难》《脚的问候》《不准倒垃圾》《最宝贵的》《深的湖》等共 19 篇小说，将其按照"个人命运""政治寓言""人际之间""世代更迭"等主题分类，1989 年由波鸿布洛克迈尔出版社出版。

20 世纪 90 年代，两德统一及欧洲一体化进程等议题占据了德国社会大量关注与讨论空间，全球化作用下的德国图书市场日趋受制于美国。受此类政治、文化因素影响，中国文学德语译介热潮渐次退却，中国现当代文学德语译介数量较之 20 世纪 80 年代骤降逾三成。但令人欣喜的是，王蒙作品在德国的译介逆潮而上，以 2 部译著／文集与 39 篇译文的数量，占据 20 世纪 90 年代中国现当代文学德语译介举足轻重的份额，继续肩起德译中国现当代文学的旗帜。而这一令人瞠目艳羡的译介实绩，首功当推德国汉学家马汀·沃尔斯勒（Martin Woesler），他在此十年间发表《1991—1992年的中国政治文学：王蒙的"早餐革命"：〈坚硬的稀粥〉译文及对一场荒谬论争的记录》和《"散文是对自由的渴望"：1948—1992 年间作为散文家的中国前文化部长王蒙》两部学术论著，并附王蒙《坚硬的稀粥》《我爱喝稀粥》《写作与不写作》《当你拿起笔》等作品德译共计 23 篇。沃尔斯勒的研究进一步推动了王蒙德语译介发展，使之相较 20 世纪 80 年代更加丰富多元，长短篇小说、散文、时政杂文与古典文学研究齐头并进，蔚为大观。学术随笔《蘑菇、甄宝玉与"我"的探求》和《发见与解释》先后在德国汉学期刊《袖珍汉学》1990 年第 1 期与 1991 年第 1 期译介发表。《袖珍汉学》专注中国人文科学，是德国译介、研究中国小说、诗歌与散文的桥头堡，在德语区深具影响力。该刊物自 1989 年创刊以来共刊登七篇王蒙译作，另有《十字架上》《来劲!》《坚硬的稀粥》《阿咪的故事》以及王蒙讽刺小说代表作《冬天的话题》等五篇。

1994 年，王蒙作品德语译介极具分量的"重头戏"——《活动变人形》由瑞士瓦尔德古特出版社出版，这是迄今王蒙唯一一部被译介到德语国家的长篇小说。此前，该著曾先后三次以节译的形式在德国发表，最终由"中华图书特殊贡献奖"得主——德国著名汉学家乌尔里希·考茨（Ulrich Kautz）以《难得糊涂》为名整本翻译。遗憾的是，王蒙另一部著名长篇小说《青春万岁》虽被德国汉学家屡屡提及，但至今尚无德文译本，盖因囿于意识形态与固有歧见，德国汉学家普遍"否定了所谓建国时期'黄金岁月'一说"①。当然，王蒙长篇小说鲜有德译的一个非政治化的"障碍"在于其"体量"过于庞大。乌尔里希·考茨直言，德国出版商常对中国小说的篇幅瞠目结舌，《活动变人形》完整版德译本逾六百页，最终得到王蒙本人许可，删去部分篇幅，顺利出版。

新世纪以降，中国现当代文学在德国翻译整体式微，据乌尔里希·考茨统计，2004 年全年甚至仅有一部德译中国文学作品问世。王蒙德语译介相

---

① ［德］顾彬：《二十世纪中国文学史》，范劲等译，华东师范大学出版社 2008 年版，第 279 页。

较于 20 世纪八九十年代出现断崖式下滑，二十年间仅有《落叶》《苏州赋》《坚硬的稀粥》《我爱喝稀粥》《话说这碗 "粥"》《关于〈坚硬的稀粥〉的一些情况》《获奖作者感信》《王蒙对 "来信" 的反驳》《民事诉讼状（征求意见稿）》九篇作品被译介刊发。2017 年，《中国天机：我要跟你讲政治》由马汀·沃尔斯勒翻译，柏林欧洲大学出版社出版，篇幅近 500 页，在中国文学德语译介整体低迷的态势中渲染出一大亮点。

综上所述，王蒙德语译介至今已逾四十载，其间既有 20 世纪 80 年代至 90 年代难以企及的高峰，亦有新世纪以降相对低迷却又不乏亮点的低谷，其代表作品几乎悉数被译介到德国，是德译中国现当代文学繁荣的扛鼎砥柱。

二、王蒙在德国的影响

王蒙因丰富的译介和特殊身份，备受德语学界青睐，形成了以汉学家为主导，辅以德国日耳曼学家、中国问题专家、德国各大报刊记者等共同参与的研究群体，以其译著与文集前言或后记、汉学著作、汉学期刊书评等为载体，主要从以下角度展开了广泛而深入的接受研究，强势展现了王蒙在德国突破圈层的影响力。

其一是王蒙作品的西式 "现代性" 与中国 "本土化"。德国汉学家弗里茨·格鲁纳（Fritz Gruner）表示，王蒙的作品 "既不详细勾勒主人公外貌，也不按照时间顺序梳理串联事件，而是主要采用反思、思想的自由联想、内心独白等间接描写手段；散文式的插入语使其描写更具哲理深度" [1]。

---

[1] Fritz Gruner: Nachwort, in: Wang Meng: Ein Schmetterlingstraum. Erzählungen, herausgegeben von Fritz Gruner, Berlin/Weimar: Aufbau Verlag, 1988, S. 534.

德国本土经典文学杂志《季节女神》亦专门刊文[1]，缕析王蒙作品中的现代派创作手法。《夜的眼》采取"单一视角叙事，藉此将主人公的意识置于中心地位，并使其成为一切外在描写与事件的过滤器……文中大量使用间接内心独白，以期在叙述者不露痕迹的干预下，通过第三人称叙事再现人物思想。故主人公的精神世界取代了情节，成为小说焦点"。《春之声》亦"以主人公的精神活动为主……对其感觉的专注使小说情节不再重要。实际上，外在行动仅由搭火车旅行一个事件构成，因此也可以说这部小说是没有情节的"。《海的梦》"情节更加稀少，仍以间接内心独白重现主人公对新生活及其苦难过往的思索"。《布礼》"间或使用直接内心独白揭示主人公的心理活动；其另一形式实验即放弃线性叙事与历时叙事……主人公一生中的四次决定性变化均伴随着重大历史事件的发生，二者被以拼贴形式并置"。弱化情节发展而转向内心世界，王蒙的这种写作方式被认为迈出了中国叙事文学史上具有开拓性的一步，也极大地丰富了中国当代文学的艺术表现形式。

德国汉学家鲁茨·毕克（Lutz Bieg）亦审慎强调，倘若把王蒙小说的创新之处简单粗暴地归结为受西方意识流影响不免有失公允，虽然"外国文学对王蒙的影响尤其是他对欧美文学以及德国文学的接受值得深究，但在'西化王蒙'之外，最重要的自然还是由其本我传统塑造的中国王蒙"[2]。顾彬注意到王蒙"笔下的'意识流'仿佛已经脱离了（叙事者的）掌控而独立运作，拥有了不同于'间接引语'或者'内心独白'的性质……在王蒙晚近

---

[1] William Tay: Wang Mengs modernistische Erzählungen, in: Die Horen. Zeitschrift für Literatur, Kunst und Kritik, Nr. 3, 1989, S. 233-234.

[2] Lutz Bieg: Anekdoten vom Abteilungsleiter Maimaiti. "Schwarzer Humor" der Uiguren - Volksliterarische Elemente im Werk Wang Mengs, in: Die Horen. Zeitschrift für Literatur, Kunst und Kritik 3/1989, S. 224.

的杂文和小品文中也能发现这一现象"。可以说，这样的评价是极其准确且富有启发性的。而与王蒙现代派创作手法水乳交融的是其小说创作思想或意识的"形变"。据顾彬考证，长篇小说《活动变人形》的"标题来源于50年代德语地区的巧克力包装。这种包装后来也流传到日本，上面画有身体各部分可以替换的人形。王蒙在日本看到，人形的下部（脚）和上部（头）一旦互动，整个人或者中间部分的身子就会变成另一个人形。'活动'这个词也可以进行政治解读：人在政治运动中每进行一次政治活动就会变一个人，最后连自己都不知道自己是甲还是乙，哪里是'头'，哪里又'扭了腿'"[①]。通过《蝴蝶》的张思远、《不如酸辣汤》的O教授等形象，王蒙将"形变"——事物或思想的流动性与不可把握性表现得淋漓尽致。

其二是贯穿王蒙创作的现实批判与理想品格。尹瑟·考奈尔森直言，对于那些并不精于文学阐释或研究的读者而言，王蒙小说的"意义在于其对生活情景的如实描写。从这些故事中，我们可以更加了解中国，了解其不足之处，亦即发展中国家的典型缺点，了解其瓶颈，即其在通往梦寐以求的美好未来的道路上种种咎由自取的陷阱与障碍，以及这个国家及其人民拥有的巨大机遇"，王蒙的文字恰如其分地"展现了受鞭笞后的创口、留下的疤痕、失去的光环，以及走向'新的彼岸'的巨大希望"[②]。安德利亚斯·多纳特以王蒙《风筝飘带》为例佐证上述观点："故事刚一开头，党的标语即被新兴社会的商业广告淹没。这甚至不是作家的大胆设想，而仅仅是对中国日常现实的描述。每一位来到北京的游客都可以参观小说情节发生地，即长安街与王府井商业街的交汇处，北京饭店斜对面的路口，在那块红底白字的

---

① [德] 顾彬：《二十世纪中国文学史》，范劲等译，华东师范大学出版社2008年版，第316—317页。

② Inse Cornelssen: Nachwort, in: Wang Meng: Lauter Fürsprecher und andere Geschichten, herausgegeben von Inse Cornelssen und Sun Junhua, Bochum: Brockmeyer, 1989, S. 203-204.

板子上，感叹号挤在角落里。"① 德国汉学家卡尔·海因茨·波尔（Karl Heinz Pohl）赞扬王蒙"善于以令人印象深刻的隐喻刻画后毛泽东时代的社会矛盾"，《风筝飘带》即"对当年中国青年的精神状况作出了恰如其分的描述，一位儿时曾与毛主席握手的 24 岁女子，在上山下乡后全然幻灭地回到城市"②。而在《夜的眼》中，"羊腿"成为统领全篇的关键词，不仅是"联结城乡关系的纽带，体现了 20 世纪 70 年代末中国城乡之间确存的贫富差距"，而且"小说借'羊腿'将民主与富裕画上等号，暗示民主承担着争取更大繁荣的任务"。德国著名汉学家弗里茨·格鲁纳（Fritz Gruner）亦直言："王蒙从未掩盖中国社会中的愤懑怨气与犬儒主义，他将读者无法表达甚至无法感知的情感、思绪与心声呈现纸面……其基本关切在于揭示真相、展现个体观念与社会现实之间的矛盾，但又不使矛盾绝对化。"③

其三是王蒙作品的自叙传达悲情色彩与"伤痕"疗愈。弗里茨·格鲁纳认为，作为小说家的王蒙在诸多时刻皆与其主人公融为一体，王蒙以文字传达的，归根结底是其曾以某种方式所亲身经历的。德国学界研究发现，王蒙首部长篇小说《青春万岁》及其短篇代表作《组织部来了个年轻人》皆据其共青团工作经验写成，青年王蒙不仅对文学而且对政治抱有热忱的理想与激情。然而，"对特定官僚主义现象、对党内某些职能部门的自满与自大的犀利剖析"却使其屡遭劫难④，王蒙在漫漫人生长路上渐次与这

---

①　Andreas Donath: Nachwort, in: Andreas Donath（Hg.）: Die Drachenschnur. Geschichten aus dem chinesischen Alltag, Frankfurt am Main/Berlin/Wien: Verlag Ullstein, S. 224.

②　Karl-Heinz Pohl: Auf der Suche nach dem verlorenen Schlüssel. Zur "obskuren" Lyrik in China nach 1978, in: Oriens Extremus, Nr. 1/2, 1982.

③　Fritz Gruner: Nachwort, in: Wang Meng: Ein Schmetterlingstraum. Erzählungen, herausgegeben von Fritz Gruner, Berlin/Weimar: Aufbau Verlag, 1988, S. 530-532.

④　Sun Junhua: Einleitung, in: Wang Meng: Lauter Fürsprecher und andere Geschichten, herausgegeben von Inse Cornelssen und Sun Junhua, übersetzt von Sun Junhua, Inse Cornelssen, Helmut Martin und Hillgriet Hillers, Bochum: Brockmeyer, 1989, S. II-III.

段不同寻常的经历融为一体，"无时不在想着、忆着、哭着、笑着这八千里和三十年"，"小说的支点正是在这里"。德国汉学界反复研读王蒙作品，对个中真际剖玄析微：《夜的眼》的主人公是"一位被放逐边疆二十年的作家，在恢复名誉后重返曾经生活过的城市"①。在《买买提处长轶事》的"第一人称叙述者——一位作家——背后不难看出王蒙本人的影子"②。以新疆为背景的《鹰谷》亦是如此，"主人公与作者近乎合二为一"③。在安妮·恩格尔哈特（Anne Engelhardt）等德国汉学家看来，王蒙在创作中将个体经历融入群体及社会际遇，无疑为德国大众读者提供了一种了解中国社会面貌的途径。

德国中国问题专家吉塞拉·玛尔曼（Gisela Mahlmann）亦称王蒙惯于将亲身体验杂糅到自己的文学创作中："与他同代的父辈们虽屡遭谴责与放逐，但并未失去对共产主义的信仰；而儿子们则属于在'文革'中受到蒙蔽、进而迷失自我的一代，他们曾经挥舞着红旗、唱着歌颂毛主席的歌谣上山下乡，失去了受教育的机会，尔后被历史的洪流淹没，如今更是只为个人幸福奋斗；两代人之间的代际冲突成为王蒙故事的一道主旋律。"④ 就像《布礼》中"被红卫兵殴打的主人公一遍遍重复着在其青年时代已经根深蒂固的词语'布礼、布礼'。无知的年轻人受到煽动，自诩前无古人的伟大革命者，误将

① William Tay: Wang Mengs modernistische Erzählungen, in: Die Horen. Zeitschrift für Literatur, Kunst und Kritik, Nr. 3, 1989, S. 233.

② Lutz Bieg: Anekdoten vom Abteilungsleiter Maimaiti. "Schwarzer Humor" der Uiguren - Volksliterarische Elemente im Werk Wang Mengs, in: Die Horen. Zeitschrift für Literatur, Kunst und Kritik, Nr. 3, 1989, S. 225.

③ Fritz Gruner: Nachwort, in: Wang Meng: Ein Schmetterlingstraum. Erzählungen, herausgegeben von Fritz Gruner, Berlin/Weimar: Aufbau Verlag, 1988, S. 532-533.

④ Gisela Mahlmann: Wang Meng: Worte aus der Ferne. Pekings Kulturminister suchte Zuflucht im Abseits, in: Die Zeit, 07.1990.

'布礼'一词认成日语，把主人公当作日本奸细打了个半死"①。

在新疆的艰难岁月并未抹灭王蒙对生活和文学矢志不渝的热爱，他虽命途多舛但信念坚定，德国学界对此赞不绝口，激赏"真善美甫一开始就决定了王蒙后期文学创作的基本基调。它们赋予了王蒙坚强的意志力，让他熬过了那段黑暗的岁月，也塑造了他坚定不移的乐观生活态度。这些对其随着时间推移而日渐成熟的文学思想起到决定性作用"②。《布礼》中"维护美好与人性的力量，击退邪恶与非人道的力量，体现在主人公对改变现状永不放弃的信心，体现在他对党、对人民、对革命的信任……他仍然牢记着彼时流行的布尔什维克青年礼"③。《海的梦》结局"奏响了希望之声；《春之声》的标题预示着'政治之春'将为主人公带来'个人之春'"④。鉴于王蒙乐观、温和、包容、风趣的创作基调，德国学界普遍认为王蒙并非严格意义上的"伤痕文学作家"，他的写作风格不见歇斯底里，而是在平和、幽默的叙述中蕴蓄深沉的能量。

此外，王蒙作品中的德国元素和智性幽默拉近了德国人同一个如此遥远的世界——中国及其国民之间的距离，催生了跨越种族与边界的共情同感。德国汉学家就对王蒙作品中的德式元素如数家珍："《悠悠寸草心》提及赫尔曼·沃克以德国为背景的小说《战争风云》，《春之声》中也有一些

---

① Fritz Gruner: Nachwort, in: Wang Meng: Ein Schmetterlingstraum. Erzählungen, herausgegeben von Fritz Gruner, Berlin/Weimar: Aufbau Verlag, 1988, S. 533.

② Sun Junhua: Einleitung, in: Wang Meng: Lauter Fürsprecher und andere Geschichten, herausgegeben von Inse Cornelssen und Sun Junhua, übersetzt von Sun Junhua, Inse Cornelssen, Helmut Martin und Hillgriet Hillers, Bochum: Brockmeyer, 1989, S. III-IV.

③ Fritz Gruner: Nachwort, in: Wang Meng: Ein Schmetterlingstraum. Erzählungen, herausgegeben von Fritz Gruner, Berlin/Weimar: Aufbau Verlag, 1988, S. 533.

④ William Tay: Wang Mengs modernistische Erzählungen, in: Die Horen. Zeitschrift für Literatur, Kunst und Kritik, Nr. 3, 1989, S. 235.

德语片段以及对德国音乐和歌曲的回忆"①，《活动变人形》则"以1980年6月17日在港口城市汉堡拜访名为史福岗的汉学家开篇"②。对德国的想象性书写，大多发生在王蒙未曾踏访德国之前，这必然激发德国人的好奇和兴趣。而王蒙小说的"智识性"幽默艺术正中德国读者的口味。顾彬发文《圣人笑吗？——评王蒙的幽默》，直截了当地表明，王蒙在这方面是晚近几十年最有成就的作家之一，"我们或许可以这样来阐释作者：他所需要的只是心灵的和平。而他获得这种和平的方式不是通过伤痕文学式的重新理解历史，而是借助于幽默，用智力来向一个曾经不人道的体制示威。"鲁茨·毕克亦有同感，认为买买提处长的六则轶事旨在"用嘲笑揭露革命蠢行、用解脱的笑声化解恐惧、用幽默谋求自我解放并摆脱压迫"③。如王蒙本人自叙，面对苦难与不公，他"并非麻木不仁，并非明哲保身"，他"找的一个武器是讽刺与幽默……荒诞的笑正是对荒诞的生活的一种抗议"。

综上所述，王蒙的文学作品在德国激起了较为广泛兴趣，研究者不再局限于汉学家群体，德国文学家、经典报纸杂志记者、中国问题专家等纷纷加入，且其研究基本克服了单调滞后的猎奇性、争议性解读而逐渐向多元同步的文学性、审美性研究过渡，不断丰富拓展德语读者的"期待视野"。这种接受状况在德译中国作家群体中并不多见，有力证明了王蒙及其作品在德国

---

① Lutz Bieg: Anekdoten vom Abteilungsleiter Maimaiti. "Schwarzer Humor" der Uiguren - Volksliterarische Elemente im Werk Wang Mengs, in: Die Horen. Zeitschrift für Literatur, Kunst und Kritik, Nr. 3, 1989, S. 224.

② Wolfgang Kubin: Großer Bruder Kulturminister. Begegnungen mit Wang Meng, in: Wang Meng: Das Auge der Nacht, Zürich: Unionsverlag, 1987, S. 277.

③ Lutz Bieg: Anekdoten vom Abteilungsleiter Maimaiti. "Schwarzer Humor" der Uiguren - Volksliterarische Elemente im Werk Wang Mengs, in: Die Horen. Zeitschrift für Literatur, Kunst und Kritik, Nr. 3, 1989, S. 227.

突破圈层的影响力。

三、王蒙在德国的活动及其与德国各界人士的交往

青年时代的王蒙已与德国颇有渊源，"高举过当时民主德国总统威廉·皮克与总理乌布利希的画像"，"看过描写德共领导人的民主德国影片《台尔曼传》与根据德国民间故事改编的影片《冷酷的心》"，"参加过欢迎乌布利希同志来访的群众大会"。待到 1980 年 6 月初，王蒙首次走出国门即应西德驻华大使魏克德邀请，随中国作家代表团访问西德，短短一周内行及法兰克福、波恩、科隆、西柏林、汉堡、海德堡、慕尼黑等地，"浮光掠影"初览西德。彼时已崭露头角的德国汉学家瓦格纳与顾彬特意前往中国作家代表团下榻的西柏林旅舍拜会王蒙，盛情邀请王蒙至家中做客，就中国文学状况及王蒙作品展开了"广泛而自由的讨论"。日后顾彬声名鹊起，但始终对王蒙推崇备至，对其作品译介用力甚巨。据时任中国作协外联部负责中德交流的金弢先生所记："顾彬对王蒙一向非常敬重"，"在他眼里，王蒙不仅是一位名作家，而且还是一位长辈，一位领导。1985 年 4 月，中德作家在北京什刹海《文艺之家》举办两国文学座谈会，整个过程，顾彬对王蒙一直毕恭毕敬。"即便王蒙在发言中用长者的口吻，对德国作家有提醒告诫之辞，顾彬也"丝毫没有动摇过他虔敬的神态"[①]。顾彬主编的汉学期刊《东方向》和《袖珍汉学》，更是不遗余力地推介王蒙，成为王蒙德语译介和研究的重要阵地。

时至 1985 年 6 月，彼时已有若干作品被译介到德语世界的王蒙率领中国作家代表团再度出访西德，受邀参加西柏林"地平线 85"世界文化艺术

---

① 参见金弢：《顾彬重炮猛轰中国作家》，《华商报（德国）》2008 年 4 月刊。

节，其间召开王蒙作品专题研讨会，如此隆重的高规格礼遇，实属罕见。瓦格纳在会上的发言给王蒙留下深刻印象，"他考证《悠悠寸草心》里的'理发'师影射'立法'，唐师傅的唐表达了作者对于汉唐盛世的向往等，索隐法走向了世界"。王蒙此次出访西德，本安排好去诺贝尔文学奖得主海因里希·伯尔家中拜访，并代表中国作协邀请伯尔来华访问。然而，由于伯尔疾病缠身，计划未能落实，只得由其子里内·伯尔当面向王蒙表达歉意。

王蒙与伯尔家族的交往未随海因里希·伯尔辞世而告一段落。1996年5月25日至7月3日，应德国海因里希·伯尔遗产协会和德国外交部、北莱茵基金会邀请，王蒙三度访问德国。他住在伯尔的乡间别墅，写作之余走访波恩、海德堡、法兰克福等城市，并于6月20日与德累斯顿市文化局副局长会谈，在东西德统一的背景下，王蒙深感对方的无所适从，这位副局长"说话特别谦虚，面带愧色，不时苦笑，颇似尴尬，给人以收敛退缩、'失语'、'无名'，就是说乏善可陈，乃至'别提他啦'的感觉"。他亦与当地作家座谈交流，"他们说起东西德合并后的生活经验"，也谈起文学作品"失去了揭露时弊方面的特殊吸引力"。次日，王蒙到访魏玛，当地文化部门表现出极大热情，相关领导更是慷慨地赠出自己的门票，以使王蒙出席魏玛艺术节开幕式音乐会。想到歌德、席勒等文豪，以及音乐家舒曼皆曾生活于此，王蒙也不禁感叹："魏玛，真是不可思议。"王蒙此次德国之旅惬意而充实。6月24日，受到柏林洪堡大学中文系主任爱娃·玛丽亚博士(中文名梅薏华)的邀请，王蒙欣然发表学术演讲。德国汉学家穆海南及尹虹同在洪堡大学任教。三人皆于20世纪50年代远赴北京求学，见了王蒙"就像见了亲人一样"。尔后不久，梅薏华应北大之邀来华，王蒙在新落成的中国作协办公大楼里宴请这位远道而来的汉学家及其旧友，以尽地主之谊。

新世纪以降，尽管中国文学在德国的译介与接受整体遇冷，但作为中国当代文学在德当之无愧的代表人物，王蒙据其大量作品积渐的盛誉，活跃于中德文学及文化交流领域。2008 年 9 月 17 日晚，应汉堡大学孔子学院等单位的邀请，王蒙发表演讲《雄辩的文学和亲和的文学》。德方院长康易清博士主持演讲会，中方院长王宏图博士和汉堡大学艾伯斯坦教授分别向现场中国及德国听众介绍王蒙作品概览及写作风格。其间，王蒙亦与诗人萨碧妮博士对谈并朗诵后者创作的和歌与俳句。2009 年 10 月，中国首次作为主宾国参与到世界上规模最大的书展——法兰克福书展，王蒙莅临出席主宾国交接仪式，并在主题馆和文学馆分别做题为"中国当代文学生活"及"革命与文学"的演讲，他掷地有声地表示，"中国文学发展很快，读者的口味发展也很快，但不管对中国文学有多少指责……中国文学处在它最好的时候"，尤其是"中国作家的生存环境、写作环境"。王蒙亦向德国读者推介王海长篇小说《天堂》，指出"描绘农村本来是中国当代文学的长项，可惜反映近三十年来的历史巨变的成功之作尤其是长篇之作并不多见"。

王蒙的大量作品被翻译成德语，不仅在德国，而且在同为德语母语区的奥地利等国得到传播。出于王蒙卓著的作家声望和影响，奥中友好协会及奥地利文学协会在 1996 年 7 月邀请其访问奥地利，参加在维也纳举办的庆祝中奥建交 25 周年和奥中协会成立 25 周年纪念活动。王蒙出席"中国人心目中的和平、战争与世界观念"国际研讨会，讨论中国军事文学，其间访问萨斯堡、因斯布鲁克等地，据此创作《蓝色多瑙河》。2000 年 9 月，王蒙再度应奥中友协邀请，赴维也纳参加"社会、集团与个人"国际研讨会，并作题为"从修齐治平到大公无私"的演讲。

王蒙的文学作品最初于 1980 年被翻译、介绍给德语读者，恰恰也在这一年，王蒙本人首度踏出国门，目的地正是彼时尚处分裂状态的联邦德国。王蒙此后多次出访德国，写下数篇散文佳作，对德国文化及社会状况观察犀利、了解透彻。与此同时，王蒙的代表作也几乎悉数被译介到德国，得到汉学家、文学家以及中国问题专家愈发趋向多元的阐释，成为普通德语读者了解中国社会状况的一扇窗口。可以说，王蒙作品及其风采在德语区广泛传扬，魅力历久弥新。

王蒙在法国

陈　贝 *

1934 年 10 月 15 日，一个婴儿呱呱坠地。其父亲王锦第的北大同学何其芳彼时正钻研法国文学，遂建议以法国作家小仲马《茶花女》中男主人公的名字"阿蒙"（Armand）为男婴命名——王蒙的名字自此而来。似是从出生起，他便与文学结下了不解之缘。

1944 年，年仅十岁的王蒙在图书馆阅读《悲惨世界》："一看这开头，就完全被迷住了。由于是冬天，当时能源供应没有保证，炉火也熄灭了，屋里冷得不得了，再没有一个人在那儿读书了，就我一个人"。2020 年 4 月 24 日，步入耄耋之年的王蒙谈及自身创作时，回忆起自己曾沉醉于巴尔扎克、莫泊桑、雨果的作品……

法国文学曾带给年幼的王蒙焕然一新的审美体验，而多年后，他的作品也在法兰西大地上放出异彩。

一、王蒙文字漂西方：走进法兰西大地

第一，1980 年至 1990 年。王蒙的作品译介至法国，始于面向海外发行的《中国文学》杂志社"熊猫丛书"系列。1981 年，杂志社创设"熊猫丛

---

* 陈贝，法语译者。

书",主要以英法两种语言翻译和出版中国文学作品。① 次年,"熊猫丛书"推出王蒙的短篇小说集法文版——《蝴蝶》(*Le papillon*),② 收录了王蒙 1979 年至 1980 年发表的六篇小说。③

法国文学界对于王蒙作品的主动关注最早可以追溯至 1985 年。《欧罗巴》④ 作为法国引进中国新时期文学的先行者,于 1985 年 4 月推出了"中国:一个新的文学"专刊,旨在译介、选评中国当代文学优秀作品,其中便收录有王蒙的《歌神》法译版。

1989 年,梅西多(Messidor)出版社出版《布礼》(*Le Salut bolchevique*),译者为法国著名的中国当代文学研究专家、翻译家夏德兰(Chantal Chen-Andro)。

第二,1990 年至今。1992 年前后,法国汉学家安博兰(Genevi è ve Imbot-Bichet)向中国文学研究者傅玉霜(Françoise Naour)提出中国现代文学翻译项目,后者欣然应允。1994 年,安博兰创建中国蓝出版社(Bleu de Chine),在随后的二十多年里,该出版社成为法国推介中国现当代文学作品的主要窗口,⑤ 而傅玉霜则成为了王蒙作品最为重要的法国译者。1998 年至 2004 年,中国蓝出版社共出版五部王蒙作品,译者均为傅玉霜。

1998 年,短篇小说集《故事与橄文》(*Contes et libelles*),收录王蒙

---

① 在法国,"熊猫丛书"系列图书几乎仅能在专门经营中国图书的书店找到。

② 2001 年,《中国文学》杂志停刊,"熊猫丛书"转手给外文出版社。2004 年,《蝴蝶》法文版由外文出版社再版。

③ 分别是:《蝴蝶》(*Le papillon*)、《风筝飘带》(*Le Cerf-volant*)、《悠悠寸草心》(*Les soucis d'un cœur simple*)、《说客盈门》(*Tant de médiateurs en quelques jours*)、《夜的眼》(*L'oeil de la nuit*)和《春之声》(*La voix du printemps*)。

④ 《欧罗巴》(*Europe*)是法国文学月刊,于 1923 年由罗曼·罗兰创立。

⑤ 2010 年,中国蓝出版社被伽利玛出版社(Gallimard)收购,继续推出"中国蓝系列丛书"。

1987 年至 1991 年间创作的九篇短篇小说，①2012 年由伽利玛出版社再版；

2002 年，《新疆下放故事》（*Contes de l'Ouest lointain*）②《淡灰色的眼珠》（*Des yeux gris clair*）；

2003 年，《笑而不答：玄思小说》（*Les sourires du sage*）；

2004 年，《跳舞》（*Celle qui dansait*）。

除了出版译著，傅玉霜亦在期刊杂志上积极发表王蒙作品译文。例如，1992 年，于《新法兰西评论》发表《Z 城小站的经历》（*Souvenir de la petite gare du bourg de Z*）；1998 年，于《中华文摘》发表《烙饼》（*La galette*）等。

纵观王蒙作品在法国的译介情况，其传播经历了由我国主动推出去到法国本土主动接收的过程。译介范围主要集中在王蒙 1980 年至 2000 年创作的中短篇小说，国内耳熟能详的《青春万岁》《组织部来了个年轻人》以及 20 世纪 90 年代之后的"季节"系列尚未引入法国。中国作品能否顺利走进法国主流文化的视野，出版商和译者的翻译推广是关键。王蒙作品在法国的传播相对单薄，或许是因为缺乏法国本土的支持，除了独立小型出版社中国蓝和法国译者傅玉霜的贡献之外，难见其余推力。此外，法国《解放报》记者曾写道，王蒙的政治身份妨碍了西方冷静地对待其丰富的作品，③可见政治因素对王蒙作品传播的影响。

---

① 分别是：《马小六》（*Ma le sixième*）、《讲演》（*Dialectique*）、《话话话》（*Paroles, parlottes, parleries*）、《诗意》（*Poétique*）、《来劲》（*Nec plus ultra*）、《跳舞》（*Celle qui dansait*）、《庭院深深》（*Vieille cour si profonde*）、《我又梦见了你》（*J'ai tant rêvé de toi*）、《坚硬的稀粥》（*Dur, dure le brouet*）。

② 收录了三篇王蒙以新疆为题材创作的小说：《哦，穆罕默德·阿麦德》（*Ah Mohammed Ahmed*）、《酒神》（*Le génie du vin*）和《虚掩的土屋小院》（*La petite maison de pisé*）。

③ 参见《解放报》（*La libération*），2004 年 3 月 18 日刊。

2003 年 11 月王蒙和傅玉霜（中）、安博兰（右）在巴黎中国文化中心

二、翻书见中国：法国人眼中的王蒙

第一，学者眼中的王蒙。《法文百科全书》①收录有法国著名汉学家戴密微（Paul Demiéville）等人所著的《中华文明：文学》②一文。作者在评述中国现代文学时，曾两次提及王蒙。文章指出，在新中国成立初期，不少青年作家有感于理想与现实之间的鸿沟，针砭时弊，呼吁回归艺术本身，尊重个

---

① 《法文百科全书》是法文百科全书数据库，由法国 Encyclopædia Universalis 公司出版。该数据库是目前最完整的当代法国知识的百科全书。

② 参见 Paul Demiéville, Jean-Pierre Diény, Yves Hervouet, François Jullien, Angel Pino, Isabelle Rabut, « Chinoise（Civilisation）- La littérature », Encyclopædia Universalis。

体情感。王蒙的《组织部来了个年轻人》是这一时期的重要作品。到了 20 世纪 80 年代，中国现代主义表现出反传统的追求以及对于形式主义实验的追捧，王蒙小说呈现出的美学因素便是一个有力例证。

整体而言，法国学界对于王蒙作品的研究学术成果较为零散，发表时间集中于 20 世纪 90 年代，学科领域多为汉学领域。

为配合 1988 年 5 月中国作家的访法活动，[①] 在法国文化部的组织下，法国汉学家纷纷撰文评述中国当代文学作品。他们指出，王蒙的部分作品现实主义与现代性兼而有之，某些小说可被纳入"现代派作品"之列。[②]

1992 年，法国汉学家潘鸣啸（Michel Bonnin）发表《王蒙：人与事件》一文。[③] 文章聚焦于王蒙政治生涯和文学作品的双向影响，追溯了八九十年代中国的政坛风云以及王蒙在这段时期的升降浮沉。然而，潘鸣啸的学术兴趣集中于中国现代史研究，他关心的并非王蒙作品的文学造诣，而是王蒙的革命背景和政治色彩。

1996 年，汉学家弗朗索瓦丝·萨邦指出王蒙作品里对于中华美食的描述是民族自豪的象征。[④]1997 年，法国国家研究中心研究员安妮·居里安（Annie Curien）对王蒙短篇小说集法译本《故事与檄文》作出评价，[⑤] 指出王蒙的创作主题集中于中国特定时期的政治面貌和官僚主义，或许难以吸引不熟悉中国社会政治现实的读者。此外，在叙事层面，幽默与讽刺是作品主

---

① 1988 年，法国文化部邀请中国作家代表团访法。代表团成员有陆文夫、刘心武、刘再复、张贤亮、张抗抗、张辛欣、韩少功、白桦等。

② 参见 «Belles étrangères Chine»，1988 年。

③ 参见《神州展望》（Perspectives chinoises）1992 年第 1 期。

④ 参见弗朗索瓦丝·萨邦（Francoise Sabban）：《与科学技术相反的艺术和文化——中式美食面对西方时的文化与身份赌注》，《人》1996 年第 137 期，第 163—193 页。

⑤ 参见 Curien Annie, Wang Meng, Contes et libelles, traduit du chinois par Françoise Naour, Paris, Bleu de Chine, 1994. In: Études chinoises, Vol. 16, No1, Printemps 1997, pp. 193–194.

要艺术特点。

2000年，傅玉霜发表博士论文《中国当代小说中的意识流：以王蒙为例》。在20世纪90年代，西方学者普遍认为王蒙的文学创作主要受爱尔兰意识流作家乔伊斯影响。傅玉霜的这篇论文则驳斥了该论点，强调苏俄短篇小说里的内心独白对王蒙的启发。作者通过文本分析，指出王蒙的"意识流"不同于西方现代派中的"意识流"，而是带有革命现实主义色彩的中国"意识流"。

第二，大众眼中的王蒙。如今，法国人对于王蒙的关注仍在持续。王蒙的创作是当代中国政治历史的缩影，亦是人性人心的写照。法国读者因小说的异域背景而感到新奇，又因作品所体现的人性共通之处而产生情感共鸣。

读者书评。在法国图书评论网站Babelio上，读者对于王蒙的《淡灰色的眼珠》《笑而不答：玄思小说》《故事与檄文》颇为关注。

他们认为，《淡灰色的眼珠》是少见的以新疆为题材的亚洲文学作品。作者一方面在叙述中试图保持客观，一方面又介入叙述，对某些词汇或事件进行解释与说明。但整体而言，作者试着作为旁观者，去观察新疆人的生活，这种视角为读者提供了对于中国的特殊洞察。从主题上来看，政治并非是作品的主题，然而政治始终存在于人物的日常生活之中。此书篇幅不长，却道出了许多有关中国和整个民族的故事。《笑而不答：玄思小说》则被视作一本中国日常生活轶事的思考集。文章以禅宗故事的方式呈现，生动诙谐，轻松愉快。在法国读者眼中，《故事与檄文》是一本关于语言及语言现象的书，每个故事都或多或少带有荒诞的色彩，想必新小说和尤内斯库的拥趸应会喜欢王蒙的这些文字。①

---

① 西方读者或媒体在接收中国文学作品时，常常将之置于西方文学的坐标系内。此处，法国读者将王蒙的写作风格归纳至新小说和尤内斯库式的荒诞主义。此外，1989年11月，法国《世界报外交论衡》（*Le Monde Diplomatique*）将王蒙的《布礼》评为月度推荐书籍，指出这部小说的风格与昆德拉有相似之处。

王蒙读书会。2019 年 6 月 18 日，巴黎中国文化中心（Centre Culturel de Chine）举办王蒙专题读书会，读书俱乐部成员在读完王蒙作品法译本后，进行了热烈交流。

读者指出，作品序言将小说置于中国特定的社会历史时期，有助于法国人理解叙事传达出的深意。在具体小说篇目上，短篇小说《来劲》让法国读者眼前一亮，王蒙将词语并列，他抛弃词语与句法的铰接，随意将其进行断裂与伸缩，似是为读者打起了想象的快板。《笑而不答：玄思小说》亦受到好评，一位读者甚至分享了自己的阅读经历：早晨读一篇，晚间读一篇，不知不觉间，一整天都在回味王蒙的文章。最受青睐的当属《新疆下放故事》，王蒙所描绘的中国政治历史背景下的人性温暖与细腻情感，深深触动了法国读者。他们谈道，尽管历经风霜，尽管饱受苦难，王蒙仍旧坚持理想主义，始终弘扬人文精神，永远怀揣着对革命理想的执着信念。

中国文学研究者布丽吉特·迪藏（Brigitte Duzan）为读书会作总结：王蒙是 20 世纪中国最伟大的作家和人文主义者之一。于王蒙而言，革命与文学密不可分。王蒙的文字颇具嘲讽性，然而，在嘲讽的背后，闪烁的是怀旧的光辉，是人类的温情。

三、海外觅知音：访法与法国友人

文化之旅。1989 年 5 月，王蒙以文化部长身份出访法国。法国文化部长雅克·朗（Jack Lang）为王蒙设午宴，出席者还有 1985 年诺贝尔文学奖得主克劳德·西蒙（Claude Simon）。王蒙还参加了米开朗基罗素描陈列仪式以及戛纳电影节开幕式。在法方外交部的招待会上，王蒙会见了旅法的中国作家高行健与李翰华。

1999 年 5 月 5 日至 10 日，王蒙应法国人文科学之家基金会（FMSH）

和法国国立东方语言文化学院（INALCO）的邀请，访问法国，并在法国国立东方语言文化学院做学术演讲，与当地作家座谈交流。

2003 年 9 月底，王蒙应邀访问法国，于巴黎中国文化中心作学术讲座，与当地作家座谈交流，并参观出版社。

以书觅友。傅玉霜应是与王蒙关系最为密切的法国人。[①]1992 年，在法国国立东方语言文化学院教师王钟华的介绍下，王蒙、方蕤夫妇在北京朝阳门的小院家里，接见了这位年轻的法国译者。听闻傅玉霜翻译了《Z 城小站的经历》，王蒙尤为高兴，并表示这篇作品叙述的是他的个人回忆，是他最喜欢的作品之一。在傅玉霜眼中，初次见面，王蒙展现出的是热情与开放。

1992 年 8 月在北京朝阳门王蒙住的小院里，傅玉霜（左）、王蒙、王钟华（右）三人合影

---

① 参见布丽吉特·迪藏（Brigitte Duzan）:《弗朗索瓦丝·纳乌尔：通过翻译打破文化隔阂》（Françoise Naour: traduire pour faire tomber les barrières entre les cultures），2010 年 5 月。

此后，傅玉霜定期拜访王蒙，双方始终保持着邮件往来。

1999 年，傅玉霜踏上新疆。返京后，她再次与王蒙夫妇共进晚餐。王蒙在席间谈道，新疆是他的福地，让他看见了一个不一样的世界。用餐结束后，王蒙还用维吾尔语唱了一首维吾尔族情歌。

1990 年末至 2000 年初，旅居中国的傅玉霜每到北京，必定前去拜访王蒙一家，有几次，她甚至还与他们在北戴河的海边共度夏天。

王蒙和勒克莱齐奥亦有往来。2019 年 3 月 17 日，王蒙与勒克莱齐奥在位于成都的电子科技大学做了一场"永远的文学"的对谈。一位是中国的人

2019 年 3 月 17 日王蒙和勒克莱齐奥在电子科技大学作"永远的文学"对谈，结束后进行交流

民艺术家，一位是法国的诺贝尔文学奖获得者，他们围绕对于文学的理解和人生的感悟各抒己见，为听众送上了一场思想盛宴。

2004 年，在接受法国《解放报》采访时，王蒙坦言："我过去是作家，现在是作家，我将来也是作家。……我愿成为当代中国生活的见证者，希望我的作品成为现代中国的记忆"。他谈到自己的遗憾——没有学法语，不会拉小提琴，以及……身高仅有 1.7 米! 他还幽默地补充道："我的孙辈长得都很高，这证明了社会主义的成功。"①

文学是连接万事万物的光。王蒙的文字走进了法兰西大地。法国学者与读者透过文学之棱镜，一览王蒙笔下的神州大地，与王蒙共同见证中国百景。以书会友，提笔交心，未曾学过法语的王蒙依旧与法国友人谈笑风生。永远的作家创造的是永远的文学。

---

① 参见《解放报》(*La libération*) 2004 年 3 月 18 日。

王蒙在美国

于　泓 *

一、王蒙作品在美国的传播

王蒙的作品早在 20 世纪 50 年代末就经翻译进入美国读者的视野。1959 年，艾德蒙·斯蒂尔曼（Edmund Stillman）主编的《苦果——铁幕后知识分子的起义》（*Bitter Harvest: The Intellectual Revolt behind the Iron Curtain*）由纽约普雷格出版社和伦敦泰晤士与哈德逊出版社同时出版，其中收载的唯一一篇中国作家的作品就是王蒙的成名作《组织部来了个年轻人》节选。随后二十年间，王蒙远走新疆。

20 世纪 70 年代末王蒙复出后，其作品中鲜明的新时期特色和大胆的文体试验，使其作品成为对外译介的热点。20 世纪 80 年代初《中国文学》杂志及其推出的"熊猫丛书"系列中的《蝴蝶及其他》（*The Butterfly and Other Stories*）、《中国 1980—1981 年获奖小说》（*Prize-Winning Stories from China 1980—1981*）译介了十余篇王蒙短篇小说，很快吸引了英语世界的关注并引发了主动译入的热情，产生了数量颇丰的王蒙作品英译。1984 年，美国汉学家林培瑞（Perry Link）主编的《花与刺——1979—1980 年中国小说的第二次百花齐放》（*Roses and Thorns: The Second Blooming of the Hun-*

---

*　于泓，中国海洋大学国际合作与交流处翻译、文学与新闻传播学院博士生。

dred Flowers in Chinese Fiction, 1979—1980）由加州大学出版社出版，开篇便是王蒙的短篇《夜的眼》，译者唐纳德·A.吉布斯（Donald A. Gibbs）认为该小说反映了王蒙试图将道德之光投向中国新社会黑暗角落的不懈努力，他使用的电影式描写和内心独白等叙事技巧极具现代性，他以中国城市经验中的普遍现象为场景，吸引读者走进他的叙述。

1989 年，美国汉学家文棣（Wendy Larson）翻译的《布礼——一部中国现代主义小说》（Bolshevik Salute: A Modernist Chinese Novel）由华盛顿大学出版社出版，王蒙亲自为该译本作序，感谢译者将"叙述内心体验历程的小说译成英语，使生活在完全不同的条件下的美国读者能有机会多少地体验一下这独特的遭遇"。这部译著更多地面向专业读者，译者除在译文前全面介绍了王蒙的生平及与其创作紧密相关的当代中国文坛中关于现代主义的争论，还在译文后附学术文章《中国知识分子与消极的自我界定》（The Chinese Intellectual and Negative Self-Definition），深入分析作品的结构与主题。

1988 年，中国译者朱虹翻译、选编的《中国西部小说选》（The Chinese Western: Short Fiction from Today's China）由巴兰坦图书集团出版，其中收载了王蒙的《买买提处长轶事》，该选集后被伦敦艾利森与巴斯比出版公司购买了版权，于 1989 年更名为《苦泉水——当代中国短篇小说》（Spring of Bitter Waters: Short Fiction from Today's China）出版。1992 年，美国著名文学杂志《巴黎评论》（The Paris Review）向朱虹邀约译稿，朱虹交由杂志社发表的便是王蒙前一年在国内获奖并引发广泛讨论的短篇小说《坚硬的稀粥》。

随后，朱虹又选编并与多位中外译者合译了《坚硬的稀粥及其他》（The Stubborn Porridge and Other Stories），1994 年由纽约乔治·布拉齐勒出版社出版。该选集囊括了《夏之波》《致爱丽丝》《来劲》等十篇最前卫、最具实验性的作品，较为全面地向美国读者展现了王蒙20世纪八九十年代的小说文体创新。朱虹在译序中特别介绍了80年代与王蒙的名字紧密相连的意识流手法，她认为，对王蒙来说，意识流不是一个西方的小技法，而是一代革命者通过探索和反思内心感受，来实现重新自我定位的途径，他脱离了意识流的主观性，广泛尝试闹剧、幻想、寓言、夸张、戏仿等形式和语言上的实验。朱虹也曾多次在访谈中谈及王蒙作品翻译之难，她认为从翻译的角度讲，《坚硬的稀粥及其他》"处处有暗礁"，而《坚硬的稀粥》更是她翻译生涯中遇到的"最为吃力的一篇"。

这一时期，王蒙作品的英译文还散见于美国的期刊，如1984年刊载于《中国现代文学》（*Modern Chinese Literature*）、由迈克尔·S.杜克（Michael S. Duke）翻译的《关于"意识流"的通信》和刊载于《爱荷华评论》（*The Iowa Review*）、由贾妮思·维克利（Janice Wickeri）和玛丽莲·金（Marilyn Chin）合译的《夜的眼》，1988年刊载于《安提克评论》（*The Antioch Review*）、由刘士聪和克里斯丁·费雷拉（Christine Ferreira）合译的《灰鸽》，1993年刊载于《芝加哥评论》（*Chicago Review*）、由朱虹翻译的《选择的历程》等。

21世纪以来，英语世界对王蒙的译介热度明显消退，但依然出现了亮眼的译本。2007年，哥伦比亚大学出版社推出的《哥伦比亚当代中国文学选集》（*The Columbia Anthology of Modern Chinese Literature*）收载了四篇由葛浩文（Howard Goldblatt）翻译的王蒙微小说，包括《雄辩症》《维护团结的人》《小小小小小》和《越说越对》。2018年，朱虹、刘海明合译的《王蒙自传》（*Wang Meng: A Life*）历经多年打磨，由莫文亚细亚出版社出版，译者压缩、选译了王蒙于2006年至2008年间分三卷出版的超千页的自传，在确保准确性和可读性的基础上，大幅删减了原著中的细节描写，更清晰、直观地向美国读者呈现作家王蒙的形象。美国汉学家叶凯蒂（Catherine V.

Yeh）在为该译著撰写的前言中称王蒙为"我们这个时代最负盛誉的中国作家"，他"为人正直、待人宽厚、行事不加伪饰"，他跌宕起伏的人生经历负载着重要的历史意义，可被视为新中国发展的一个缩影。

二、王蒙作品在美国的影响

王蒙作品进入美国已有六十余年，数十部作品得到翻译、出版，在美国读者、评论界与研究界产生了广泛的影响。据统计，王蒙曾连续七次被全美中国作家联谊会、美国诺贝尔文学奖中国作家提名委员会推荐参加诺贝尔文学奖评选，足见其在美国的影响力。

王蒙作品在美国的翻译与出版多次获得美国主流期刊和图书评级网站的关注和评论。1989 年文棣《布礼》译本的出版引发了热议。《科克斯书评》（*Kirkus Review*）、《出版社周刊》（*Publisher's Weekly*）、《中国文学》（*Chinese Literature: Essays, Articles, Reviews*）、《当代世界文学》（*World Literature Today*）等期刊相继发表了由金介甫（Jeffrey Kinkley）、傅静宜（Jeannette L. Faurot）等知名汉学家撰写的书评，从时代背景、主题内容、创作技法等方面对该小说进行了深入解读与评析，并对译本的翻译策略与文字质量给予了全面、公允的评价。1994 年出版的由朱虹编译的《坚硬的稀粥及其他》也引起了美国评论界对王蒙的探讨，《科克斯书评》特别称赞了王蒙的语言才华，认为其语言"精准简练，富于幽默和隐含意味"；《出版者周刊》则认为选集中充满文字游戏、讽喻幽默、流行文化元素和超现实主义色彩的试验性小说，凸显了王蒙的冒险精神。以上两部译作在美国最受欢迎的图书评级网站 Goodreads 上得到较高的评分，有读者评价道："很遗憾王蒙没能在西方获得更大的名气，他的作品中有那么多值得欣赏和学习的地方。"2018 年由朱虹、刘海明编译的《王蒙自传》也获得了一定程度的关注，文棣在《中国研究》(*The China Journal*) 上发表了书评, 向美国读者热情推介道:"这本书很值得一读, 王蒙的一生涉及许多重要的政治和文化运动, 为读者提供了了解他个人和新中国成长历程的重要视角。"

随着 20 世纪八九十年代王蒙作品的大量译入, 美国学界开始关注王蒙的创作。研究主要沿着文学研究和文化研究两个路向展开, 多数聚焦王蒙的中短篇小说和作家政治身份。具有代表性的有菲利普·威廉姆斯 (Philip Williams) 的《中国作家的文体多样性: 王蒙文化解冻时期的小说》(1984)、文棣的《中国知识分子与消极的自我界定》(1989)、沙克哈·瑞哈夫 (Shakhar Rahav) 的《作为 20 世纪末中国知识分子和官僚的王蒙》(2012) 等。威廉姆斯对王蒙 80 年代初的创作进行了综合性研究, 将其作品划分为历史的反思、心理上的自我发现和讽刺三类, 并总结归纳了各类作品的共同特征, 他高度评价王蒙的创作, 指出"现代中国小说作为一种艺术的持续的提升或许更加依靠像王蒙这样的文体家的著作"。文棣聚焦中国知识分子的身份问题, 通过对《布礼》细致的文本解读, 探讨了知识分子在当代中国的处境。

三、王蒙的访美经历

1980 年 8 月底至 12 月底, 王蒙首次受邀访美, 参加由爱荷华大学主办的"国际写作计划"(International Writing Program)。"国际写作计划"于 1967 年由聂华苓和保罗·安格尔 (Paul Engle) 夫妇创办, 旨在"为来自世界各地的作家提供必要的条件, 包括实体的和想象的空间, 帮助他们在跨文化背景下共同从事创意工作并进行合作, 以促进作家间的相互理解"。截至 2018 年, 共有一千四百多名来自一百五十多个国家和地区的作家参与此项目, 1979 年中美建交以来, 已有六十多名中国大陆作家到爱荷华大学学习交流。

据该项目高级编辑娜塔莎·杜罗维科娃 (Natasa Durovicova) 回忆, 当中美两国间的大门打开时，安格尔最先想要邀请的就是萧乾、丁玲、王蒙、艾青等杰出的年长作家。聂华苓自项目伊始便显现出对中国十分明显的倾向性，希望能够为中国大陆、中国台湾和美国华人作家搭建交流、对话的平台。王蒙参与的1980届写作计划便举行了一次"中国周末"，邀请了美国各地的华人作家前来，王蒙在活动中认识了刘年玲、李欧梵等作家、学者，并与之成为好友。项目期间，爱荷华大学每周都会举办由各国作家轮流主讲的文学讲座、研讨会、朗诵会和联欢活动，作家们也拥有充足的时间进行创作。这段时间，王蒙接受了《新晚报》的专栏采访，此外，他还与艾青一同接受了《大公报》和《明报》的简短采访。

王蒙在自传中这样回忆在爱荷华的生活："我住在离大学城四公里的五月花公寓，我坐在那个没有腿固定在墙上的桌面前，我每天早晨沿着衣阿华河，绕过现代风格的剧场建筑，经过跨河流的桥梁跑上一圈。然后背三十个

1980年9月7日王蒙在美国爱荷华胡佛房子前留影

英语生词。我吃面包抹黄油与鲜奶油与意大利咖啡，我看全美广播公司与哥伦比亚广播公司播放的电视新闻，听到竞选总统的里根大骂共产主义……"在美期间，王蒙完成了中篇小说《杂色》的创作。除写作、读书和参加活动外，王蒙还投入了大量时间和精力补习英语，在跟随希腊裔教师尤安娜学习的同时，还坚持每天阅读当地报纸，并积极与各国作家用英文交流，很快他的英文水平便能够满足日常交往的需要，甚至可以接受美国杂志的采访。爱荷华深秋的红叶给王蒙留下了深刻的印象。他在《美国的枫叶》一文中写道："此后我去过美国多次，至今忘不了的是美国秋天的红叶……红得那样干净，红得那样多姿多彩，红得那样醉人。"

最后两个月，王蒙去往美国各地旅行，包括纽约、华盛顿哥伦比亚特区、洛杉矶、旧金山、费城，见到了许多旅美华人作家和艺术家，美国汉学家费正清（John King Fairbank）、傅高义（Ezra F. Vogel）、林培瑞、葛浩文，还有美国黑人女作家托尼·莫里森（Toni Morrison）等，并于纽约与艾青、冯亦代等一起接受了《纽约客》杂志的采访。回国后，王蒙将此次美国之行的见闻，特别是关于中美文化差异和两国发展水平差距的体验，记录在长达四万字的《旅美花絮》中。美国发达的科技、繁荣的商业经济、优美的环境和同时存在的较差的社会治安、金钱至上的思想和淡漠的亲情给了王蒙强烈的震撼与冲击，他将这次美国之行描述为"一种冒险，是一首狂想曲，是一次迷了路的游戏，是一幅现代派的颠覆性画图，是对我所知道的正常的灵魂与身体、正常的日子与年岁、正常的大地与房屋的诱惑、挑战、冲撞甚至毁灭"。作为刚刚经历过"文革"的知识分子，王蒙面对美国时虽"不能彻底摆脱内战至70年代中美关系的影响"，但"基本上怀有一种巴柔所说的'亲善'态度，既不一味地否定也不趋于完全认同的'狂热'"。

此后，王蒙多次访美。1982年6月，王蒙应纽约圣约翰斯大学金介甫教授的邀请，参加为期一周的中国当代文学研讨会，一同赴会的还有黄秋耘等中国作家。此次会议共邀请到了来自中国大陆、中国台湾、中国香港、美国、加拿大、原西德和澳大利亚等国家和地区的四十六位作家、学者。考虑到中国文学自 1978 年以来的趋势一直是朝着更加现实主义和批判性的社会描述的方向发展，研讨以当代中国文学中的新现实主义形式为主题展开。会后，何南喜女士陪同王蒙等人游览了周边地区，他们探讨了 20 世纪 50 年代麦卡锡主义和塔夫脱法案对左翼文化人的迫害，还谈论了影片《回首往事》中相关的故事情节。在纽约附近的维尼亚德岛，王蒙会见了在中国出生的小说家约翰·赫西（John Hersey）和当时已近 90 岁高龄的著名左翼作家、戏剧家丽莲·海尔曼（Lilian Hellman）。接下来，王蒙一行前往新英格兰地区参观游览，访问了麻省大学的青年写作者之家，又重返爱荷华大学。随后，他们又访问了旧金山，与江南（刘宜良）、崔蓉芝夫妇见面后，前往墨西哥，应墨西哥科学院亚非研究所白佩兰（Flora Botton）教授之邀，参加了"现实主义与现实"圆桌会议。

1986 年 1 月，王蒙再次赴美，与陆文夫一道作为特邀嘉宾，出席第 48 届国际笔会，一同赴美的还有黄秋耘、朱虹。国际笔会（International Congress of the P.E.N Clubs）是成立于 1921 年的独立国际性作家组织，定期召开会议。第 48 届笔会期间，共六百余名来自全球各地的诗人、剧作家、散文家、文学编辑和小说家云集纽约，围绕"作家的想象与政府的想象"和"跨文化交流"两个主题进行了为期一周的深入探讨。在发言中，王蒙谈及作家与国家并行且必然交叉的责任、要求与限制，指出作家必须维护知识自由，捍卫人类发展的各个方面，肩负起社会与道德责任。此次笔会期间，由于美国政府拒绝哥伦比亚作家马尔克斯入境，美国作家向前来致辞的时任国务卿舒尔茨发出了强烈的抗议，后来王蒙在《从莫言获奖说起》一文中特别谈及了这段见闻，用以说明作家作品都具有政治含义的观点。笔会结束后，王蒙与陆文夫受邀前往三一学院举办了讲座。

1993 年 8 月至 11 月，王蒙应哈佛大学燕京学院院长帕特里克·韩南（Patrick Hanan）教授的邀请，以协作研究员（Coordinate Researcher）的身份进行为期三个月的访问研究。此次访美期间，他在伯克利学院、爱荷华大学、明尼苏达大学、哥伦比亚大学、波士顿大学和哈佛大学等多所知名学府以"当代中国文学"为题进行演讲，他在哈佛大学所作的英文演讲《微妙的思考还是故作姿态：谈近年来的小说》（*Is it Subtle Thinking or Studied Posturing？ Some Recent Novels*），给美国听众留下了深刻的印象。1994 年 4 月至 5 月，王蒙受邀访问美国，次年 5 月，王蒙应华美协进社邀请再次访美。1998 年 1 月初至 5 月底，王蒙应康涅狄格州三一学院的邀请，任高级学者（Presidential Fellow）一学期，其间进行了六次公开演讲，随后赴莱斯大学、哈佛大学、耶鲁大学、匹兹堡大学、明尼苏达大学、纽约州立大学、华美协进社等学府与机构讲学，并为由全美中国作家联谊会在康州挂牌成立的美国"中国作家之家"剪彩。

2001 年 10 月，王蒙应邀参加美国爱荷华大学举办的"迷失与发现：翻译艺术"学术研讨会，并为当地文学团体做学术演讲。随后，王蒙前往美国多地参观，出席了由科罗拉多大学举办的"当代中国知识分子和社会力量"国际研讨会并发表演讲，赴康州三一学院讲学，其间应全美中国作家联谊会之邀，再次访问美国"中国作家之家"，会见了时任中国驻纽约总领事张宏喜，并参加了在新泽西州举办的首届美国"东方文学奖"颁奖大会，为获一等奖的中国作家张宏杰颁奖并发表演讲。2010 年 9 月，王蒙率中国作家代表团访美，出席了由中国作家协会、哈佛大学亚洲中心等联合举办的第二届中美作家论坛，本届论坛在哈佛大学召开，主题为"新世纪、新文学：中美作家与评论家的对话"，王蒙为论坛做主旨演讲，并与参会的数十位作家、学者深入探讨了 21 世纪中国文学、文学与公众文化、当代全球比较文学视野等具体议题。

2010 年 9 月 24 日王蒙在哈佛大学与美国著名汉学家傅高义交流，右二为时任中国外文局副局长黄友义

2016 年 9 月，王蒙赴洛杉矶参加由山东出版集团和洛杉矶市中心图书馆联合主办、山东友谊出版社和尼山国际出版社联合承办的"第二届尼山国际讲坛"，讲坛以"文明基因探踪"为主题。王蒙发表了题为"谈中国文化基因"的主旨演讲。他由当前中国文化现象切入，系统归纳了中华传统文化特点，与听众分享了儒家文化和孔孟老庄的哲学智慧，展示出充分的文化自信，并表达了中国希望在文化传播方面取得更大发展，使更多人了解中国、理解中国的愿望。会议期间，王蒙同南加州大学美中学院院长、著名中美关系学者杜克雷（Clayton Dube）教授就中西方文化传统进行了对话，探讨的议题涵盖了中华传统文化的内涵与思维方式对增强中国在世界格局中软实力的意义，以及中西方文化对人的本性的不同看法等。他们均认为，各民族都拥有着复杂而深厚的历史文化渊源与传统，文明间的交流应以相互尊重为前

2016年9月11日在加州举行的第二届尼山论坛上王蒙与美国南加州大学美中学院院长杜克雷对话

提，推进对话，消除偏见。出席当天讲坛的还有美国联邦众议员赵美心、中国驻洛杉矶副总领事孙鲁山、文化参赞古今、山东出版集团副董事长郭海涛、山东友谊出版社社长姚文瑞、美国华人教育基金会主席邵闻等，以及近三百名当地各界人士。

此外，王蒙还参加了尼山国际出版公司《论语诠释》（英文版）的首发式和尼山书屋落户旧金山瀚海硅谷园区的签字揭牌仪式，中外媒体对相关活动进行了大量的现场采访与积极的追踪报道。在旧金山公共图书馆，王蒙做题为"放逐与奇缘——我的新疆十六年"的演讲，讲述了他在新疆生活的十六年中如何以坦然、开放的心态面对困难，与可亲可敬的维吾尔族人民交往，体验与欣赏维吾尔民族文化，鼓励听众在人生路上遭遇困境时选择光明、健康的道路，这样才会有光明的结果和远超想象的收获。这次演讲得到了美丽中国电视传媒的直播并在网络上广泛传播。

王蒙几次访问美国的见闻和体验散见《德美两国纪行》《橘黄色的梦》《雨中的野葡萄园岛》《战时美国》《美国人傻么》《美国人更胖了吗》《超级市场的食品》《纽约诗章》等作品。

四、王蒙与美国文学

王蒙早在 20 世纪 40 年代就开始接触美国文学，他的创作，特别是新时期以来极具颠覆性的文体试验与创新，深受美国文学的影响。王蒙曾在一次访谈中谈到，他最初读到的美国文学作品是厄普顿·辛克莱的《煤炭大王》和杰克·伦敦的《老拳师》。50 年代，他阅读了惠特曼的《草叶集》并从中学到了积极健康的人生态度。"文革"后，大批美国小说译成中文，杜鲁门·卡波特的《灾星》、阿瑟·米勒的《推销员之死》，以及威廉·加斯和艾米莉·狄更生的作品都给王蒙留下了深刻的印象。此外，王蒙曾多次提及的美国作家还包括海明威、福克纳、约瑟夫·海勒、卡森·麦卡斯勒、路易莎·梅·奥尔科特和约翰·厄普代克等。

王蒙最喜欢、谈及最多的美国作家是约翰·契弗。约翰·契弗（1912—1982）是美国现代重要的小说家，尤以短篇小说见长。代表作有《巨型收音机》《沃普萧纪事》《绿荫山强盗》《猎鹰者监狱》等，曾获美国全国图书奖和普利策小说奖等殊荣，被誉为"美国郊外契诃夫"。1990 年，王蒙翻译了契弗的《恋歌》和《自我矫治》两个短篇，发表在《世界文学》上，并附文《我为什么喜爱契弗》作为导读。王蒙将契弗的小说特点总结为"怨而不怒、哀而不伤、乐而不淫、讽而不刺"，并高度评价了契弗的叙述方式和叙述语言："他的小说写得非常干净。每个段落，每一句话，每个字都像是经过水洗过，清爽、利索、闪闪发光……他的小说的构成明确地奠基于故事的述说。基本上没有粘粘连连与精雕细琢的描写，没有唠唠叨叨与解释疑难的分析，也没有咋咋呼呼乃至装模作样的表演与煽动。他有的只是聪明的、行云流水般的、亲切而又含蓄的述说。在他的所有小说中，不论小说的题材、人物、情调与氛围有怎样的不同，你都会感知到一个共同的叙述者，一个故事的诉说者……所以干净洗练，这里的洗练不仅是一种技巧、风格，更是一种教养，一种对于社会、对于读者的智力与时间的尊重……无论契诃夫还是莫泊桑，郁达夫还是茅盾，都不像他这样纯净从容。"在契弗小说的翻译中，王蒙展现出了有别于一般译者的特质，他着力还原作者的笔法，不拘泥于字面上的逐一对照，而是关注译文在达意的前提下如何能更加传神，对文字细节的处理灵活、富于创造性。

王蒙的创作在许多方面受到了契弗的启发与影响。首先，契弗的小说多采用内聚焦视角，按人物的感受和意识来叙述。王蒙的第三人称叙述也往往不采用全知全能的传统视角，而是以主人公为视角的有限视角叙述。在《夜的眼》《海的梦》《蝴蝶》等作品中，人物均具有双重视角，即当下追忆往事的视角和当年经历时的视角，由此形成小说的叙述张力。契弗在创作中体现出了充分的读者意识，他的作品以客观、冷静的叙述为主要特色，少有直白的态度与情感的表露。而王蒙的创作也处处体现了对读者的尊重与关注，他的小说往往打破线性的时间，以人物的联想任意连缀事件与场景，以逻辑与思维的跳跃性赋予读者更多的阅读挑战与乐趣。

其次，契弗为故事提供适当的情景，从而帮助故事展开，让人物在场景中显现，这一特点恰好契合了王蒙"不要故事只要生活事件，不要情节只要情景"的创作理念。早在 50 年代，王蒙就曾说过："我要写的并不是一个大故事而是生活，是生活中的许多小故事。我所要反映的这一角生活本来就不是什么特殊事件，我如果硬要集中写一个故事，就只能挂一漏万，并人为地为某一个事件添油加醋、催肥拉长，从而影响作品的真实性、生活感，并无法不暴露编造乃至某种套子的马脚。这样的事，我不想干。"这一追求在王蒙80年代以后的创作中达到了极致，他的一系列意识流小说摒弃了故事与情节，以场景的变换呈现人物的经历与心境，引发读者对小说主题的深入思考。

再次，契弗追求以有限的语言实现信息的最大化，亲切质朴的语言极具表现力，寥寥几笔就足以勾勒出生动的画面。同时，他对语言反讽艺术的把握游刃有余，不动声色的叙述背后常透露出富于智慧的戏谑意味。这些特点经过内化、加工，进入了王蒙80年代以来的创作，文字的韧性与张力以及反讽技法的应用在一系列小说中得到了淋漓尽致的展现。

此外，美国现代派文学也深刻地影响了王蒙的文艺思想和创作风格。其一，现代主义文学以存在主义为哲学土壤，注重人与世界、自身、他人的关系以及人性异化问题的探讨。而王蒙在《夜的眼》《风筝飘带》《蝴蝶》等小说中便塑造了许多对现实世界感到隔膜的人物，他们在剧变的社会环境中时常茫然而无所适从，孤独和失落成为了他们存在的常态。其二，美国现代派文学中的"黑色幽默"之作给予了王蒙创作上的启迪。他曾在《说不尽的现实主义》一文中高度评价约瑟夫·海勒的《二十二条军规》，认为这部作品"在反映生活上是相当深刻的，那种悖论、那种摆脱不了圈套的境遇很有现实性"。他在《买买提处长轶事》《名医梁有志传奇》《失恋的乌鸦二姐》《雄辩症》《脚的问候》等小说中充分融入了"黑色幽默"的元素，借以描摹人们在"文革"中的生存状态或批判"文革"影响下的思维模式。其三，王蒙善于运用心理时间，使物理时间与心理时间相互交叉渗透，模糊了两者间的界限，使小说具有碎片化、拼贴化的特征，产生虚实相生、真假难辨的效果。这契合了现代派作家刻意打破客观时间逻辑、追求更具真实性的心理状态的特点。其四，福克纳等美国现代派作家摒弃了严格的语法要求，寻求语言的变异与新奇，王蒙在小说中同样大胆地进行着种种语言试验，他擅于将大量词语堆叠、杂糅，也曾尝试过不顾句法、不加标点的写法，形成了极具"扩张欲、膨胀感和混沌感"的语言风格。以上特质使王蒙成为中国新时期以来最具现代意味的作家之一。

域外风景：王蒙作品在海外

朱静宇 *

王蒙自 19 岁创作长篇处女作《青春万岁》以来，已发表文学作品一千多万字。在小说、散文、诗歌、报告文学、文学理论研究、《红楼梦》研究、李商隐研究、老子研究诸方面，实绩享誉海内外。虽然国内外对于王蒙以及作品的研究文章及论著已较为深入，虽然对于王蒙译作及其作品的外译情况在一些关于王蒙研究资料中也有所涉及，但对其作品在海外译介及研究的系统全面研究尚还欠缺。本文拟就此展开研讨，以作拾遗补缺之用。

一、王蒙作品的海外译介

作为中国当代的著名作家，王蒙的作品已被译成俄、英、德、法、意、日等多种文字在国外出版。下面我们就王蒙作品的外译情况逐一简要介绍。

1. 王蒙作品的俄译本

1982 年，苏联进步出版社出版的由热洛霍夫采夫和索罗金编选的中国当代作家作品集《人妖之间》，收有王蒙的《夜的眼》。1983 年，苏联青年近卫军出版社出版了合集《一个人和他的影子》，其中收录了由索罗金翻译

＊ 朱静宇，同济大学人文学院教授。

的王蒙的《蝴蝶》。1984 年，托罗普采夫翻译的《春之声》《海的梦》，被收录在索罗金为《外国文学》杂志所编辑的丛书系列之一《当代中国小说：王蒙·谌容·冯骥才》中，由苏联消息出版社出版。1985 年，苏联文学出版社出版的索罗金编选的《纪念》也选收了王蒙的《春之声》。苏联汉学家李福清编选的《人到中年：中国当代中篇小说选》由苏联长虹出版社 1985 年出版，其中选入了王蒙的《杂色》。1987 年长虹出版社又出版了《中国当代小说》，王蒙的《夜的眼》等五部作品都被选入。俄国莫斯科大学亚非学院的著名汉学家、翻译家华克生教授翻译的长中短篇小说集《王蒙选集》（俄文译本），由莫斯科虹出版社 1988 年出版，其中收有王蒙的长篇力作《活动变人形》。2004 年新版的《王蒙中短篇小说集》俄文版，由托罗普采夫翻译编辑，收录了《夜的眼》《杂色》《木箱深处的紫绸花服》《深的湖》《失去又找到了的月光园故事》《焰火》《他来》等。

除了俄罗斯本土作家对王蒙作品的译介之外，北京外文出版社也于 1988 年出版了中短篇小说集《王蒙小说集》的俄文译本。

2. 王蒙作品的英译本

1982 年，美国加利福尼亚大学出版社出版了合集《玫瑰花与刺》，其中收入了唐·吉布斯翻译的王蒙的《夜的眼》。王蒙曾多次在其自传中谈及他认识的美国小说家格丽斯·佩丽曾当面称赞《夜的眼》的英译本，从时间上推断估计就是吉布斯的这个版本。1989 年，美国华盛顿大学出版社推出了由温迪·拉森翻译的王蒙中篇小说《布礼》和中短篇小说集《相见集》。1994 年，美国乔治·布莱兹勒出版社出版了王蒙的短篇小说集《坚硬的稀粥和其他故事》。

除了美国对王蒙作品的英译以外，中国本土也极为关注王蒙作品的外译。北京外文出版社分别于 1983 年与 1989 年出版了由杨宪益、戴乃迭夫妇翻译的王蒙中短篇小说集《蝴蝶》和长短微型小说集《雪球集》。外语教学与研究出版社在1999年推出了英汉对照的《王蒙小说选》。此外，香港三联书店在1993年出版了中篇小说集《相见时难》的英译本。

3. 王蒙作品的德译本

1982年，西德鲁赫特汉出版社推出一部封面上印有王蒙《风筝飘带》中文书名的短篇小说集。波恩大学顾彬教授等人翻译的王蒙的中短篇小说集《夜的眼》，则在1987年由瑞士第三世界对话出版社出版。1988年柏林建设出版社出版了由格鲁纳等人翻译、以王蒙《蝴蝶》为书名的中短篇小说集。不仅如此，《蝴蝶》还被改编成广播剧在几家电台播出。柏林和魏玛建设出版社也于1988年出版了《王蒙小说选》，收有《夜的眼》《风筝飘带》和《杂色》等十个中短篇小说。波鸿洛克迈耶出版社于1990年推出了由马汉茂等人翻译的《王蒙小说集》。1994年，德国罗曼·瓦尔特库特出版社出版了由希·考茨翻译的长篇小说《活动变人形》。

据王蒙自己回忆："后来得知，这篇东西很快被一位在《德国之声》供职的深度近视眼的联邦德国汉学家（他的姓名的第一个字母是 D 或 T，我记得应该译作杜什么）译成了德语。"①

4. 王蒙作品的法译本

1982年，北京外文出版社推出了法文版的中短篇小说集《蝴蝶》。1985年，《欧罗巴》文学杂志社推出了一期"中国：一个新的文学"专号，包括王蒙在内的中国新时期作家的作品陆续被翻译出版。1988年5月，为配合

---

① 他所说的"这篇东西"指的就是刊载在《作品》上的获得1978年全国优秀短篇小说奖的短篇小说《最宝贵的》。如确如王蒙所言，那么《最宝贵的》应是王蒙复出后由外籍人士译介的最早的德译作品。

中国作家代表去法访问，《欧罗巴》文学杂志社专门编辑出版了《当代外国文学精萃·中国专号》。其中，王蒙及其作品为该刊评介的重点对象之一。1989 年巴黎人道报出版社出版了由尚塔干·什纳德罗翻译的中篇小说《布礼》。法国中国蓝出版社分别于 1994 年和 2002 年先后推出了王蒙的法译本短篇小说集《我又梦见了你》《淡灰色的眼珠》《〈哦，穆罕默德·阿麦德〉〈葡萄的精灵〉》。

5. 王蒙作品的意大利文译本

1987 年，米兰赛维德书局出版王蒙的长诗《西藏的遐思》意大利文单行本，王蒙也因此摘取了意大利西西里大区首府巴勒莫第十三届意大利蒙德罗国际文学奖。1989 年，米兰加尔赞蒂书局出版了由康薇玛翻译的长篇小说《活动变人形》的意大利文译本。1998 年，意大利拉孔蒂马尔西利奥出版社和意大利卡福斯卡里纳出版社分别推出了意大利文译本《不如酸辣汤及其他》和短篇小说集《坚硬的稀粥》。

6. 王蒙作品的日译本

早在 1981 年，日本大阪三铃书房就出版了由相浦杲翻译的王蒙的中篇小说《蝴蝶》。1984 年 6 月，《无名》杂志第 4 号登载了由柴内秀实翻译的王蒙的《风筝飘带》。1987 年，东京德间书店推出了日文译本的中短篇小说集《淡灰色的眼珠——在伊犁》。1992 年，东京白帝社出版了由林芳翻译的日文译本长篇小说《活动变人形》。

7. 王蒙作品的其他语种译本

在欧洲的其他国家，对王蒙作品也有一定程度的译介。南斯拉夫的诺维萨德塞尔维亚文化教育协会出版的 1982 年第 11 期文学月刊《年鉴》，译载了王蒙的小说《夜的眼》。匈牙利欧洲出版社于 1984 年 7 月，以"现代丛书"形式推出由鲍洛尼·布琼尼翻译的王蒙的小说集《说客盈门》的匈牙利文版，其中《春之声》《蝴蝶》被收录在内。1984 年，曾任罗马尼亚驻华使馆文化参赞的康斯坦丁·鲁贝亚务与夫人，合译了王蒙的短篇小说《深的湖》（罗马尼亚文），由书籍出版社出版，《海的梦》（罗马尼亚文）译载在 1984 年第 10 期的《阿特内马》杂志上。1985 年，墨西哥学院出版社出版了西班牙文的《王蒙短篇小说集》，收录了《风筝飘带》等五个短篇小说。王蒙的小说在瑞典、荷兰也有一些译介。

在亚洲，王蒙的作品有朝鲜文和泰文等语种的译介。1984 年黑龙江朝鲜民族出版社出版了朝鲜文版长篇小说《青春万岁》，1989 年韩国中央日报社出版了长篇小说《活动变人形》的朝鲜文译本。1994 年，泰国南美书店出版了诗琳通公主翻译的泰文译本《蝴蝶》。

从以上笔者所介绍的王蒙作品外译本的简单罗列中，我们可以发现王蒙作品最早的国外译介本似乎应该是在 20 世纪 80 年代前后。各种王蒙研究资料中关于王蒙作品译介本的最早记载，几乎都锁定在 1981 年日本大阪三铃书房出版的由相浦杲翻译的王蒙的中篇小说《蝴蝶》。其实不然，在《王蒙自述·九命七羊》中，王蒙这样回忆："捷克从 1959 年就翻译介绍了我的作品《冬雨》，斯时我在北京门头沟区潭柘寺一担石沟为绿化山野而贡献青春。我与捷克同行的友谊也算源远流长的了。前后他们翻译了我的六篇作品，这次都找了出来复印装订后送我。在捷克与斯洛伐克也都举行了小型的我的中文、捷文、斯文、德文作品展示。这些作品的译介时代令人百感交集，令人一笑莞尔。"①

---

① 可见，最早的王蒙作品外译本应该是 1959 年的捷克文本《冬雨》。这样算来，王蒙作品在海外的译介时间已有半个多世纪了。

综观王蒙作品的海外译介，我们可以发现如下一些译介特征。

1. 译介语种种类多。根据以上的译介罗列，我们可以看到王蒙的各种作品已经被译成俄语、英语、德语、法语、意大利语、南斯拉夫语、匈牙利语、西班牙语、罗马尼亚语、捷克语、日语、朝鲜语、泰语、维吾尔语等十多种语言，涵盖世界上通行的主要语种。甚至他的一部作品会被同时译成许多种外文，如《活动变人形》就先后被译成意大利文、俄文、德文、日文、朝鲜文、英文等文字出版，还有《蝴蝶》《布礼》等都被相继译成多种文字出版。

2. 译介时间集中。虽然对王蒙作品的译介，从1959年捷克文的《冬雨》算起，已有半个多世纪。但国外对王蒙作品的译介大多集中在20世纪80至90年代。尤其在80年代，几乎每年都有王蒙作品的外译本出版。有时甚至同一年份会同时出版不同的外译本，如1987年就有日文版中短篇小说集《淡灰色的眼珠——在伊犁》、德文版中短篇小说集《蝴蝶》和《夜的眼》以及意大利文版的长诗单行本《西藏的遐思》等四部不同的外译本作品。1989年更是盛况空前，仅仅这一年就出版了王蒙作品的英译本、法译本、意大利文译本、朝鲜文译本等不同作品。

3. 译介小说种类齐全。王蒙的创作可谓种类繁多，仅小说就涉及微型小说、短篇小说、中篇小说、长篇小说以及系列小说等。而海外对王蒙小说的译介也几乎囊括了他所有的小说门类，如英文版长短微型小说集《雪球集》、德文版中短篇小说集《夜的眼》、日文版中篇小说《蝴蝶》以及长篇小说《活动变人形》等。

4.《蝴蝶》与《活动变人形》影响最大。王蒙的中篇小说《蝴蝶》，在1981年由相浦杲翻译成日文，1982年出版了法文版，1983年由索罗金翻译成俄文、戴乃迭翻译成英文，1984年由鲍洛尼·布琼尼翻译成匈牙利文，1988年由格鲁纳等人翻译成德文，1994年由诗琳通公主翻译成泰文。如此多种译本，也足见王蒙《蝴蝶》的影响力。而《活动变人形》则似乎影响更大。"《活动变人形》是我的最有影响的作品之一。它先后翻译成意大利文（康薇玛译）、俄文（华克生译）、日文（林芳译）、英文、韩文、德文（用名《难得糊涂》）。它在苏联一次就印了十万册，抢售一空。"[1]

对于自己的作品被翻译成外文，王蒙在 2006 年接受《中华读书报》记者舒晋瑜的采访时，这样说道："1981 年日本大阪的相浦呆先生给我寄来了他翻译的《蝴蝶》，我很高兴，我当然希望有外国的读者与我分享感受和心思，分享自己的劳动。"[2] 王蒙作品的海外译介，让世界各地的人们都有可能走入王蒙的世界，并进而了解当代中国。

二、王蒙作品的海外研究

随着王蒙作品在海外的广泛译介，王蒙的研究队伍也由国内扩大到了国际汉学研究范围。下面我们就王蒙及其作品的海外研究作一简要梳理。

早在 20 世纪 60 年代，大卫（R. David Arkush ）就在《中国评论》（1964 年第 18 期）上发表《"百花之一"——王蒙的新来的年轻人》。[3]

在苏俄，苏联的汉学家谢尔盖·托罗普采夫十分喜爱王蒙的作品。除了积极投入于对王蒙作品的译介之外，还发表了许多关于王蒙作品的

---

[1] 1989 年苏联外长谢瓦尔德纳泽来访时，曾提到王蒙的《活动变人形》在莫斯科虹出版社出版，其俄文本一次印十万册，一抢而光。令在场陪宴的王蒙得意地开玩笑称，考虑今后是不是主要应为俄罗斯读者写作。由此可见，王蒙《活动变人形》的海外影响力。

[2] 舒晋瑜：《十问王蒙：中国作家难获诺贝尔文学奖?》，《中华读书报》2006 年 9 月 7 日。

[3] R. David Arkush ："One of the Hundred Flowers: Wang Meng's 'Young Newcomer.'" Papers on China 18（1964）:155-86 .

评介文章：《王蒙对文学创作的探究》①、《王蒙小说中"未自我实现的冲突"》②、《王蒙散文中"没实现的冲突"》③、《中国作家对苏维埃国家的印象——评王蒙〈访苏心潮〉》④、《王蒙小说中的"意识流"》⑤、《不断变化中的王蒙小说》⑥ 等。

在德国，波恩大学汉学系教授沃尔夫冈·顾彬（Wolfgang Kubin）十分关注中国现当代文学。在 20 世纪 80 年代，他就直接与王蒙见面。⑦ 他对王蒙给予了充分的肯定和欣赏。顾彬在《当代作家评论》2004 年第 3 期上曾发表过《圣人笑吗？——评王蒙的幽默》（王霄兵译）一文。现任教于慕尼黑应用语言大学的吴漠汀（Prof. Dr. Martin Woesler）教授，曾经将王蒙的《坚硬的稀粥》全文译成德文，并就各方面的观点进行了分析与评述。他把王蒙研究作为自己的研究重点。他以"王蒙的现代散文"为题撰写了硕士学位论文，又在此基础上扩展为博士论文《20 世纪的中国散文作家》。他先后在 1994 年第 12 期的《争鸣》上发表了《王蒙访谈论》（"Visit to Wang Meng: Record of a Talk"），在《德国之声》上发表了《采访王蒙》的报道，出版了《1991—1992 年中国的政治文学：王蒙的早餐改革》（德国波鸿大学出版社 1994 年版），翻译并编著了《王蒙散文选：1984—1992》（皮特·朗出版社 1998 年版）。

在美英等英语国家，汉学家们对王蒙及其作品也给予了高度的关注。主

---

① 参见《钟山》，应天士译，1984 年第 5 期。

② 参见《当代文艺探索》，王燎译，1987 年第 3 期。

③ 参见《当代文艺思潮》，徐家荣译，1987 年第 4 期。

④ 参见《当代作家评论》，王燎译，1988 年第 3 期。

⑤ 参见《文学研究参考》，理然译，1988 年第 3 期。

⑥ 参见《批评家》，吴天译，1988 年第 4 期。

⑦ 根据可参见瑞士第三世界对话出版社 1987 年版《夜的眼》（德文译本）的序"与文化部长王蒙的会面"。

要有：菲尔·威廉姆（Phil William）的《一只有光明尾巴的现实主义"蝴蝶"》①、菲利克思·格林的《艺术直觉不能代替艺术典型——读王蒙〈漫话小说创作〉》②、菲利普·威廉姆斯（Philip Williams）的《一名中国作家的风格变异：1979—1980文化解冻时期的王蒙小说》③、郑树森（William Tay）的《王蒙、意识流和关于现代主义的论争》④、查玲（Ch'a Ling）的《王蒙的乡村生活和进展》⑤、马丁（Helmut Martin）的《痛苦的相遇：王蒙小说〈相见时难〉及其中国当代文学中的"外国主题"》⑥、安妮特·鲁宾斯坦的《中国文学复兴的第一批成果？——从西方学者角度出发，评论陆文夫、邓友梅、王蒙、张洁的作品》⑦、张泽昌（Chang Tze-chang）的《孤立和自我疏远：王蒙疏离的世界》⑧、文迪·拉森（Wendy Larson）的《王蒙的布尔什维克情结：中国现代主义和不被确定的知识分子身份》⑨、查培德（Peide Zha）的《中国

---

① 参见《当代文艺思潮》，刘嘉珍译，1983年。

② 参见《书林》1984年第6期。

③ Philip Williams："Stylistic Variety in a PRC Writer: Wang Meng's Fiction of the 1979—1980 Cultural Thaw." Australian Journal of Chinese Affairs 11（1984）：59—80. & nbsp.

④ William Tay："Wang Meng, Stream–of–consciousness, and the Controversy over Modernism.", Modern Chinese Literature 1, 1（1984）:7-24.

⑤ Ch'a Ling："Wang Meng's Rustication and Advancement." Issues and Studies 22.9（1986）:50-61.

⑥ Helmut Martin："Painful Encounter: Wang Meng's Novel Hsiang chien shih nan and the 'Foreign Theme' in Contemporary Chinese Literature." In Yu-ming Shaw, ed., China and Europe in the Twentieth Century. Taipei: Institute of International Relations, National Chengchi University 1986. 32-42.

⑦ 参见 杉子译，《外国文学》1988年第2期。

⑧ Chang Tze-chang: "Isolation and Self --Estrangement: Wang Meng's Alienated World." Issues and Studies 24.（1988）.

⑨ Wendy Larson："Wang Meng's Buli（Bolshevik salute）: Chinese Modernism and Negative Intellectual Identity." In Bolshevik Salute: A Modernist Chinese Novel. Seattle: University of Washington Press, 1989, 133-54, &.nbsp

当代小说中的意识流叙述：以王蒙为个案研究》①、郑树森（William Tay）的《现代主义和社会现实主义：以王蒙为例》②、格莱迪斯（Yang Gladys）的《王蒙和他的小说》③、巴姆（Geremie Barme）的《稀粥的风暴——王蒙和虚幻的政治》④、安妮（Keyser Anne Sytske）的《王蒙的故事〈坚硬的稀粥〉：一种社会—政治讽刺》⑤、堂·蒂姆赛（Tung Timothy）的《粥与法：王蒙诉求》⑥、鲁道夫·瓦格纳（Rudolf Wanger）的《当代中国散文研究》⑦、金介甫（Jeffrey C. Kinkley）的《坚硬的稀粥及其他故事》⑧、林和玛利亚（Lin Min and Maria Galikowski）的《王蒙的〈坚硬的稀粥〉和中国改革的矛盾》⑨，等等。

在亚洲，日本的相浦杲先生不仅翻译了王蒙的《蝴蝶》，而且还展开

---

① Zha Peide："Stream of Consciousness Narration in Contemporary Chinese Fiction: A Case Study of Wang Meng." B. C. Asian Review 3/4（1990）. &.nbsp

② William Tay："Modernism and Socialist Realism: The Case of Wang Meng." World Literature Today 65,3（1991）:411-13. &.nbsp

③ Yang Gladys: "Wang Meng and his Fiction." In Yang Bian , ed. ,The Time is Not Ripe："Contemporary China's Best Writers and Their Stories. Beijing : FLP, 1991, 238—45. & nbsp.

④ Geremie Barme："A Storm in a Rice Bowl : Wang Meng and Fictional Chinese Politics." China Information7 Autumn 1992.

⑤ Keyser Anne Sytske:" Wang Meng's Story Hard Thin Gruel: A Socio—Political Satire." China Information7 Autumn 1992 .

⑥ Tung Timothy :" Porridge and the Law : Wang Meng Sues ." Human Rights Tribune 3, 1 Spring 1992.

⑦ Rudolf Wanger: Inside the Service Trade: Studies in Contemporary Chinese Prose. Cambridge: Council on East Asian Studies, Harvard University, 1992, 193- 212, 481-531.[Deals with "A Young Man Who Only Recently Joined the Organization Dept." and "The Loyal Heart"]

⑧ Jeffrey C. Kinkley :" The Stubborn Porridge and Other Stories " World Literature Today 69.（1995）.

⑨ Lin , Min and Maria Galikowski :" Wang Meng's ' Hard Porridge' and the Paradox of Reform in China." In Min Lin and Maria Galikowski, The Search for Modernity : Chinese Intellectuals and Cultural Discourse in the Post—Mao Era. NY: St. Martin's Press, 1999, 71-88.

了对王蒙作品的研究。他在《译海》1986 年第 5 期上发表了《中国当代文学一瞥——谈王蒙和他的作品》（金定译）。1996 年北京大学出版社出版的《考证 比较 欣赏：二十世纪中国文学研究论集》中就有相浦杲先生的论文《关于王蒙的〈蝴蝶〉》。近藤直子也是日本汉学家，她著有《有狼的风景——读八十年代中国文学》（人民文学出版社 2001 年版）一书，其中就有她对王蒙作品研究的论文《读王蒙的〈海的梦〉》。1994 年泰国的诗琳通公主在泰国南美书店出版《蝴蝶》（泰文版）时专门撰写了《〈蝴蝶〉泰版序言》。新加波的 2000 年 10 月 5 日的《联合早报》刊发了《王蒙：文学不再高姿态是正常的》的文章。韩国的李珠鲁发表了论文《论王蒙小说的文学空间》①。

从以上对王蒙及其作品的海外研究梳理中，可以发现国际汉学家对王蒙及其作品研究呈现出以下特点。

1. 海外研究者与王蒙作品的译介者合二为一。许多王蒙作品的海外研究者，同时也是王蒙作品的海外译作者。如苏联的谢尔盖·托罗普采夫、德国的吴漠汀以及日本的相浦杲等人。他们既译介了王蒙的作品，同时还持续对王蒙的创作进行专门研究，成为王蒙作品海外研究的主要生力军。

2. 海外研究与王蒙的国际研讨会相辅相成。早在 1982 年 5 月，在纽约圣约翰大学召开的"中国新写实主义文学"研讨会，来自美国、加拿大、德国、澳大利亚的四十六名作家、学者欢聚一堂。主持人——来自美国的雷金庆（Kam Louie），在会上专门介绍了王蒙的小说《布礼》，并认为王蒙是中国最优秀的作家之一。这无疑推动了海外学人对王蒙及其作品的关注。1985 年，王蒙带领作家代表团前往德国西柏林参加"地平线艺术节"，其间德国汉学家顾彬主持了王蒙作品的专题国际研讨会。在会上，"汉学家马丁谈了

---

① 参见《中山大学学报》（社科版）2003 年第 2 期。

《相见时难》；瓦格纳谈的是《悠悠寸草心》；顾彬谈的是《夜的眼》；刘剑青作了综合分析。总之也算是一番热烈。"①

3. 海外研究聚焦王蒙的文学创新。海外研究者们围绕着王蒙的文学创作主题、创作风格、艺术特点等展开了多方面的讨论，这其中尤为关注王蒙的文学创新。查培德（Zha Peide）教授在《英属哥伦比亚大学亚洲评论》1990年第3、4期合刊上发表的长篇论文，就是选取了王蒙的《夜的眼》《春之声》《风筝飘带》《海的梦》《布礼》《蝴蝶》这六篇小说，对中国当代文学的"意识流"特征进行了分析，从而高度评价了王蒙在借鉴西方意识流理论的基础上为中国当代文学创新作出的贡献。菲尔·威廉姆（Phil William）也在文中充分肯定了王蒙文学形式的创新，指出了王蒙作品中对历史的审视带有深刻的人文关怀，所采取的内心独白的叙述方式体现了人物心理的自我发现，运用的讽刺和幽默技法使人在笑声中品味人生的苦难和曲折。金介甫（Jeffrey C. Kinkley）更是直言不讳地说"在文学试验方面，王蒙总是比国内的同行先行一步。"②

4. 海外研究主要关注中短篇小说。王蒙作品的海外研究与王蒙作品的海外译介呈现出不同步的景象。王蒙小说的海外译介几乎囊括了王蒙的微型以及长中短篇小说各个类型。然而王蒙作品的海外研究却几乎集中关注在他的《蝴蝶》《坚硬的稀粥》等中短篇小说上，而对王蒙自己最满意的翻译成外文的长篇小说《活动变人形》，却鲜有评述。

随着作品在海外的译介传播以及海外研究的深入，王蒙以其勇于创新、发人深省的作品在国外赢得了多项荣誉。1987年，王蒙问鼎日本创作学会的"和平文化奖"；摘取了意大利西西里大区首府巴勒莫第十三届意大利蒙

---

① 这种专题国际研讨会从客观上推动了海外对王蒙创作的研究。
② Jeffrey C. Kinkley The Stubborn Porridge and Other Stories World Literature Today 1995 (69).

德罗国际文学奖。此外，王蒙连续七次被全美中国作家联谊会、美国诺贝尔文学奖中国作家提名委员会推荐参加诺贝尔文学奖评选，这也足以证明王蒙作品在海外的影响力。1998 年，日本大阪外国语大学研究中国文学的学者青野繁治通过日本的《中国文艺研究会会报》等刊物，就"1976 年至 1996 年之间在中国发表的文学作品中给您印象最深的五篇作品"这个问题展开调查，根据三十一位日本汉学家的回答，王蒙成为受欢迎的作品最多的作家。① 而这一切，都与王蒙作品的海外译介及其海外研究密不可分。

---

① 赵晋华：《中国当代文学在国外》，《中华读书报》1998 年 11 月 11 日。

王蒙作品的英译传播

姜智芹*

王干在 2023 年发表的文章中称王蒙为"共和国的文学'书记官'",是"共和国的一面镜子"。[①] 诚然,和共和国一同成长的人生经历,早年展露的文学才华,七十年来丰沛、持续、充满活力的创作,使王蒙成为当代文学史上独特的存在。其具有鲜明风格的作品不仅在国内享有极高的声誉,在国外也产生了很大影响。与同时代、同年龄段的作家相比,王蒙的作品翻译成外文的数量多,译介的语种多,相应地在海外的知名度也较高。本文主要聚焦王蒙作品的英译传播,探讨其在英语世界的译介、评价、接受和研究,以及贯穿其中的形象塑造。

一、王蒙作品的英译之旅

就我国文学的海外传播来说,主要有本土推介和域外译介两种渠道,王蒙作品的外译亦如此,他的作品首先由本土推介走向英语读者。

作为新时期之初创作实绩突出并紧扣社会发展脉搏的作家,王蒙的一些短篇小说被译成英文刊登在当时国外有一定影响的英文版杂志《中

---

*　姜智芹,山东师范大学文学院教授。

①　王干:《共和国的文学"书记官"——论王蒙的文学价值》,《文艺报》2023 年 8 月 30 日。

国文学》（*Chinese Literature*）上。这些作品有《说客盈门》①《悠悠寸草心》②《夜的眼》③《蝴蝶》④《春之声》⑤《风筝飘带》⑥《行板如歌》⑦《高原的风》⑧《轮下》⑨等。《中国文学》刊载王蒙英译作品的 20 世纪 80 年代正是该刊物之前的颓势得到扭转从而获得新发展的时期，"欧美地区的订户和读者增多。据 1986 年统计，英文版《中国文学》在美国的订户为 1731 户，芬兰为 1195。"刊登的部分作品"在欧美引起极大的反响"。⑩关注《中国文学》的西方读者以知识分子为主，文学修养普遍较高。他们在感受王蒙作品文学性、审美性的同时，也借以了解新时期之初中国的社会发展和文坛新貌。

除了英文版的《中国文学》杂志外，香港的《译丛》（*Renditions*）杂志、联合出版社、北京的人民文学出版社和外文出版社也推出王蒙作品的英译本。《译

---

① Wang Meng, "A Spate of Visitors", trans. Xiong Zhenru, *Chinese Literature*, 7（1980），pp.9–21.

② Wang Meng, "The Barber's Tale", trans. Yu Fanqin, *Chinese Literature*, 7（1980），pp.22–40.

③ Wang Meng, "A Night in the City", *Chinese Literature*, 7（1980），pp.41–49.

④ Wang Meng, "The Butterfly", trans. Gladys Yang, *Chinese Literature*, 1（1981），pp.3–55.

⑤ Wang Meng, "Voices of Spring", trans. Bonnie S. McDougall, *Chinese Literature*, 1（1982），pp. 23–36.

⑥ Wang Meng, "Kite Streamers", trans. Lü Binghong, *Chinese Literature*, 3（1983），pp.5–28.

⑦ Wang Meng, "Andante Cantabile", trans. Hu Zhihui, *Chinese Literature*, 10（1983），pp. 5–76.

⑧ Wang Meng, "The Wind on the Plateau", trans. Yu Fanqin, *Chinese Literature*（Autumn 1986），pp.3–23.

⑨ Wang Meng, "Under the Wheel", trans. Yu Fanqin, *Chinese Literature*（Autumn 1987），pp. 4–32.

⑩ 郑晔：《国家机构赞助下中国文学的对外译介——以英文版〈中国文学〉（1951—2000）为个案》，上海外国语大学博士学位论文，2012 年。

丛》发表了译成英文的《坚硬的稀粥》[①]，联合出版社出版了王蒙的《最宝贵的》[②]《异化》，[③] 人民文学出版社出版了《蝴蝶及其他》，[④] 外文出版社出版了《王蒙选集：相见集》[⑤] 和《王蒙选集：雪球集》。[⑥]"熊猫丛书"《1949—1989 年中国最佳小说选》收入了王蒙的《风筝飘带》。[⑦]

关于中国文学文化海外传播中的本土推介，国内学者有不同的声音。有的认为这是一种"硬推""强推"，带来海外接受效果的不佳，导致中国文学虽然"走出去"了，但是没有"走进去"，没有被海外的读者所接受。也有学者比如翻译界的知名专家许钧教授认为："中国并非是在强推自己的文化，而是在积极回应世界了解中国、理解中国的需求。"指出："每个国家或民族都应该加强文化交流，把每个民族具有独特性的文化推向世界，共同丰富世界文化"[⑧]。针对某些学者诟病的本土推介出去的文学作品在国外接受度不高的问题，许钧教授

---

① Wang Meng, "Thick Congee", trans, Joyce Nip, *Renditions*, 43（1995），pp.58–76.

② Wang Meng, "Something Most Precious", trans. Geremie R, Barmé and Bennett Lee, in *The Wounded: New Stories of the Cultural Revolution*. Hong Kong: Joint Publishing, 1979, pp.205–214.

③ Wang Meng, *Alienation*, trans, Nancy Lin and Tong Qi Lin, Hong Kong: Joint Publishing, 1993，收入王蒙的中篇小说《蝴蝶》（"The Butterfly"）和《相见时难》（"It's Hard for Us to Meet"）。

④ Wang Meng, *The Butterfly and Other Stories*, translated by Rui An. Beijing: Chinese Language Press（Panda Books），1983. 收录的作品有：《我在寻找什么》（"What Am I Search-ing for"）、《说客盈门》（"A Spate of Visitors"）、《蝴蝶》（"The Butterfly"）、《夜的眼》（"The Eyes of Night"）、《悠悠寸草心》（"The Barber's Tale"）、《春之声》（"Voices of Spring"）、《风筝飘带》（"Kite Streamers"）、《组织部新来的青年人》（"The Young Newcomer in the Organization Department"）。

⑤ *Selected Works of Wang Meng: The Strain of Meeting*, trans, Denis C. Mair, Beijing: Foreign Languages Press, 1989，是一部王蒙的中短篇小说集英译本。

⑥ *Selected Works of Wang Meng: Snowball*, trans. Cathy Silber and Deirdre Huang. Beijing: Foreign Languages Press, 1989，是一部王蒙的长短微型小说集英译本。

⑦ Wang Meng, "Kite Streamers", trans. Lu Binghong, in *Best Chinese stories, 1949-1989*. Bei-jing: Chinese Literature Press, 1989, pp.150–167.

⑧ 许钧：《关于深化中国文学外译研究的几点意见》，《外语与外语教学》2021 年第 6 期。

回应道："中国文化主动走出去，表达了中华民族为推进世界各种文明交流交融的美好愿望，也顺应了丰富世界文化、维护文化多样性的时代要求。从效果来说，文化走出去既是文化发展战略，那么对其效果也应从战略高度去评价。""仅仅以当下的市场销售与读者接受情况来衡量便得出否定性的结论，是值得商榷的。"并特别强调，在全球化时代，"主动走出去是一种常态"。① 长期从事对外翻译和国际传播工作的黄友义也有此共识。他指出，随着我国国际地位的日益提升，翻译工作已经从向中国"翻译世界"，进入了向世界"翻译中国"的新阶段。② 王蒙的作品堪称改革开放初期我国当代文学主动走出去的先锋，率先向英语世界展现了当代文学创作的蓬勃生机和反映生活的深广程度。

在本土推介的同时，王蒙的作品也通过域外译介更深度地走向英语世界。通过这一渠道"走出去"的王蒙作品既有收入中国新时期文学英译合集的，也有单行本的英译作品。就收入国外出版的中国文学作品合集来说，有《组织部新来的青年人》（原题《组织部来了个年轻人》）节译③、《买买提处长轶事》④、

---

① 许钧：《当下翻译研究中值得思考的几个问题》，《当代外语研究》2017 年第 3 期。

② 黄友义：《从"翻译世界"到"翻译中国"》，外文出版社 2022 年版。

③ Wang Meng, "A Young Man in the Organization Department（chap8–11）", in Edmund Stillman ed. *Bitter Harvest: The Intellectual Revolt behind the Iron Curtain, with an introduction by François Bondy*, New York: Praeger, 1959, pp.143–157. Also translated as "The Young Man Who Has Just Arrived at the Organization Department（excerpts）", trans. Gary Bjorge, in Kao-yu Hsu ed. *Literature of the People's Republic of China*. Bloomington: Indiana University Press, 1980, pp.229–241. And translated as "A Young Man Arrives at the Organization Department", in Hualing Nieh ed. and co-trans, *Literature of the Hundred Flowers Volume II: Poetry and Fiction*. New York: Columbia University Press, 1981, pp.473–511.

④ Wang Meng, "Anecdotes of Chairman Maimaiti", trans. Zhu Hong, in Zhu Hong ed. *The Chinese Western: Short Fiction from Today's China*. New York: Ballantine Books, 1988, pp.152–164. Also in *Spring of Bitter Waters: Short Fiction from China Today*. London: W. H. Allen and Co., 1989. Also translated as "The Anecdotes of Section Chief Maimaiti: Uighur 'Black Humor'", translated with an annotated introduction by Philip F. Williams, *Journal of Asian Culture* 8（1984）: pp.1–30.

《来劲》①、《选择的历程》②、《夜的眼》③、《苏州赋》④、《失恋的乌鸦及其他》⑤、
《雄辩家》⑥、《学话》⑦、《小，小，小，小，小……》⑧、《越说越对》⑨、《光头》⑩
等。王蒙在英语世界出版发行的作品集和单行本主要有：《布礼》⑪、《新疆下

---

① Wang Meng, "Exciting", trans. Long Xu, in Long Xu (ed.), *Recent Fiction from China 1987-1988: Novellas and Short Stories*, Lewiston: The Edwin Mellen Press, 1991, pp.1–6.

② Wang Meng, "A String of Choices", trans. Zhu Hong, in Howard Goldblatt (ed.), *Chairman Mao Would Not Be Amused: Fiction from Today's China,* New York: Grove Press, 1995, pp.69–89.

③ Wang Meng, "Eyes of the Night", trans. Donald A. Gibbs, in Perry Link (ed.), *Roses and Thorns: The Second Blooming of the Hundred Flowers in Chinese Fiction, 1979-1980.* Berkeley: University of California Press, 1984, pp.43–55. Also in Kwok-kan Tam, Terry Siu-Han Yip, Wimal Dissanayake eds. *A Place of One's Own.* New York: Oxford University Press, 1999, pp.113–125.

④ Wang Meng, "Praise on Suzhou", trans. Martin Woesler, in Martin Woesler (ed.), *20th Century Chinese Essays in Translation.* Bochum: Bochum University Press, 2000, pp.170–172.

⑤ Wang Meng, "The Lovesick Crow and Other Fables", in Carolyn Choa and David Su Li-qun eds. *The Vintage Book of Contemporary Chinese Fiction*, New York: Vintage Books, 2001, pp.143–154.

⑥ Wang Meng, "Disputatiasis", in *Loud Sparrows: Contemporary Chinese Short-Shorts*, trans, Aili Mu, Julie Chiu, and Howard Goldblatt, New York: Columbia University Press, 2006, p.189.

⑦ Wang Meng, "Learning to Talk", in *Loud Sparrows: Contemporary Chinese Short-Shorts*, trans. Aili Mu, Julie Chiu, and Howard Goldblatt, New York: Columbia University Press, 2006, p.19.

⑧ Wang Meng, "Little, Little, Little, Little, Little⋯", in *Loud Sparrows: Contemporary Chinese Short-Shorts*, trans, Aili Mu, Julie Chiu, and Howard Goldblatt, New York: Columbia University Press, 2006, pp.197–201.

⑨ Wang Meng, "Right to the Heart of the Matter", in *Loud Sparrows: Contemporary Chinese Short-Shorts*, trans, Aili Mu, Julie Chiu, and Howard Goldblatt, New York: Columbia University Press, 2006, pp.92–93.

⑩ Wang Meng. "A Shaved Head," in *Loud Sparrows: Contemporary Chinese Short-Shorts*, trans. Aili Mu, Julie Chiu, and Howard Goldblatt. New York: Columbia University Press, 2006, p.6.

⑪ Wang Meng. *A Bolshevik Salute: A Modernist Chinese Novel*, trans. Wendy Larson. Seattle: University of Washington Press, 1989.

放故事》①、《〈坚硬的稀粥〉及其他》②等。近年来，英译的王蒙作品主要是他探讨中国思想文化方面的作品，如《中国人的思路》③、《中国天机》④、《王蒙自传》⑤等。

小说《布礼》的英译本出版后很快就有四篇书评在国外重要的专业文学期刊上发表，分别是金介甫（Jeffrey C. Kinkley）发表在《今日世界文学》（*World Literature Today*）⑥上、傅静宜（Jeannette L. Faurot）发表在《中国文学》（*Chinese Literature: Essays, Articles, Reviews*，CLEAR）⑦上、魏纶（Philip F. Williams）发表在《现代中国文学》（*Modern Chinese Literature*）⑧上、利大英（Gregory B. Lee）发表在《中国季刊》（*The China Quarterly*）⑨上评论《布礼：一部现代中国小说》的书评文章。《布礼》英译本的副标题"一部现代中国小说"（*A Modernist Chinese Novel*）是译者加上去的，意在说明王蒙在20世纪80至90年代较早意识到现代主义的创作手法，《布礼》中运用了意

① Wang Meng. *Tales from the Xinjiang Exile: Life among the Uighurs*, trans. Li-Hua Ying and Kang H. Jin. New York: Bogos & Rosenberg Publisher, 1991.

② Wang Meng. *The Stubborn Porridge and Other Stories*, trans. Zhu Hong, et. al. New York: George Braziller, 1994.

③ Wang Meng. *The Chinese Way of Thinking*, trans. Liang Xiaopeng. Beijing: Foreign Languages Press 2018.

④ Wang Meng. *New China: An Insider's Story*, trans. Wang Xueming. Beijing: New World Press, 2019.

⑤ Wang Meng. *Wang Meng: A Life*, trans. Zhu Hong and Liu Haiming. ME: Merwin Asia, 2018.

⑥ Jeffrey C. Kinkley, "Review of *Bolshevik Salute: A Modernist Chinese Novel*," *World Literature Today*, 4（1990）, p. 697.

⑦ Jeannette L. Faurot, "Review of *Bolshevik Salute: A Modernist Chinese Novel*," *Chinese Literature: Essays, Articles, Reviews*（CLEAR）, 13（1991）, pp. 176–178.

⑧ Philip F. Williams, "Review of *Bolshevik Salute: A Modernist Chinese Novel*," *Modern Chinese Literature*, 2（1989）, 1989, pp. 355–356.

⑨ Gregory B. Lee, "Review of *Bolshevik Salute: A Modernist Chinese Novel*," *The China Quarterly*,（4）1992, pp. 1192–1193.

识流、时间碎片化、人物描写内在化等艺术技巧，不再是对事件的平铺直叙，而这在当时的中国文坛是比较先锋的创意之举。①《〈坚硬的稀粥〉及其他》收录王蒙的《高原的风》（"The Wind on the Plateau"）、《冬天的话题》（"A Winter's Topic"）、《夏之波》（"The Heat Waves of Summer"）、《调试》（"Fine Tuning"）、《室内乐》（"Chamber Music"）、《晚霞》（"The Twilight Cloud"）、《诗意》（"Poetic Feeling"）、《致爱丽丝》（"To 'Alice'"）、《来劲》（"Thrilling"）、《XIANG MING 随想曲》（"Capriccio a Xiang Ming"）、《铃的闪》（"The Blinking of the Bell"）等小说。金介甫在书评中称自己是"王蒙狂热者"，认为"在文学试验方面，王蒙总是比国内的同行先行一步"，在创作时"能够收放自如"。②

　　域外译介出版的王蒙作品英译本由于"自己人效应"，更容易得到国外读者的关注认可，因为心理学家发现，"人们对'自己人'，即有着共同信仰、相似价值观、讲同一种语言、隶属于同一种族、有着共同文化与宗教背景的人说的话，更容易接受和信赖。在翻译活动中，译介主体如果是目标语读者'自己人'，也即是其本土译者或出版发行机构，译介的作品则较容易受到信赖和接受。英语读者认可自身文化系统内的译者，认同'自己人'的译本选择、译介策略和对原文的'二度创作'"。③ 因而，国外出版社出版的王蒙作品英译本引起汉学家撰写书评的热情，而本土推介出去的王蒙作品相比之下少有国外学者的书评关注。不过通过这一渠道传播出去的王蒙作品无疑向英语世界的读者证明了他在当代文坛上的重要地位，对于异域他者的译本选择

---

① Jeannette L. Faurot, "Review of *Bolshevik Salute: A Modernist Chinese Novel*," *Chinese Literature: Essays, Articles, Reviews*（CLEAR），13（1991），pp.176–177.

② Jeffrey C. Kinkley. "Review of *The Stubborn Porridge and Other Stories*," *World Literature Today*, 1（1995），p. 222.

③ 姜智芹：《跨文化的追寻——中西文学研究论集》，中华书局 2022 年版，第 108 页。

起到了推荐和参照作用。而且，就王蒙的作品来说，本土推介和域外译介很多时候没有交叉重叠，二者形成一定的互补，对于王蒙作品的英译传播起到了拓展作用。

王蒙的作品在20世纪末得到数量可观的多语种译介，但总体来看，相对于其丰硕的创作，译成英语的数量目前来看尚不算多，特别是他晚年郁郁葱葱的文学佳作，还有待英语世界的进一步译介与关注。个中原因可能和王蒙的创作从一开始就受到苏联文学的影响有一定关系。在王蒙走向文坛之初的20世纪50年代，文艺创作强调"积极地使苏联文学、艺术、电影更广泛地普及到中国人民中去"，[①] 对苏联文学的借鉴与创作中苏联文学的影响成为当时中国文坛的一个特色。王蒙亦是如此，苏联文学与文化可以说对王蒙产生过极为深刻的影响。他曾说："我们这一代中国作家中的许多人，特别是我自己，从不讳言苏联文学的影响。"[②] 并将苏联文学与西方的文学做如下对比："苏联文学表现的是真正的人，是人的理想、尊严、道德、情操，是最美丽的人生。……而西方的文艺是那样的颓废、病态、苍白、狭隘、兽性……"[③] 鉴于20世纪中后期以苏联为首的社会主义阵营和以美国为首的资本主义阵营在各方面的对抗，王蒙创作的与主流意识形态同构的作品在西方世界难以打开销路，一定程度上影响到其作品的英译和传播。

二、王蒙作品在英语世界的评价与研究

我们把英语世界对王蒙作品的评价和研究分为普通读者和专业受众两个层面。普通读者的评价主要以好读网（Goodreads）和亚马逊（英文）网站

① 周扬：《社会主义现实主义——中国文学前进的道路》，《人民日报》1993年1月11日。

② 王蒙：《苏联文学的光明梦》，《读书》1993年第7期。

③ 王蒙：《关于苏联》，《苏联祭》，作家出版社2006年版，第175页。

上的读者评价为例进行分析。

众所周知，好读网号称世界上最大的读者俱乐部，有"美国豆瓣"之称。"熊猫丛书"之一的《〈蝴蝶〉及其他》在好读网上的评分为 3.42 星（最高 5 星，下同）。其中 20％的读者给予 5 星评价，8％的读者给予 4 星评价，62％的读者给予 3 星评价，8％的读者给予 2 星评价。最新的读者留言时间为 2022 年 11 月 8 日。名为 Joseph L. Reid 的读者 2015 年 7 月 15 日在留言中写道："与我阅读的同时代其他作家的作品相比，王蒙的小说表现出真正的文学才能，塑造的人物个性鲜明，和有些作家笔下过于简化的人物描写截然不同。在我看来，《组织部来了个年轻人》是这部小说集中写得最好的作品。"①

由美国华盛顿大学出版社出版的《布礼》在好读网上的评分为 3.14 星，其中 14％的读者给予 5 星评价，给予 4 星和 3 星评价的读者分别是 28％，给予 2 星和 1 星评价的读者分别是 14％。② 由美国乔治·巴西勒（George Braziller）出版社出版的《〈坚硬的稀粥〉及其他》在好读网上的评分为 3.75 星，其中 12％的读者给予 5 星评价，50％的读者给予 4 星评价，37％的读者给予 3 星评价。③ 在亚马逊（英文）网站上，《〈蝴蝶〉及其他》的星级评价为 4 星。从英语读者在好读网和亚马逊（英文）网站上的星级评价来看，总体在 3.5 星以上，对于以思维定势排斥我国主流意识形态作品的英语世界来说，

① *The Butterfly and Other Stories*, https://www.goodreads.com/book/show/238277.The_Butterfly_and_Other_Stories？from_search=true&from_srp=true&qid=u87zqAxYks&rank=2，最新访问日期 2023 年 11 月 9 日。

② *A Bolshevik Salute: A Modernist Chinese Novel*, https://www.goodreads.com/book/show/2812574-bolshevik-salute？from_search=true&from_srp=true&qid=Rg5abG65YU&rank=1，最新访问日期 2023 年 11 月 9 日。

③ *The Stubborn Porridge and Other Stories*, https://www.goodreads.com/book/show/2812575-the-stubborn-porridge-and-other-stories？from_search=true&from_srp=true&qid=EzeVebvRwL&rank=1，最新访问日期 2023 年 11 月 9 日。

已经算是不错的了。

对王蒙英译作品的深度研究主要体现在英语世界的专业受众层面。我们从他们对王蒙的总体评价、对其文学形式创新和创作题材开拓三个方面，做简要的梳理和分析。

首先，英语世界学者对王蒙的总体评价较高。加拿大阿尔伯达大学的Sio-choo Ang 在《王蒙的生活和创作》中引用"故国八千里，风云三十年"来总括王蒙的人生经历，评价他是"1949 年中华人民共和国成立之后最杰出的作家之一"。[1] 在该文中他从 1934 至 1956 年、1957 至 1979 年、1979 年之后三个时期介绍了王蒙的生活经历，分 1953 至 1962 年、新时期以来两个阶段对王蒙的创作与艺术成就进行概述。认为王蒙"从青年时期就忠诚于革命，相信文学和革命是不可分割的""他的作品反映了他在不同时期对生活的深刻洞察"。[2]

美国爱荷华大学教授周欣平（Xinping Zhou）1993 年编写的系列丛书《爱荷华大学的中国作家》（*Chinese Writers in Iowa*）收录了王蒙的作品，该丛书成为美国爱荷华大学图书馆中国藏书的重要组成部分，也是研究 20 世纪中国文学的重要资源。周欣平在丛书的前言中对王蒙及其创作进行了介绍，强调王蒙是中国知名的作家，《组织部新来的青年人》是其第一部重要作品，描写了年轻的理想主义革命者和年老的思想僵化的官僚主义者之间的冲突，并说这部小说引起了毛泽东的注意，促进了当时正在进行的"百花齐放、百家争鸣"运动。[3]

加拿大汉学家梁丽芳（Laifong Leung）在《中国当代小说家：生平、作品、评价》用"永远的年轻人"（Forever a Young Man）来概括王蒙，认为

---

[1] Sio-choo Ang, "The Path of Wang Meng: Life and Works", *China Report*, 1 (1991), p.15.

[2] Sio-choo Ang, "The Path of Wang Meng: Life and Works", *China Report*, 1 (1991), p.26.

[3] Xinping Zhou, "Chinese Writers in Iowa", *Books at Iowa*, 1 (1993), p.10.

从 1955 年到 1978 年，作为"年轻布尔什维克"的王蒙经历了人生的曲折，而 1979 年之后则是他这位"年轻人"的归来。梁丽芳分析了王蒙带有中国特色的"意识流"技巧、《坚硬的稀粥》和其他作品中的幽默、讽刺、隐喻，以及王蒙回归中国传统的人生智慧，指出中国"当代作家中很少有人像王蒙那样经历了如此丰富的人生，很少有作家像王蒙那样始终以'年轻人'的活力紧跟文学新潮流、时代新思想，作品一部接一部地出版。"①

其次，英语世界的研究者对王蒙文学形式上的创新非常感兴趣，其独特的语言风格也成为关注的焦点之一。《〈坚硬的稀粥〉及其他》英文版在纽约出版后，美国汉学家金介甫随即发表评论，介绍说：《坚硬的稀粥》"这部小说以一个大家庭成员围绕着早餐发生的故事，隐喻了在'后社会主义'中国几代人不同的政治立场和生活方式……这部由朱虹编辑、翻译得非常好的选集，主要值得注意的地方在于它洞见了王蒙不断的语言试验以及他为取得幽默讽刺效果而巧妙运用的先锋派技巧。"②

查培德（Zha Peide）教授在《英属哥伦比亚大学亚洲评论》1990 年第 3—4 期合刊上发表长篇论文，以王蒙为个案，选取《夜的眼》《春之声》《风筝飘带》《海的梦》《布礼》《蝴蝶》六篇小说，对中国当代文学中的意识流叙述特征进行了科学、客观的分析，对王蒙在借鉴西方意识流理论、开创新的文学创作之路方面所作出的贡献，给予高度评价。他说："因此，王蒙在中国大陆小说发展史上所发挥的作用，可以和五十年前西方作家乔伊斯、伍尔夫、福克纳、普鲁斯特等人相媲美。但与这些西方作家的作品变得晦涩难懂

---

① Laifong Leung, *Contemporary Chinese Fiction Writers: Biography, Bibliography, and Critical Assessment*, New York: Routledge, 2017, p.242.

② Jeffrey C. Kinkley, "A Bibliographic Survey of Publications on Chinese Literature in Translation from 1949 to 1999", in Pang-Yuan Chi, David Der-wei Wang eds. *Chinese Literature in the Second Half of a Modern Century: A Critical Survey*. Bloomington: Indiana University Press, 2000, p.252.

不同，王蒙很快将意识流手法与传统技巧融为一体，因此，王蒙经历了一个否定以及否定之否定的过程。尽管王蒙还没有赢得世界性声誉，尽管他的试验小说可能成不了后人所认定的经典之作，但他对当代中国小说的影响是巨大的。没有他在小说叙述方式上进行的试验努力，就不可能有后来的'心态小说'的出现……王蒙独自一人在新时期之初引领的意识流'运动'，向其他作家昭示人类的内心生活是值得探索的重要主题，意识流技法可以取得传统手法所不能取得的成就。可以毫不夸张地说，王蒙的试验小说是新时期小说发展的一个里程碑。"①

印度尼赫鲁大学东亚文学研究中心教授邵葆丽（Sabaree Mitra）也对王蒙的文学手法进行了评述。她说："在这方面，王蒙、宗璞、邓刚、张辛欣这些知名作家使用意识流、象征主义、印象主义等现代技巧揭示现实主义主题……王蒙尤其在试验运用意识流手法方面取得了突出的成就，他通过这种手法形象鲜明地传递和描述了人们丰富的内心世界和日新月异的生活变化，从而创作了反映中国快速发展的具有现实意义的文学作品。"②另一名印度作家吉屯德拉·巴迪亚在"王蒙文学创作国际学术研讨会"上也对王蒙的文学创作发表了自己的见解。他说："王蒙的小说超越了国家和意识形态的界限……思想大胆、意图清晰是其小说的显著特点"。③

菲尔·威廉（Phil William）认为从文学形式创新方面来说，王蒙 20 世

---

① Peide Zha, "Stream of Consciousness Narration in Contemporary Chinese Fiction: A Case Study of Wang Meng", *B. C. Asian Review*, 3&4（1990）.

② Sabaree Mitra, "Comeback of Hundred Flowers in Chinese Literature: 1976-1989", in Tan Chung ed. *Across the Himalayan Gap: An Indian Quest for Understanding China*, New Delhi: Gyan Publishing House, 1998. 此处引自 https://ignca.gov.in/comeback-of-hundred-flowers-in-chinese-literature-1976-1989-sabaree-mitra/，最新访问日期 2023 年 9 月 12 日。

③ 温奉桥：《多维视野中的王蒙——"王蒙文学创作国际学术研讨会"述要》，《中国海洋大学学报》（社会科学版）2004 年第 3 期。

纪 80 年代以后的创作取得的成就更大。他指出，中国当代文学的提升某种程度上有赖于王蒙在文学形式上的创新，同时王蒙作品中对历史的审视带有深切的人文关怀，所采取的内心独白叙述方式体现了人物心理的自我发现，运用的讽刺和幽默技法使人在笑声中品味人生的苦难和曲折。①

汉学家雷金庆对王蒙的个人风格赞赏有加。1982 年 5 月，纽约圣约翰大学召开了"中国新写实主义文学研讨会"，来自美国、加拿大、德国、澳大利亚等国的四十六名作家、学者欢聚一堂。作为会议的主持人，雷金庆认为王蒙语言犀利，长于思辨，是中国最优秀的作家之一，其作品以使用意识流方法创作而闻名海外。他还进一步以《布礼》为例，详细说明王蒙在创作中对意识流技法的娴熟运用。《布礼》中叙述的事件在 1949 年、1957 至 1958 年、1966 至 1970 年、1979 年几个时间段之间自由切换，体现了不同时代中国人命运的变迁。②

哈佛大学教授李欧梵专攻中国现代文学与文化，他对王蒙小说的语言非常感兴趣，做过深入的研究，而且由此引发了他对中国当代文学的热情。他说："好不容易读到一两个好作家，我就觉得很了不起，像王蒙的《夜的眼》，还有高晓声的《李顺大造屋》，我马上把他们两人放在一起，写了篇文章，就是我前面说的谈语言的文章。我觉得王蒙在意识形态上还是有点主流，我更喜欢高晓声小说里面农民的味道，可两个人写作技巧上还是各有创新的。这之后我就逐渐进入到中国当代文学的领域里面来了。"③李欧梵在哈佛大学开了一门名为"现代主义"的文学课，1993 年 10 月，他在一堂课上请当时

---

① See Phil William, "Stylistic Variety in a PRC Writer: Wang Meng's Fiction of the 1979-1980 Cultural Thaw", *Australian Journal of Chinese Affairs*, 11（1984）.

② Kam Louie, "New Forms of Realism in Chinese Literature: the St. John's University Conference", *The Australian Journal of Chinese Affairs*, 9（1982）.

③ 张英、季进：《李欧梵：当代没有知识小说》，《南方周末》2004 年 1 月 21 日。

在美国进行学术访问的王蒙以自己的作品为例，讲一讲意识流小说。在第一堂讨论课上，王蒙刚坐定就被问到他的小说中经常出现主词不明也无引号的"自由间接引语"，这样做是否有意为之。王蒙以李商隐的《锦瑟》来做说明："'庄生晓梦迷蝴蝶，望帝春心托杜鹃'两句诗的关系，诗人并没有说明，这恰是汉语语法的不精确性，造成行文不受限的可能；在他的《夜的眼》一文中不知有多少人问起这只'眼'，国外的人问这'眼'是一个口还是两个眼，翻译时要不要加's'，诸如此类的问题。写的时刻都不成问题，也就无需界定，像杜甫的诗'幼子绕我膝，畏我复却去'，千年来有着一塌糊涂的争论，但有啥关系？可以再继续千年！"李欧梵说：这意识流背后有它内在的逻辑，是有文化背景的。王蒙则回答："按中国说法是有其生活来源的。我做这些新形式的探索，从不采取激烈的态度，企图把现有或古典的骂倒，我是想让它们互相共存、和平共处。"①

此外，郑树森（William Tay）在《现代中国文学》（*Modern Chinese Literature*）上发表《王蒙、意识流和关于现代主义的论争》，② 在《今日世界文学》（*World Literature Today*）上发表《现代主义和社会现实主义：以王蒙为例》③ 等。埃里·哈吉纳（Elly Hagenaar）在其《意识流与中国现代文学中的自由间接引语》（*Stream of Consciousness and Free Indirect Discourse in Modern Chinese Literature*）一文中对王蒙的语言试验和探索进行分析，鲁道夫·瓦格纳（Rudolf Wagner）在其著作《当代中国散文研究》（*Inside a Service Trade: Studies in Contemporary Chinese Prose*）中对王蒙的文学创作

---

① 张凤：《名人与哈佛（三题）·王蒙在哈佛》，《读书文摘》2004 年第 12 期。

② William Tay, "Wang Meng. Stream-of-consciousness, and the Controversy over Modernism", *Modern Chinese Literature*, 1 (1984), pp.7–24.

③ William Tay, "Modernism and Socialist Realism: The Case of Wang Meng", *World Literature Today*, 3 (1991), pp. 411–413.

进行评论，认为王蒙作品是文学形式的政策建议书。①

最后，很多西方学者也围绕王蒙的文学创作主题展开讨论。比如凯泽（Anne Sytske Keyser）的《王蒙的〈坚硬的稀粥〉：社会政治讽刺》②、澳大利亚汉学家白杰明（Geremie R. Barme）的《稀粥的风暴——王蒙和虚幻的中国政治》③、闵琳（Min Lin）的《〈坚硬的稀粥〉和中国的改革悖论》④、文棣（Wendy Larson）的《王蒙的〈布礼〉：中国现代主义与知识分子的消极身份认同》⑤、查玲（Ch'a Ling）的《王蒙的乡村生活和发展进步》⑥、张泽昌（Chang Tze-chang）的《孤立和自我疏远：王蒙的疏离世界》⑦、夏海（Shakhar Rahav）的《鱼和熊掌不可兼得：20世纪后期作为知识分子和政府官员的王蒙》⑧等论文。"稀粥风波"是西方学者感兴趣的话题，凯泽通过《坚硬的稀粥》提出文学与表现生活、现实世界与文学世界的关系问题；白杰明认为这部小说反映的是激进派与保守派之间的冲突；闵琳通过对小

① Rudolf Wagner, *Inside a Service Trade*: *Studies in Contemporary Chinese Prose*. Cambridge: Council on East Asian Studies, Harvard University Press, 1992, pp.193–212, pp. 481–531。

② Anne Sytske Keyser, "Wang Meng's Story 'Hard Thin Gruel': A Socio-Political Satire", *China Information*, 2（1992）, pp. 1–11.

③ Geremie R. Barme, "A Storm in a Rice Bowl: Wang Meng and Fictional Chinese Politics", *China Information*, 2（1992）, pp. 12–19.

④ Min Lin and Maria Galikowaki, "Wang Meng's 'Hard Porridge' and the Paradox of Reform in China", in *The Search for Modernity: Chinese Intellectuals and Cultural Discourse in the Post-Mao Era*, NY: St. Martin's Press, 1999, pp.71–88.

⑤ Wendy Larson, "Wang Meng's *Buli*（Bolshevik salute）: Chinese Modernism and Negative Intellectual Identity", in *Bolshevik Salute: A Modernist Chinese Novel*. Seattle: University of Washington Press, 1989, pp.133–154.

⑥ Ch'a Ling, "Wang Meng's Rustication and Advancement", *Issues and Studies*, 22（1986）, pp.50–61.

⑦ Chang Tze-chang, "Isolation and Self-estrangement: Wang Meng's Alienated World", *Issues and Studies*, 24（1988）, pp.140–154.

⑧ Shakhar Rahav, "Having One's Porridge and Eating It Too: Wang Meng as Intellectual and Bureaucrat in Late 20th Century China", *The China Quarterly*, 4（2012）, p.1079–1098.

说文本内部的分析，认为它是对改革过程中不可避免的深层矛盾和问题的揭示。

　　尽管相比在俄语、法语、德语中的传播，王蒙作品译成英语的并不算多，但英语世界对其作品的研究却持续而深入，这和王蒙重视参加英语世界的文学和文化交流活动有一定关系。在 20 世纪 80 至 90 年代，王蒙有大量出访英语国家的活动。1980 年，他参加了聂华苓主持的爱荷华"国际写作计划"（IOWA）活动，并应邀在美国宾州大学讲学。1982 年，他应邀去美国圣约翰大学参加"中国现当代文学国际研讨会"，做了题为"中国文学的命运和作家的使命"的演讲。1986 年，王蒙等中国作家应邀去纽约参加国际笔会，见到了后来获得诺贝尔文学奖的英国作家多丽丝·莱辛，二人交谈甚欢，彼此给对方留下了深刻的印象。1988 年，王蒙首次造访英国，出席在伦敦召开的国际出版大会，在英中文化中心发表演讲。1989 年，去澳大利亚堪培拉出席"文学节"开幕式。1991 年，赴新加坡参加世界作家周活动。1992 年，前往澳大利亚昆士兰参加"全澳作家周"活动。1993 年，应哈佛大学邀请赴美访问讲学三个月。1994 年，赴纽约参加投资中国研讨会，做题为"中国的文化市场"的演讲。1995 年，应邀去加拿大哥伦比亚大学参加研讨会，做题为"当前中国文学的话题"的演讲，并前往渥太华、蒙特利尔等地讲学。1998 年，应邀赴美讲学，在康州三一学院、耶鲁大学、匹兹堡大学、明尼苏达大学、纽约州立大学、华美协进社等学术机构发表演讲。2000 年，率中国作家代表团访问爱尔兰。同年出访新加坡，做题为"中国西部文化与中国西部开发"的演讲。2001 年，赴美国爱荷华大学出席"迷失与发现：翻译艺术研讨会"，同年出席在美国科罗拉多大学举行的"当代中国知识分子和社会力量"国际研讨会。

　　从以上简要的梳理可以看出，王蒙不仅积极地、高频次地参加英语世界的文学文化交流活动，而且常常发表演讲或是应邀去英语国家的大学讲学，为中国文学文化在海外的传播起到了宣传造势作用，也为他本人作品引发海外关注提供了契机。不过，决定作品最终能否在国外产生影响并活跃地存在下去的关键是其质量。毋庸置疑，高质量的创作是王蒙作品在英语世界持续引发关注和讨论的最主要因素，其不同寻常的人生经历、敏锐的文学形式创新、与时代同频共振的主题书写，都给英语世界的读者和研究者留下了无尽的学术话题。

三、王蒙作品英译传播中的中国形象塑造

一国文学的翻译传播从本质上来讲是一个展示和塑造国家形象的过程。王蒙作品在英译传播过程中所塑造的中国形象是与他作品本身的自塑形象分不开的。

作为主流知识分子，王蒙有着浓郁的政治情怀，其创作体现了文学与历史的互文。他曾说："不管我处在什么情况下，包括最艰难的时候，我对我们的国家的关切是始终如一的，我和我们的国运是相通的，感觉也是始终如一的。"[①] 王蒙从不讳言他作品中的政治表达。关于文学与政治的关系，他这样说道："既然我们的社会充满了政治，我们的生活无处不具有革命的信念和革命的影响。那么，脱离政治，就是脱离了生活，或者是脱离了生活的激流，远离了国家、民族的命运亦即广大人民群众的命运。"[②] 用文学来表现政治是他创作的特征之一，其作品传达出与主旋律共振的中国形象。

王蒙作品的主旋律性是他崇高的使命感使然，他说："我为了我们的国家、社会、生活更加美好而写作。我为什么写作？我的答案与为什么革命为

---

① 王蒙：《王蒙谈话录》，三联书店 2011 年版，第 341 页。
② 王蒙：《论文学与创作》（下），人民文学出版社 2014 年版，第 118 页。

什么活着是一样的。"① 但王蒙的作品又不是时代政治的传声筒，而是用文学来反映蓬勃发展的新气象，表现出敏锐的时事判断力和作家的前瞻眼光。比如《组织部来了个年轻人》借林震的言行对当时党内存在的问题做出积极的判断和思考，小说的发表几乎与"双百"方针的提出同一时间，并且与此后不久开展的党内整风运动相契合。而这部小说在英语世界较早引起关注，出版之后不久就被收入当时旨在反映社会主义国家文学创作成果的作品集《苦涩的收获》②，进入许芥昱的《中华人民共和国文学作品选》③ 以及聂华苓主编的《"百花"时期的文学》④。新时期之初，王蒙发表了《夜的眼》《春之声》《布礼》《蝴蝶》等带有时代先锋意识的作品，再一次书写了时代的脉动，而这些小说亦较早译成英语，将时代的风云激荡一同传递出去。

其次，王蒙英译作品的海外传播塑造了充满人格魅力和爱国热忱的当代知识分子形象。王蒙热爱祖国，热爱人民，尤其是在对外交往中，强烈的爱国心为他赢得了外国人的尊重。当他在美国参加学术交流时，心中充满着对祖国的怀念，提笔写道："噢，我失去了那么多！那些使我的生活变得温暖和有意义的东西都在我的祖国，都在伟大的中华人民共和国啊！就在远离万里，隔越重洋的美利坚合众国，我所以能畅快呼吸，心里实实在在，不也正因为我是和十亿人民在一起吗？"⑤ 1982 年，王蒙在美国参加中国当代文学国际学术研讨会，在发言中客观公正地介绍当时中国知识分子以及中国文化

① 王蒙：《我的写作》，《中国国外获奖作家作品集·王蒙卷》，云南人民出版社 2001 年版，第 1 页。

② Edmund Stillman ed, *Bitter Harvest: The Intellectual Revolt behind the Iron Curtain, with an introduction by François Bondy*, London: Thames & Hudson, 1959.

③ Kai-yu Hsu ed, *Literature of the People's Republic of China*, Bloomington: Indiana University Press, 1980.

④ Nieh Hua-ling ed, *Literature of the Hundred Flowers Period*, New York: Columbia University Press, 1981.

⑤ 王蒙：《别依阿华》，阮航编：《丑石》，人民文学出版社 1993 年版，第 240 页。

文学发展的政策，旗帜鲜明地声明愿意生活在一个对文学负责任、关心文学的社会里，与此次研讨会上个别外方人士试图诋毁中国文学政策的做法，形成鲜明的对照。

王蒙率直朴实，真情待人，豁达乐观，这是中华民族的优秀品质，也是世界人民极为推崇的。王蒙曾中断创作十多年，但复出后他没有牢骚满腹，而是满腔热情地投入到文学写作之中。虽然曾为政府高官，但他更加看重自己的作家身份，这为他赢得了很多热情的国外读者和文学界知音。1989 年，美国《民族》(*The Nation*) 周刊上登载了两篇《赞美王蒙》("In Praise of Wang Meng I" "In Praise of Wang Meng II") 的文章，其中作者之一是堪与狄更斯相媲美的美国作家霍顿斯·卡利什 (Hortense Calisher)，她曾于 1986 年来中国访问，见到了王蒙，而且在此之前她已读过"熊猫"出版的《〈蝴蝶〉和其他故事》。见面之后，卡利什感到王蒙"比一般的记者要忧伤时事，但不像其他经受过坎坷的作家那样悲苦郁闷，也没有她见到的其他作家那样呆板"。"他对自己的祖国充满了热爱，甘于奉献……同时具有广阔的世界眼光。"① 在卡利什的心目中，王蒙是一个率直之人，有一颗旷达的灵魂，充满人文情怀。另一位作者是诗人、学者威利斯·巴恩斯通 (Willis Barnstone)，出版过五部关于中国的著作。1980 年，他在王蒙参加爱荷华"国际写作计划"时与其相识，并于 1984 年至 1985 年在北京外国语学院工作期间再次和王蒙交往，成为倾心的朋友。在一次宴会上彼此有"我喜欢你"唱和。② 王蒙以自己豁达的心胸、由衷的爱国热情、真诚结交朋友的挚情，向世界彰显了中国当代知识分子高贵的人格、博大的胸怀、宏阔的气度，传递了中国当代文学的使命感、时代感和先锋性。

---

① Hortense Calisher, "In Praise of Wang Meng I", *The Nation*, Oct. 30, 1989.

② Willis Barnstone, "In Praise of Wang Meng II", *The Nation*, Oct.30, 1989.

世界的王蒙

　　王蒙的作品从 20 世纪 50 年代末开始进入英语世界，至今已有六十多年的时间。其译成英语的作品种类多，译介历时长，犹如一汪清泉，涌流不断。作为"人民艺术家"，王蒙是中国当代文学英译传播的先行者，为今后中国文学文化更稳健地走向世界提供了启示和借鉴。

王蒙作品的英译及译介策略

李萌羽* 于　泓*

作为当代最具代表性的作家之一，王蒙在七十年的创作生涯中，在中国当代文学史上留下了一笔笔浓墨重彩的印记。同时，王蒙也是一位具有世界意义的作家，其作品被译成二十余种文字，[①]译本数量颇丰，产生了重要的影响，推动了中国当代文学与世界文学的对话。但与王蒙在国内享有的盛誉相比，其作品在海外，特别是在英语世界的影响力和读者接受存在着一定的不平衡性。现有研究对王蒙作品的英译与译本的接受情况介绍较少且不够全面，缺乏从翻译视角对译本质量的评价和对译者译介策略的探讨。本文将梳理王蒙作品的英译与接受情况，考察其作品译介面临的困境及译本采取的策略，并通过分析重要译者朱虹的译介实践，探索中国当代文学在突破外译困境方面的出路。

一、王蒙作品的英译与译本的接受

王蒙作品的英译活动大致可分为三个阶段。第一阶段始于 20 世纪 50 年代末，纽约 Praeger 出版社和伦敦 Thames and Hudson 出版社同时出版了社

---

* 李萌羽，博士，中国海洋大学文学与新闻传播学院教授。

* 于泓，中国海洋大学国际交流处翻译、文学与新闻传播学院博士生。

① 温奉桥：《王蒙十五讲》，中国社会科学出版社 2019 年版，第 133 页。

会主义国家作品集《苦果——铁幕后知识分子的起义》(*Bitter Harvest: The Intellectual Revolt behind the Iron Curtain*, 1959),其中收载的唯一一篇中国作家作品就是王蒙的《组织部来了个年轻人》。[①]虽然较早获得了英语世界的关注,但由于其后王蒙淡出文坛,在新疆生活近二十年,20世纪70年代末复出后才又重新受到关注。第二阶段为1980年至1999年,《中国文学》杂志于1980年第7期发表了《悠悠寸草心》等三篇王蒙小说英译,"熊猫丛书"于1983年推出王蒙小说集《蝴蝶及其它》(*The Butterfly and Other Stories*),这些译本作为中国当代文学走向世界的先锋,为英语读者打开了了解新时期中国文学的一扇窗,也激发了英语世界主动译介王蒙的热情。随着王蒙的创作进入"井喷期",对其作品的英译日益活跃,国内译出和海外译入齐头并进。第二阶段出版、发表的英译作品共二十二部(篇),先后有二十多位译者参与译介,有以戴乃迭(Gladys Young)、梅丹理(Denis Mair)、文棣(Wendy Larson)为代表的西方汉学家译者,也有以朱虹为代表的本土译者;出版机构包括中国本土出版社、英美商业性和学术性出版社。不同性质的出版机构与不同身份的译者组合,形成了多样的译介生产模式,共同构造了王蒙作品英译的多元化图景。21世纪以降,为王蒙作品英译的第三阶段,共计出版译作十一部,其中多数为国内译出,部分为上一阶段译本的再版,与王蒙充沛的创作力相比,王蒙作品的英译有待于进一步拓展。

通过分析王蒙作品的英译历程,可以归纳出以下特点。

其一,译介体裁以中短篇小说为主,译本多采用小说集形式。题材囊括了王蒙最具代表性的中短篇创作《组织部来了个年轻人》《蝴蝶》《夜的眼》等重要作品,甚至拥有多个译本,王蒙十分倾心的微小说在梅丹理的《相见

---

① 温奉桥、张波涛:《一部小说与一个时代:〈组织部来了个年轻人〉》,中国海洋大学出版社2016年版,第180页。

集》（*The Strain of Meeting: Selected Works of Wang Meng I*，1989）中也得到了大量呈现。小说集的出版形式能够灵活捕捉并充分展现作家的创作风格与动向，较大限度满足读者对丰富性和多样性的渴求，使其在较短时间内，对王蒙形成虽不够深入但相对全面的了解。相较于译介成果丰硕的中短篇小说，其他体裁则鲜有译者涉足，收载在《雪球集》（*Snowball: Selected Works of Wang Meng II*，1989）中由 Cathy Silber 和 Deirdre Huang 合译的《活动变人形》是迄今为止唯一一部英译长篇，众多长篇和其他体裁的作品依然是亟待译者填补的空白。

其二，译本注重呈现作家的文体创新。王蒙 20 世纪 80 至 90 年代借鉴西方现代主义创作手法，形成了独树一帜的"东方意识流"，创作了一系列被称为"集束手榴弹"的意识流小说。这一时期涌现的中国当代文学英译选集多囊括王蒙的意识流创作，以展现中国文坛焕然一新的气象。例如汉学家林培瑞（Perry Link）主编的选集《花与刺》（*Roses and Thorns*，1984）便将《夜的眼》作为开篇之作；译者 Donald A. Gibbs 在译序中也特别谈到了小说对情节的摒弃、电影式的描写和内心独白等创新性叙事策略的运用。[1]"熊猫丛书"推出的《蝴蝶及其它》收入了王蒙的意识流代表作《蝴蝶》并以之作为题目，《1949—1989 年最佳中文小说》（*Best Chinese Stories: 1949-1989*，1989）则收入了《风筝飘带》。此外，王蒙的创作谈也得到了部分译介，以帮助读者更好地理解他的创作主旨和文体创新。如王蒙写于 1979 年《关于"意识流"的通信》，经 Michael S. Duke 翻译，于 1984 年发表在《中国现代文学》（*Modern Chinese Literature*）期刊上；《蝴蝶及其它》则收录了王蒙 1980 年的创作谈《我在寻找什么》，并将其作为选集的开篇。

---

[1] Perry Link, *Roses and Thorns: The Second Blooming of the Hundred Flowers in Chinese Fiction, 1979-80*, Berkeley and Los Angeles: University of California Press, 1984, p.44.

其三，题材选择与时代需求关系密切。改革开放以来，飞速发展的中国渴望被世界了解，他国读者也对中国的社会变迁和人民生活的新气象充满好奇，因而 20 世纪八九十年代中国当代文学作品的译介尤为活跃，王蒙所创作的深刻反映中国知识分子在社会剧变中夹杂着创伤、疑惧、反思、期待等复杂心理状态的作品自然成为了译介的热点。《蝴蝶及其它》在译序中称，王蒙笔下的知识分子形象具有在中国当代文学中从未呈现过的复杂性和深度，① 该译本选取的作品无一例外地展现了知识分子在理想信念受挫后的彷徨与反思，以及对中国社会的犀利洞察。《相见集》也在前言中指出，王蒙的作品"忠实、动人地反映了一代人猛烈的觉醒、跌跌撞撞的前行和理想的重唤"。② 王蒙远赴新疆的独特经历也受到了译者的关注，他对新疆人民充满温情的书写，揭开了中国广袤西部的神秘面纱，为全面了解中国提供了不可或缺的视角。新世纪以来，伴随着中国的崛起，在对外译介活动中更加注重文化"走出去"，对王蒙的外译越来越聚焦作家探讨中国文化思想的作品，如《中国人的思路》（*The Chinese Way of Thinking*，2018）和《中国天机》（*New China: An Insider's Story*，2019）。近年来，英语世界对王蒙作品的译入有朱虹、刘海明合译的《王蒙自传》（*Wang Meng: A Life*），2018 年由 MerwinAsia 出版，这部译著将作家于 2006 年至 2008 年分三卷出版的超千页的自传压缩至 350 页，作家一生跌宕起伏的经历作为一代中国知识分子的缩影，成为了译者译介的重点。

通过考察海外学者对王蒙的研究情况和读者对译本的评价，可以看出王蒙作品译本在英语世界赢得了一定的关注，但受众囿于学者群体，大众读者间的接受情况不够理想，与作家在中国当代文学中的地位及其在国内享有的

---

① Wang Meng, *The Butterfly and Other Stories*, Beijing: Chinese Literature, 1983, p.7.
② Wang Meng, *The Strain of Meeting: Selected Works of Wang Meng I*, Beijing: Foreign Languages Press, 1989, p.xii.

盛誉形成较大反差。英语世界对王蒙的研究是译本接受成效的重要方面，上世纪八九十年代，研究与译介的热潮相生相伴、互为推力，英美学者利用译本所提供的研究媒介和译者在译文内外对作品的深度解读，围绕王蒙的创作手法和其作品的社会、文化意义，进行了视角新颖、方法多样的探索，反映出这一时期译本在学者群体中较好的接受成效。新世纪以来，译本在主流读书网站上的得分与获评情况能够较为直观地反映出大众读者的态度，以美国最受欢迎的在线读书社区 Goodreads 为例，王蒙的条目下共列出 40 部作品，包括王蒙作品英译本、原著和其他语种译本，共计获得 407 次打分。其中，英译本的平均得分均在 3 分以上（满分为 5 分），有读者甚至给出满分，近两年依然有读者将其标记为"想读"的书。作为杰出的人民艺术家，王蒙的创作彰显了共和国文学的丰富性和多元性，但就其英译作品而言，不仅远没有充分展现其全貌，而且存在着一定的译介困境和挑战，从而引发我们思考，如何采取有效翻译策略打破目前的现状？如何进行突围？这些都是值得探究的问题。

二、王蒙作品的译介困境与译介策略

王蒙作品的译介受制于作家自身的创作特质。王蒙的创作扎根本土，书写中国一代知识分子在时代动荡中的遭遇与内心起伏，绝不迎合大众的阅读趣味而刻意营造跌宕的情节，而是随着创作的深入，愈加注重对作品知识性、自由性、丰富性的追求。扎根本土的题材选择和不重故事营造的创作倾向对读者和译者提出了较高的要求，既要对中国的历史、文化有相当的知识储备，又要有较强的文学鉴赏能力，因而对王蒙的作品译介存在着一定的挑战性。王蒙鲜明的语言特色更为其作品的译介增添了难度。他的语言恣肆汪洋、天马行空，特别是在九十年代的"季节"系列长篇后，王蒙进入语言狂欢的创作状态，风格日益凸显。语言特色依附于源语思维与表达方式，无法在翻译中自然传递，读者能否在译文中得见作家文风，考验着译者文学再创作的功力，需要译者在持续、艰辛的探索中反复打磨译笔。然而，多数译者对王蒙的译介浅尝辄止，缺乏对王蒙的长期关注和对其语言特色的准确把握，译本中普遍存在的对原作特质的减损，使读者低估了作品的文学价值，也难以就作家和作品形成深刻、统一的印象。

王蒙作品在进入英语世界时也面临着中国当代文学外译的普遍挑战。英美国家对翻译文学持明显的拒斥态度，翻译作品在图书出版总量中的占比较低且难以提升，这种拒斥与英语世界的文化心态有关。"当一种文化处在转型期，也就是当其正在扩张、需要更新或即将步入革命阶段时，会出现大量的翻译活动"，[1] 而对于长期处于强势地位的英语文化来说，翻译的作用则不被强调，这使位于世界文学版图边缘的中国文学向英语世界逆势而上的译介困难重重。最突出的挑战来自英语世界以读者为导向的出版文化，汉学家白睿文（Michael Berry）曾提到，在美国，即使是知名作家，有时也需听从编辑基于对读者接受的预判而提出的意见，对作品进行修改，甚至改变情节走向和故事结局。[2] 足见对读者体验与偏好的重视。中国当代文学作品常因陌生的社会语境和意识形态冲突使出版机构对读者能否接受心存疑虑，译作通常无法在不断适应读者口味的调整过程中完成，也并非所有作家都愿授权译者对作品进行任意改动。由于语言障碍和知识背景的缺乏，英语世界的读者大多需要依靠译者与出版机构对作品的择取，为引发阅读兴趣，译作常以跌宕的情节、精彩的故事为卖点，无形中降低了读者对作品文学价值的期待，

---

① Susan Bassnett, *Comparative Literature: A Critical Introduction*, Oxford UK and Cambridge USA: Blackwell Publishers, 1993, p.10.

② 吴赟：《中国当代文学的翻译、传播与接受——白睿文访谈录》，《南方文坛》2014 年第 6 期。

导致英语世界对中国当代文学的整体评价提升缓慢，受众群体难以扩大。

译本能否突破作品特质与接受环境所形成的内外部双重困境，与译者采取的译介策略密不可分。其中，译材的择取和翻译实践中的具体策略是两个重要方面。王蒙的英译者在选材上侧重作家的文体创新，翻译上有"厚译"和"删减"两种倾向，译本呈现出截然不同的整体风格。以美国汉学家文棣翻译的《布礼——一部中国现代主义小说》（*Bolshevik Salute: A Modernist Chinese Novel*，1989）为例，译者仅选取了中篇《布礼》，将其作为"首部英译中国现代主义小说"推介给读者。文棣采取了明显的厚译策略，为克服两种语言文化间不对等所造成的障碍，通过大量加入副文本，为读者提供充实的背景信息。译文将读者带入陌生化的社会历史语境，以文外加注的方式对历史人物与事件等进行详细说明，辅助读者领略作品全貌。文棣还结合自身对中国当代文学的研究，为译本撰写了前言与后记，前言介绍了中国20世纪文学的发展历程，着重阐述了现代主义在中国的兴起，以及《布礼》作为中国本土现代主义先驱之作所享有的开创性意义。译文后附学术文章《中国知识分子与消极的自我界定》，进一步分析了《布礼》的现代主义技法、结构与主题，探讨了逻辑和情感作为支配人物对待世界的两种方式间的矛盾冲突，以及语言在建构真实方面的可疑性。副文本的设置考虑到了不同类别读者的需求，前言和注释为多数大众读者提供了足够的背景知识，附文解读则是译者与同行学者或希望深入了解作品内涵的读者的对话。《布礼》译本忠顺的风格和过硬的文字质量得到了肯定，王蒙亲自为译本作序，感谢文棣将这部"叙述内心体验历程的小说"译成英文，让读者"体验一下这独特的遭遇"。① 汉学家傅静宜（Jeannette L. Faurot）盛赞文棣的翻译"准确地反映

---

① Wang Meng, *Bolshevik Salute: A Modernist Chinese Novel*, Seattle and London: University of Washington Press, 1989, p.ix.

了原作的风格与内容，对西方读者不熟悉的名字和术语进行了有益的注解，附文解读引人深思当代中国知识分子所面临的重要问题"。①

但同时，《布礼》译本也招致了贬抑。《弗吉尼亚评论季刊》称《布礼》为一部"彻底的中国式小说"，认为其中陌生的社会时代背景、人物的观念习惯和直露的情感表达使读者深陷困惑，并特别指出将"现代主义"作为卖点并不成功，以西方现代主义的标准衡量，读者会认为这部作品乏味、浅显、缺乏创新性。②《布礼》作为一部易与西方读者发生意识形态冲突的作品，无疑是个极具挑战的选题，译者以西方读者熟知的现代主义作为突破口，试图拉近读者与作品间的距离，但也特别在前言中说明小说所面临的两极分化的评价，即有人将其视为具有变革意义的现代主义实验之作，也有人将其视为只有时序错置的典型现实主义创作，提醒读者在阅读中做出自己的判断。但多数并不了解中国文学的普通读者会自然地动用以往的阅读经验，将作品视为对西方现代主义技法的模仿，难以将其置于中国当代文学环境中考察并体会其开拓性。评论中对译者的厚译风格也不乏贬抑。《柯克斯书评》指出，文棣遵循了最糟糕的学术传统，通过大量注解，试图将小说拆解后重构，使读者难以真正体会王蒙在形式上的创新。③厚译注重作品的学术价值，拒绝删减、绕行，能够最大程度地保留作品的文化内容，为海外研究提供准确可靠的资料，但却并非再现原作文学审美性的最佳途径，过于侧重内容、有时甚至亦步亦趋的翻译风格难免造成文字的滞重和对原作形式的损耗，繁复的

---

① Jeannette L. Faurot, Reviewed Work（s）: *Bolshevik Salute: A Modernist Chinese Novel* by Wang Meng and Wendy Larson, *Chinese Literature: Essays, Articles, Reviews*（Dec., 1991），p.178.

② Hardy C. Wilcoxon, Jr., The Ties that Bind, *The Virginia Quarterly Review*（Autumn 1991），p.761.

③ Kirkus Review: *Bolshevik Salute*, 引 自 https://www.kirkusreviews.com/book-reviews/a/wang-meng-2/bolshevik-salute/.

注解则会不断打乱读者的阅读节奏，加重理解负担，进而影响整体的阅读体验。

由戴乃迭等九位译者合译的《蝴蝶及其它》是另一类译介策略的代表。译本囊括了王蒙的成名作和重要的意识流中短篇，选材丰富且具有代表性，能够全面地向英语读者展现作家的创作风貌，较之于专注某一特定作品的译本选材来说更易吸引读者。译本采用了"删减"的翻译策略，为保证译文的整体表达效果，译者省略了原文中大量的修饰、铺陈排比，文字晓畅灵活；删除了无益于直接推动情节发展的内容，使故事更紧凑，脉络更清晰；对带有政治和地域元素的内容进行了删减或解释性翻译，对文化负载信息量大的段落进行了编译。有读者评价译本为了解中国提供了"非常有趣且独特的视角"，并称赞王蒙的写作才华，特别是在人物塑造方面的能力要远超中国同时代作家。[1] 可见译本在选材和接受方面取得了成效。正如有的学者曾指出的那样，在中国文学"走出去"的初期阶段，帮读者剔除了阅读障碍的译本，甚至是编译、节译本，往往收效更佳，作为较早走出国门的中国当代小说译本，《蝴蝶及其它》满足了短期内向英语世界宣传推介中国当代文学的需求。

然而，此种翻译策略终究是译者在原作语言特色和文化内涵的围追堵截下采取的权宜之计，不可避免地以损害原作叙事风格和文化旨趣为代价，使译文无法成为在文学审美价值上足以与原文匹敌的作品，使读者难以走近、理解王蒙。以该译本中最重要的《蝴蝶》为例，译者戴乃迭为突出小说的故事性，删除了她认为可有可无的内容，特别是人物较为发散的思考与回忆。例如：张思远在去往山村的途中突然想起过去视察时路遇灰兔的经历，从灰

---

① Joseph L. Reid: Review on *The Butterfly and Other Stories*，引自 https://www.goodreads.com/book/show/238277#CommunityReviews.

兔闯入车灯的光柱，在疾驰的车前惊慌奔命，到最终逃过一劫，小说对这一插入式回忆进行了细致描写。灰兔遇险时的仓皇和得救时的侥幸亦如张思远在政治生涯的大起大落中深刻体验过的惊惧与如释重负。灰兔的细节作为重要的隐喻，为中文读者津津乐道，而译本却将本段全然删去，虽然内容的衔接依然顺畅，但却尽失原文在人物情感递进方面的巧思，使译语读者难以深入人物内心。对故事性的追求难免以忽视文学细节为代价，除有意的删减外，译文还存在几处明显的错译。译者对原作语言风格的处理也显得谨小慎微。考虑到英语读者的阅读习惯，译文刻意淡化了原作充满情感起伏的语言特色。《蝴蝶及其它》的删减策略折损了原作可贵的文学审美特质，违背了王蒙"不要故事只要生活事件，不要情节只要情景"的创作理念，[1] 也使译本丧失了丰富的选材所带来的优势。经过译者们的简化和过滤，承载着作家探索与创新的八篇作品留给读者的却是重复、刻板的印象。有读者认为该译本未能达到阅读期待，"故事乏味、千篇一律"。[2]

《布礼》与《蝴蝶及其它》作为现有译本普遍采取的两种译介策略的代表，无疑是推动王蒙作品走向英语世界的有益探索，但均存在明显不足，未能达到最为理想的收效。由此可以看出，译本选材能否真正激发读者兴趣，翻译实践能否在增与删、忠实与叛逆间达到良好的平衡，是突破译介困境的关键。

三、突破困境的译介策略探索

厚译与删减分别代表着文学翻译中由来已久的异化与归化倾向。前者力求贴近原文，保持译作的忠实、完整；而后者注重读者，以顺畅的阅读体验

---

① 郭宝亮：《王蒙小说文体研究》，北京大学出版社 2006 年版，第 71—72 页。

② Dan Dwgradio: Review on *The Butterfly and Other Stories*，引自 https://www.goodreads.com/book/show/238277#CommunityReviews.

为首要考量。需特别注意的是，异化与归化并不是非此即彼的，任何合格的翻译实际上都是两者的结合，是不断在原作和读者间寻求平衡的结果。异化与归化与其说是译者刻意奉行的翻译准则，不如说是译本在历经译者反复权衡后呈现出的整体倾向，而真正优秀的译本自然是合理、巧妙地平衡了两者的"融化"之作。虽然王蒙作品英译本的整体接受情况尚不理想，但我们可以从少数进入英美主流销售渠道并在读者间产生良好反响的译本中找到趋近融化境界的成功之作，并探索译者在融化理念驱动下采取的有效的译介策略，作为推动中国当代文学突破译介困境的可行路径。

朱虹是王蒙作品最重要的英文译者之一。20 世纪 80 年代起，她以独到的视角和极富个性的译笔，将大量中国新时期小说译入英文，译本获得了广泛的认可和赞誉。朱虹对王蒙的译介横跨三十余年，是唯一一位持续关注王蒙创作的译者。她编译的《中国西部小说选》（*The Chinese Western: Short Fiction from Today's China*）收录了王蒙的短篇《买买提处长轶事》，1988 年由美国 Ballantine Books 出版后，又于次年由英国 Allison & Busby 以《苦水泉——中国当代短篇小说选》（*Spring of Bitter Waters: Short Fiction from To-day's China*）为题再次出版，后经转译在雅加达出版印尼文版。1992 年，朱虹在美国著名文学杂志《巴黎评论》发表王蒙的《坚硬的稀粥》译作。1994 年，纽约 George Braziller 出版社推出了由朱虹选编、多位中外译者合译的王蒙小说选集《坚硬的稀粥及其它》（*The Stubborn Porridge and Other Stories*），汉学家金介甫（Jeffrey Kinkley）评价这部选集"编辑、翻译得非常好"。[①] 该选集在 Goodreads 上的得分在王蒙作品英译本中遥遥领先。同时，该选集为英语世界的王蒙研究提供了宝贵的资料与视角。《王蒙自传》是朱虹最满意的

---

① 金介甫：《中国文学（一九四九——一九九九）的英译本出版情况述评（续）》，《当代作家评论》2006 年第 4 期。

译作，历经多年打磨终于于 2018 年由 MerwinAsia 出版，文棣评价这部译作"非常值得一读"，"编辑和翻译都很出色"。[1]

朱虹综合了多种类型译者的优势，既有本土译者对源语文本的准确理解和推动中国文学走向世界的热情与责任感，又有近乎英文母语者的语感和对读者阅读习惯、审美趣味的把握，还有学者型译者对文学问题的敏感和对作品的深入阐释。朱虹将"融化"理念充分融入译介的各个环节，她的译本得到了读者的青睐，拥有着持续的生命力，为我们研究以融化为导向的译介策略提供了优秀范本。

译材选择作为译介的第一步，是决定译本能否吸引读者的关键。朱虹善于从中西文化、历史、社会的交汇处选取切入点，挑选和组织译材。《中国西部小说选》所突出的"西部"和"西部小说"是中美两国都有的地理、历史和文学概念，朱虹在译序中指出"中国西部"与"美国西部"在迥然不同的时代环境下，显现出惊人的相似，两国的"西部小说"都记录了重大的时代变迁，探讨了变迁背后的意义，并提到中国年轻一代西部作家对美国西部作家的借鉴。[2] 读者对翻译文学的排斥很大程度上出于对陌生文化的拒斥，朱虹借由英语读者熟知的"西部"概念，让读者带着中西比较的眼光，踏上一段富有探索和发现乐趣的阅读旅程。这部选集不仅向读者推介了王蒙等一批书写中国西部的当代作家，也实践了文学翻译推动文化间对话的最高理想。

朱虹的译材选择也离不开她对文学潮流的敏锐观察和精准把握。《坚硬的稀粥及其它》囊括了足以代表王蒙八九十年代最具代表性的意识流作品和先锋实验小说，向读者全面展现了这一时期中国文坛求新求变的渴望和锐意探索的成果。朱虹以灵活生动的译文，再现了她所解读的王蒙笔下一个个

---

[1] Wendy Larson, Book Review, *The China Journal*（January 2020），p.201.

[2] Zhu Hong, *The Chinese Western: Short Fiction from Today's China*, New York: Ballantine Books, 1988, p.viii.

"急于逃离过去，又不知前路在何方的人物"，认为他们"集希望、欢喜、坚韧、反抗、沮丧、怀疑、焦虑与困惑的'辩证的荒诞主义'"，[①] 呼应了20世纪世界文坛不断涌现的米兰·昆德拉热，使英语读者自然地联想到昆德拉在创作中反复探索、只可意会不可传译的心理状态"力脱思特"。文学潮流反映着特定时期作家的创作喜好和读者的阅读口味，朱虹对文学动态的迅捷捕捉和在译作中对文学潮流的呼应，既能及时满足读者的需要，又有助于中国文学与世界文学的交融互鉴。

朱虹的译材选择也极具个性化，她依据自己的阅读经验对作家的译介潜力做出判断，选择与自身精神气质相通的作家和与自己译笔风格相契的作品。出生于1933年的朱虹与王蒙同为见证共和国诞生与成长的一代，对王蒙作品中的经历有着格外深刻的体认。朱虹高度评价王蒙的个人品质，称王蒙"有智慧，有自嘲，有超越，很乐观，很坚强""是个有个性的人"，也非常认可王蒙的创作才华，特别是他极富奥妙的语言。她坦言："我写不出那样的小说，但可以做翻译，让外国人更多地了解他。"对作家的认同和对作品的欣赏让朱虹在翻译实践中以母语读者的姿态，借由译文与读者真诚分享"发现的喜悦"[②]，这样的译文往往更富感情、更有温度。

融化的选材是助力朱虹译本走进读者视野的前提因素，真正决定其译本收效的是她在译文中营造出的融化效果。《坚硬的稀粥》是朱虹认为最难译的一篇小说，作品整体的讽喻基调，叙述人幽默、夸大的词句，众多的人物及其千变万化的立场、语气、情感，还有丰富的历史、文化元素，无一不考验着译者"融化"的功力。但《坚硬的稀粥》也是朱虹最出色的译作之一，王蒙曾向她转述读者对此译文的评价，称朱虹翻译得"很有味儿"。[③] 这句

---

① Wang Meng, *The Stubborn Porridge and Other Stories*, New York: George Braziller, 1994, p.5.

② 舒晋瑜：《朱虹：我吃亏在英文比中文好》，《中华读书报》2018年2月28日第018版。

③ 穆雷：《翻译与女性文学——朱虹教授访谈录》，《外国语言文学》2003年第1期。

简单却有分量的褒奖足见译者不但讲好了原作的故事，更充分再现了其中蕴藉的审美特质。我们不妨以这篇译作为例，聚焦译文对作品语言风格的再塑，分析、归纳朱虹在翻译中用以实现融化效果的具体策略。

朱虹的译文处处展现着重构原作语言特色的巧思，融中式表达于英文语境，化中国文化于英文思维。《坚硬的稀粥》尽显王蒙的语言才华，小说中充满典型的"并置式语言"，即将众多意思相同或相悖的词语大量排列在句中，[①] 显现出独特的气势与韵味。朱虹对千变万化的词语组合、叠加进行了合理、适度的归化，她常能找到英文中意义相近的惯用表达，如"既喜且忧"（"a mixed blessing"）、"落后于时代"（"living in a time capsule"）、"脱缰野马"（"a galloping fire"）、"掏心窝子"（"returned trust for trust"）、"庸人自扰"（"much ado about nothing"），[②] 使译文更流畅、精道，又不失原文的力度。在处理结构松散的语句时，朱虹会通过大幅调整语序，使译文的叙述重点更突出，更符合英文的表达习惯。为进一步方便读者理解，朱虹甚至会调整句子位置或重新划分段落。此外，朱虹还积极融汇具有相似语言特色的英语作家的行文方式。例如：她借鉴了美国作家华盛顿·欧文在《纽约外传》中的笔调，"采用了不歇气的长句子和有失比例的大字眼儿去表达原文中的夸张、机巧和那股滑稽模仿的傻劲儿"，[③] 将原文风格更自然地切入英文。

有研究认为朱虹译本的成功主要源自译者游刃有余的归化译法，但实际上，朱虹并非一味追求译文的地道、易读，尤其是对待带有中国特色的内容时，她很少选择绕行。朱虹常不避异化色彩，对富于文化意趣的内容予以

---

① 郭宝亮：《王蒙小说文体研究》，北京大学出版社 2006 年版，第 34 页。
② 所有译例均出自王蒙：《王蒙文集：短篇小说（下）》，人民文学出版社 2014 年版，第 248—265 页；英译文均出自 Wang Meng, *The Stubborn Porridge and Other Stories*, New York: George Braziller, 1994, pp.8-38.
③ 穆雷：《翻译与女性文学——朱虹教授访谈录》，《外国语言文学》2003 年第 1 期。

完整保留，如"假传圣旨"（"fabricating the edict of the Emperor"）、"滋阴壮阳"（"nurturing the yin and energizing the yang"）、"山珍海味"（"a gourmet feast of all the delicacies extracted from seas and mountains）、"醍醐灌顶"（"It was as if an enlightening fluid had been injected into our brains"）等，有时看似不必要地译出了词语中的意象，却以恰到好处的力道还原了作者在文字间刻意营造出的荒诞、戏谑之感。对中国当代社会特有的、特别是带有政治色彩的字眼，朱虹会在保证英文表意顺畅的前提下尽量沿用中文的表述方式。朱虹也很少删减或模糊处理读者无法直接领悟的文化内容或微妙细节，而是通过简短的脚注与读者说明原作中对社会现象、政治标语等的影射，或通过文内解释的方式进行化解，如"'四二一'综合症"（"Four-Two-One Syndrome"）、"美国的月亮比中国圆主义"（"the fallacy that the moon over the U.S. is rounder than it is over China"）等当时中国社会的独特现象，译者在直译的基础上，将前者进一步解释为"four grandparents and two parents revolving around the single child"（祖父母和父母围着一个孩子转），将后者解释为"the Blind Worship of Things Foreign"（盲目崇拜国外事物），使读者既接触得到富有趣味的源语表达方式，又不以牺牲理解为代价。

关于如何平衡归化与异化两种倾向，翻译家叶子南有一段精辟的论述："该归化且能归化时归化，该异化且能异化时异化，归化的程度因语境而异，异化的深浅随场合而定"。[①]朱虹的翻译实践正是对这段话的完美诠释。但她并未止步于此，而是在充分平衡两者的基础上，进行了不逊于原作的大胆的语言试验，融自身创作才情于译文，以英文鲜明地塑造出一套王蒙的笔墨。朱虹的选词富于创造性，她认为王蒙的文字是自我指涉的，能够四处游走、引人注意并派生意义，于是她并未对应着将小说题目中的"坚硬"译为

---

① 　叶子南：《回旋在语言与文化之间——谈翻译的两难境地》，《博览群书》2002 年第 10 期。

"hard"，而是选择了富于人格化的"stubborn"，其中蕴含着的强硬、执拗、棘手等多重意味与小说主题完美契合，奠定了译文讽喻性的基调。朱虹在遣词造句方面下足功夫，有时为达到与原文同样强烈的讽喻效果，不惜在特定位置做加法，如：老保姆徐姐操持家务数十年，全家敬重，地位特殊，堂妹指责妹夫轻视徐姐，称他在大家族中"还没徐姐要紧"。如果紧贴原文译作"You are no more important than Elder Sister Xu"，就表示徐姐与妹夫同属外姓，在大家族中地位都不高，这显然不符合说话人的原意，朱虹将此句译为"You are not worth Elder Sister Xu's litter finger"（你连徐姐的小指头都不如），看似加入了不必要的成分，背离了原意，实际上却更忠实地还原了人物的语气和情感。

当然，朱虹的译文并非无懈可击，文中同样存在少量细节上的误译，也有几处显现出译者的过分解读。但瑕不掩瑜，朱虹的翻译融中英两种语言特色于一炉，平衡了语言风格的再现与忠实度、故事性、读者体验等方面的关系，实现了良好的融化效果，值得中国文学译者借鉴。

王蒙作品进入英语世界已有六十余年，译本数量颇丰，风格多元，在英语世界产生了较为广泛的影响。但多数译本受众群体有限，大众读者的接受情况不够理想。面对王蒙作品特质和接受环境所造成的译介困境，译者采取了以厚译和删减为代表的两种策略，译本呈现出鲜明的异化或归化风格，两者虽在突破译介困境方面取得了部分预期收效，但均存在对原作文学与文化价值的损害。本土译者朱虹的译本进入英美读者的视野并获得好评，她在译材选择上注重在中西文化交融处找到合适的切入点，消解读者对异质文化的拒斥，并积极融入自身对文学潮流的把握和对文学作品的体验，在翻译过程中合理地结合了异化与归化策略，既照顾了译语表达习惯与读者感受，又平衡了对原作内容与风格的忠实，充分保留与再现了作品的文学审美价值和文化内涵，使译本实现了较为理想的"融化"效果，为中国当代文学作品的译介提供了成功范本。

第二篇

出访

一、亚 洲

王蒙在印尼

［印尼］ 马咏南＊ ［印尼］ 袁　霓＊

一、王蒙与印尼作家、读者的交流

2005 年 7 月 1 日中午一点，王蒙一行受邀访问印尼雅加达 Taman Ismail Marzuki 文化馆。馆内有 HB.Jasin 档案中心、电影院、剧院、天文馆、咖啡座、图书馆、贩卖部等。

印尼著名文化人兼美援环保计划联络人 EkaBudianta 先生主持在 HB.Jasin 档案中心举行的王蒙介绍会。当时，慕王蒙大名而来的，有印尼作家、诗人、话剧演员以及新闻界的朋友们。

正如 Eka 先生在开场白所言，打开中国网页人名录，用汉语拼音的 Wang Meng 去搜有 260 万个人，但真正著名的 Wang Meng 只有一位，就是今日坐在面前的作家王蒙。百闻不如一见，今日有幸见面，请王蒙赐教有关文学创作的心得，尤其是王蒙著名的四部曲：《恋爱的季节》《失态的季节》《蹉跎的季节》《狂欢的季节》。

席上多数是文化人，故他们急着问王蒙，中国作家协会有多少会员？答

＊ 马咏南，印尼华裔妇女协会主席。

＊ 袁霓，印尼华人作家协会主席。

案是六千多人。而在印尼作协会员不过两千人。

王蒙认为作家多半是浪漫主义者或理想主义者，在现实生活中喜欢发牢骚。尤其青年作家，心高气盛，等到似他71岁了，才学会了平衡自己的情绪。

1982年，王蒙去纽约附近的Virginia，碰到美国92岁高龄文坛祖母级的Lilyan Helmen，她曾五次去莫斯科。王蒙告诉她通过写作搭起心灵的桥梁，她回应道："我不相信，这是胡说。"王蒙一笑置之，不想与长者争论。分手时，两人互相拥抱，王蒙还亲吻了她。果然此一吻胜过滔滔雄辩。事后她兴奋地打电语告诉友人："I have a chinese boy friend."（我有一位中国男朋友）。王蒙将以上经验分享给大家，并说很愿意通过他的作品亲吻每个在场的男女朋友。听众报以热烈的掌声，叫好。

2005年7月2日王蒙在印尼华文写作者协会作《文学与生活》的讲座，讲座结束后王蒙接受主办方赠送的"文坛泰斗"条幅

有人问起王蒙有关新出版的自传《我的人生哲学》销售量已 30 万本，也译成日、韩等国文字，请王蒙说出秘诀，分享此成功经验。

王蒙诚恳地回答，《我的人生哲学》是讨论人生的遭遇，其中有艰难和不公正的待遇，如何在恶劣形势下保持乐观的心情。五年前，我写这本书是为了回答朋友的询问：我是如何面对人生的困难？连德国学者也曾对我说："你的经历若发生在我身上，我会自杀！"此一连串之询问，激励我写《我的人生哲学》，告诉人们在面对困难时要乐观坚强，第一不要自杀，第二不要变疯。

一位印尼作家也坦白地告诉王蒙，印尼作家约有两千人之多，但生活不尽如人意，缺乏政府津贴。请问在什么制度下才能诞生伟大的作家？好的作品是在什么条件才能产生？"文化大革命"能否出现大作家？

王蒙认为，伟大的作家并不是在特定的制度下才能诞生。在社会主义国家有伟大的作家，在资本主义国家也有伟大的作家；在封建的清朝也有曹雪芹写出《红楼梦》巨著，这部作品与作家的伟大，与满清皇朝根本没有关系。作品的好坏与作家的伟大或不伟大，不是靠什么制度，而是因为作家本身具备了伟大的条件。若缺乏此条件，不论处于什么制度，也是伟大不起来。生活虽不尽如人意，请不要怨天尤人，一切都会改变，祸福总是相依。王蒙说："在最坏的二十多年，我曾经停笔，我的写作是停停写写，但是我的思考从未停止。人要不断地思考才能求变：要把不好的变成好的，把好的变成更好。"

女诗人 Diah Hadaning 很关注中国女作家的状况，她问在创作过程中她们遇到什么难题？作品之主题又是什么？王蒙答：目前中国有许多优秀女作家，其作品的主题很广泛，有反映中国历史的进程的；也有反映性别歧视、批评男权社会的；甚至有的女作家很大胆地描写性问题。在创作过程中她们遇到双重身份要兼顾的难题。

有人问目前世界的潮流是自由主义泛滥，性自由充斥各国文学。印尼作家想知道中国政府如何面对自由与性文学之冲击？

王蒙说，中国早在 1919 年五四运动时，就开始有扫黄运动，不允许用露骨的语言描写性交与性器官。但是有些禁令对未成名作家是行得通，面对大作家就不好办。他们往往借口艺术上的需要或审美而必须写性文学。区别在于写的粗俗或优美。

Usman 先生擅写儿童作品，问王蒙中国作家是否能依靠稿费来维持生活，请告诉秘诀。

王蒙用简单的语言回答说，只要作品畅销，就有好的稿费来维持生活。在中国作家里如余秋雨已列入财富标志的有钱作家排行榜。当然在中国也有不著名作家，不仅拿不到稿费，还得先交钱才能出版书，因为出版社担心卖不出去。是故得靠作家的努力，使作品畅销。

Sides Sudarto 以自身的经历为例说，印尼文学家是不能以文养活自己的，必需兼职其他二三个职务才能养家，尤其是单靠写诗的作家，一贫如洗。他以诙谐的口吻说："作家有钱是因为不写文学作品，写文学作品的作家就是没有钱。"

王蒙也以幽默的语气回答：在中国有句笑话，现在写诗的人比读诗的人多。在中国有许多退休人士，好舞文弄墨，以写古代诗词来怡情养性。其他国家，如德国总理施罗德和王蒙一起吃饭时也曾说，在德国现在写诗的人比读诗的人多。是故，识时务者为俊杰。因为单靠写诗收入低，非饿肚子不可，所以要会改变现状，作品要多元化，并努力使它畅销赚钱，这样就不愁养家了。

Antara 通讯社记者见王蒙这么健康，就问他是否练太极。王蒙简单地回答："我喜欢运动，因为生命在于运动。"

一位年轻人愤愤不平地问道：王蒙的四部曲或其他著作没有译成印尼

文，我们未曾读过，岂能在这里讨论其作品。我只知道有中国摩托车和杂货，不知道中国的文学作品，印华作家们为什么不做翻译工作？

当场就有袁霓澄清此错见，告诉此青年人，印华作协已做翻译工作，已有五十多本书翻译成印尼文，或由印尼文译成中文。

而王蒙的回答更诙谐真诚，他说："我很惭愧，我已吃过印尼的虾饼，也喝过印尼的咖啡，今脚踏印尼的大地，但我对印尼文学了解不多。从今以后，让我们共同努力，互相了解彼此的文学。"

此温馨的回答，带来热烈的掌声，Eka Budianta 先生也宣告交流会到此结束。

临别时印尼作家们也纷纷提问，什么时候能见到王蒙最新作品的印尼文版？

二、王蒙参观印尼名胜古迹

讲座结束之后，袁霓与冬珍在副主席许鸿刚先生的支持下，陪着王蒙伉俪、秘书彭世团先生前往日惹古城，参观世界七大奇迹之一婆罗浮屠佛塔。婆罗浮屠建于 750 年至 850 年之间，于爪哇夏连特拉王朝（Sailendra Dynasty）时期兴建。

婆罗浮屠佛塔曾经被火山灰掩埋了五百年，20 世纪初才被发现并进行了重新挖掘和修复。有时想想，幸好被掩埋了五百年，不然在风雨摧残下，后人可能完全无缘亲眼见证古人的伟大。现代人保护古迹的意识强烈，也有很好的保护和修复技术，相信婆罗浮屠佛塔会一直伫立在山顶上。

参观完日惹婆罗浮屠、普兰班南印度神庙、日惹王宫，我们又飞到了巴厘岛。巴厘岛是印尼著名的旅游胜地，景色宜人，特别有情调。早上去旅游，晚上我们有时间向王蒙请教，围着他，听他讲文学，讲他的红楼梦，讲他在新疆的故事、人生经历和对事情的态度，真是获益良多。

从巴厘岛回来后，雅加达的文友们在许鸿刚副主席的召集下，安排了一个欢送会。很多文友依依不舍，都赶来了，想跟王蒙多聚聚。

袁霓最高兴的是，王蒙回去后不久，她就收到了王蒙夫人方蕤女士的大作《我的先生王蒙》，更进一步认识和了解了王蒙。

三、印尼华人文坛思念朋友王蒙

王蒙访问结束后，2005 年印尼华人作家主席袁霓曾专门写过文章《友谊不必友谊》，思念王蒙。

当我们认识的人越多，世故的笑容看得越多，圆滑的话语听得越多，内心的孤寂就越来越深。我们无法在点头微笑、握手寒暄、你来我往的赞美声中，找到一个能与你分享喜怒哀乐的真正的朋友。

有一位朋友对我说："如果你的秘密不想让人知道，就连你最好的朋友也不可说。"

"这不可说"，真是"一针见血"看透人性，让人颤栗。因为防备，所以我们处处小心；因为不信任，所以我们无法敞开心扉，因为如此，所以我们活得疲惫。

当我回望我走过的几十年的路，每一段路，都有不同的朋友在陪伴；每一个时期，总有一批又一批的朋友共同踏步。我庆幸，我并不曾孤独过。

虽然朋友满天下，可是我珍惜的却仍然是从小一起游戏，一起成长，一起迈向壮年，希望还能一起迈向老年的几个真正可以倾心以待、置腹论事的朋友。因为他们，让我感到友情的温馨。悠悠岁月，在我们的谈笑间，弹指而过。当我们互相凝视，看到日月风雨在我们脸上留下了痕迹、看到当年浓密的黑发被岁月染成银白，这么漫长的日子啊，我们仍然是推心置腹的好朋友，感激感恩的心情就在心中回荡。

曾经陪着中国著名作家王蒙去到中爪哇的日惹，摸着婆罗浮屠佛塔的浮雕，仿佛走进千年的历史；曾经陪着王蒙在诗情画意的巴厘岛，渡过一个浪漫的夜晚，那一个千盏万盏烛光摇曳的海滩，乐队为我们演唱"美丽的梭罗河"，那美妙的歌声感动了我们这一群人。

王蒙赠给我们一首"友谊"，细细咀嚼，它是那么耐人寻味：

> 友谊不用碰杯
>
> 友谊不必友谊
>
> 友谊只不过是
>
> 我们不会忘记

语淡而隽永，真正的友谊就是这样淡而恒久。

我们无需每天相聚，但是知道在某一处，有人在关心；

我们无需每天电话联络，但是知道，只要我们需要，电话的另一端有愿意倾听心事的耳朵，为你解忧，为你叹息，为你快乐；

我们无需誓言肝胆相照，我们无需拍肩揽颈，但是知道，在最需要的时候，真正的好朋友会出来为你讲话，一句出自内心真诚的话，将会胜过世上的千言万语。

好朋友是，一个眼神，一个动作，就充满了解。

好朋友是，酷热天气下的一滴甘露。

好朋友是，越久越浓越醇的佳酿。

好朋友是，不管多久没见面，仍然心灵相通。

好朋友是，不管你在何方，偶尔想起，仍然牵挂。

好朋友是，我们不会忘记。

（此文是根据印尼华裔妇女协会主席马咏南的《王蒙在印尼》、印尼华人作家协会主席袁霓的《王蒙先生来印尼》《友谊不必友谊》三篇文章编辑而成）

王蒙在马来西亚

[马来西亚] 戴小华*

马来西亚是最早和中国建交的东盟国家，王蒙与马来西亚的缘分始于1993年。他先后四次来马，主讲了八场讲座，并受邀担任《马华文学大系》推介仪式的主礼嘉宾。他的足迹遍及西马的吉隆坡、槟城、马六甲、新山及东马沙捞越的诗巫、古晋等城市，深受当地读者喜爱与尊重。此外，他还两次受邀在线上与马来西亚的文学爱好者交流。

王蒙不仅与马来西亚有着深厚的情谊，而且为推动中马文化交流作出了重要贡献。

一、担任花踪文学"悠悠寸草心"系列讲座主讲（1993 年）

1993 年 3 月 29 日至 4 月 4 日，王蒙受《星洲日报》之邀为花踪文学"悠悠寸草心"系列讲座主讲。王蒙伉俪当天早上 10 点 30 分抵达吉隆坡梳邦国际机场，受到《星洲日报》时任总编辑刘鉴铨、时任市场开发及公关经理叶茂和、时任文教组主任萧依钊、时任中国驻马大使馆一等秘书李家禄以及时任《华校生》主编张千玉等的热烈欢迎。

接着，一行人前往《星洲日报》总社与该报同事进行交流。王蒙不仅是

---

* 戴小华，马来西亚华人文化协会总会长。

杰出的作家，也是幽默大师，即便他被记者问到严肃及尖锐的问题，仍能以他的智慧和幽默化解。

　　午餐后，他提出要去拜访阔别已久的父辈傅吾康教授。傅教授是德国著名的汉学家，曾经和王蒙的父亲设立中德学会，并出版过《中德学志》。傅教授曾经编过多本历史书籍，包括主编《印度尼西亚华文铭刻汇编》及合编《马来西亚华文铭刻萃编》。他在 1963 年还协助马来亚大学开办中文系，并担任过该校中文系教授。

1993 年 3 月 29 日王蒙在马来西亚傅吾康家中。居中者为王蒙夫人崔瑞芳

　　据王蒙说，王蒙的父亲王锦第曾参与傅吾康设立的"中德学会"一些学术活动。小时候，年轻的傅叔叔曾将他扛在肩膀上玩，至今他俩已有三十多年没有见面。傅的女儿在北京时，听说王蒙受到新加坡文化部艺

术委员会邀请，便告诉了爸爸，因而傅教授便推动了星洲日报邀请王蒙来马。

据当时《星洲日报》的新闻报道，他们在傅教授住所，兴致勃勃地闲话家常，从近况、生活点滴到回忆往事，逗留了大约一个半小时，才依依不舍道别。临走时，傅教授表示将会出席聆听王蒙在吉隆坡的讲座。

第一场讲座：《当你拿起笔——作家与社会》

主办：星洲日报

时间：3月30日晚上7点30分

地点：马华公会大厦礼堂

第二场讲座：《悠悠寸草心——王蒙的创作道路》

主办：星洲日报、光明日报及槟州华人大会堂文教组

时间：3月31日晚上7点30分

地点：槟州华人大会堂

第三场讲座：《文学的诱惑》

主办：星洲日报及宽柔校友会

时间：4月1日晚上7点30分

地点：宽柔中学图书馆冷气讲堂

时任星洲日报社长张晓卿在主持开幕式时，感谢王蒙能够接受星洲日报邀请，出席这项具有特殊意义的讲座会。他形容王蒙是一名阅历丰富、才华横溢、勇气过人和坚持理想的作家，我们应该从他身上，获得最大的启示、教育和鼓舞。

王蒙以他简练的语言，说出了文学和社会的关系。他说，自古以来，文

人就有这样的心愿："穷则独善其身，达则兼济天下。"文学家应该承认文学对社会的直接作用是有限的，伟大的作品能为国家增添光彩，但是不能企图通过文学直接改变社会。

他也说，文艺创作的总体表现，不仅是一个民族精神活力的表现，也是一个民族最富于创造力、想象力、探索精神、才华智慧和内在激情的文化载体。"如果文艺气氛沉闷、单调和浅薄，将代表着民族生机的扼杀和精神的贫困。所以，作家的自我鞭策和努力，坦荡和开放的胸怀，在自己美好的土地上和多元的社会中，摄取丰富的养分，也是极为重要的。"

王蒙首次来马的三场精彩讲座，吸引了众多的文学爱好者，让大家受益匪浅，也让马来西亚作家深受启发。4 月 3 日晚，马来西亚国家文学奖得奖人、马中友好协会主席乌斯曼阿旺特别设宴款待王蒙。原来乌斯曼阿旺在 1988 年随马来西亚语文出版局访问团到北京访问时，认识当时身为文化部长的王蒙，并送给王蒙一件大马峇迪衬衫。当时他就邀请王蒙来马访问。

晚宴上，王蒙提及乌斯曼阿旺五年前送给他的那件峇迪衬衫，在夏天穿起来特别舒服，虽然因岁月而褪色了，但他还是爱不释手。

乌斯曼阿旺这次又送了一件比五年前更漂亮的峇迪衬衫给王蒙，并打趣说："这件绝不会褪色。"

王蒙接过立即穿上，体现出他对这份友情的重视与珍惜。

二、受邀担任马"扎根本土，面向世界"华文国际研讨会主题演讲嘉宾（1997 年）

1997 年 8 月 9 日及 18 日，王蒙受邀担任由马来西亚华文作家协会及马大中文系毕业生协会主办的"扎根本土，面向世界"马华文学国际研讨会的主题演讲嘉宾。

国际研讨会由马大中文系毕业生协会主席陈广才副部长（时任能源、电讯及邮政部副部长）和时任马来西亚华文作家协会会长云里风担任联合主席。研讨会共邀请了来自马、中、新、日等国家及港澳台地区的二十三位学者、作家出席担任主讲人，特别邀请王蒙担任主题演讲嘉宾。

王蒙指出，为共同传播及弘扬中华文化，华文文学创作是不需分类的。他说，有华人作家以不同的语文创作，传递中华文化是值得高兴的，因为在传扬中华文化的过程中是无需去计较以何种语文创作。"当然，华文文学本就是源自中华文化，使用华文写作是最自然不过的。"

他强调，华文写作本身就是具有世界性的，只要汉语继续存在，华文写作就会一直下去。同时，他对大马华人如此热爱中华文化以及华文文学感到

1997年王蒙访问马来西亚，与东部居民在一起

高兴，希望此种热诚延续下去。

筹委会主席及时任马来西亚华文作家协会副会长戴小华也发出同样心声："马华作家在国内外崭露头角，频频得奖；遗憾的是，我国政府始终未给予马华文学应有的地位和肯定，将之纳入国家文学主流。然而，马华作家就是靠着这种热忱和坚持，在有限的报章与杂志园地上努力耕耘，马华文学也才渐有所成。"

研讨会后，又举行了一场以"马华文学史：反思与展望"为主题的座谈会。活动结束后，当地《中国报》在 1997 年 8 月 15 日的专题报道中说："各地学者都对研讨会盛赞不绝，从组织策划、安排、节目编排、人数反应都让学者称赞，这也可以成为马华文学的一份骄傲吧！"

第一场讲座:《文学、生活与人生》

主办：星洲日报

协办：诗巫中华总商会教育组、沙捞越华族文化协会文学组、沙捞越诗巫留台同学会、诗巫南大校友会联合会

时间：1997 年 8 月 13 日晚上 7 点

地点：诗巫中华总商会道赏堂

王蒙还于 8 月 13 日、15 日、17 日分别进行了三场《文学、生活与人生》讲座，均由《星洲日报》主办。

王蒙在讲座中说明，文学是生活的一面镜子。通过文学，就更了解人生、社会、历史，了解自己和别人。尽管文学是一面镜子，但具体研究起来，又有分歧的一面。因为文学毕竟是平面的镜子，而且还带着作家自己的思想、感情、见解、倾向。谁能衡量这面镜子？生活的本质又是什么呢？没有人能给一一划分清楚。

他又指出，文学也可以说是生活的反映、生活的镜子，又是生活的花朵、文化的结晶、启蒙的武器，甚至是健康的疗效钥匙，又可以是一种梦想，对现实生活的"补足"。

一群对文学抱着热爱，追寻《花踪》的文学爱好者，皆不约而同地赶赴《文学、生活与人生》的不同场次，感受到了王蒙带给大家的文学激荡与盛情。

三、马华文作家协会主办王蒙讲座（2004 年）

2004 年 5 月 23 日，马来西亚华文作家协会主办《马华文学大系》推介及王蒙讲座。

《马华文学大系》是马来西亚华文作家协会费时八年编辑完成，包括中长篇小说、短篇小说（二册）、散文（二册）、诗歌（二册）、戏剧、评论、史料七大类文体，收录自 1965 年至 1996 年三十二年间的马华文学作品，总字数超过五百万字。这十部系列丛书，让人们从前人创作的思潮、内容、形式、观点的变化，了解到当年的时代发展、地域民族、社会文化、心灵演化；反映出不断变化的马华文学的文学观和美学观。这些作品，为马来西亚华人社会留下了珍贵的文字记录。

该会特别邀请享誉国际文坛的作家王蒙与时任马来西亚华文作家协会会长暨该套文学大系的执行总编辑戴小华、总编辑云里风及主编何乃健、李锦宗、碧澄、李忆君、马仑、柯金德、陈奇杰、谢川成共同推介。推介会在马华大厦视听室举行，吸引了六百多位出席者。马来西亚华文作家协会将《马华文学大系》分别赠送给马来西亚各大学及中学的图书馆、各华文报资料室、华社资料研究中心、董总、教总以及国际学术研究机构珍藏。

推介会过后就是王蒙的专题讲座《生活中的文学》。

他说，无论身处哪个时代，受什么样的观念影响，都有热腾腾的生活，都有衣食住行，都有善恶美丑，都有对美好人生的期待。因而，他强调，生活才是创作的常青树，是不断迭代变更的写作理念中的不变量，是作品走向经典的宽阔大道。生活绝不是观念的图解，也不是观念的衍生品，生活就是人民，是活生生的人。他表示，他爱生活胜过爱自己。

四、受邀出席"'一带一路'华文文学新出路"讲座（2016年）

2016年11月19日，马来西亚隆雪中华总商会主办"'一带一路'华文文学新出路"讲座，特别邀请王蒙以《永远的文学》为题，畅谈他对文学深切热烈的感受。

王蒙从"文学的来源""文学对人生的领悟和意义""文学挽救生命，创造年轻的心态""青春的力量"四个方面阐述了文学的永恒性，并与听众交流了自己与文学的缘分和感慨。马来西亚华文文学的创造力和生命力让他非常感动。与中国大陆和港澳台地区不同，马来西亚华文文学的发展并不容易，能取得今天的成就非常难得，这是马华作家用最纯洁的理想主义热情来传承中华文化并坚持用华文创作文学作品的结果。

讲座上，王蒙引经据典，通过成语典故和历史故事，鲜明生动地阐述了中文的魅力。他说，文学的作用在于传达意识，通过语言激发想象力，让思维达到最高境界。尽管是在多媒体时代，文学依然扮演着非常重要的角色。

隔天晚上，时任中国驻马来西亚大使黄惠康特别在官邸设家宴招待王蒙伉俪。

五、受邀在"汉语桥"活动致辞（2022年）

2022年2月19日至2月27日，"汉语桥"中马友好交流华文文学与中华传统文化主题正音特色冬令营，由中国教育部中外语言交流合作中心主办，中国传媒大学和中国—东盟商务协会总会文教发展委员会联合承办，邀请王蒙在开营仪式上视频致辞。

这项活动获得了广大马来西亚国际中文学习者的热烈响应，一百六十位马来西亚营员通过云端参加了此次"汉语桥"冬令营活动。

开营仪式上，中国传媒大学人类命运共同体研究院院长李怀亮教授和中国—东盟商务协会总会文教发展委员会主席戴小华分别致辞。他们表示，此次冬令营旨在加强中国与马来西亚之间的人文交流，为中马青少年搭建共享、共赏、共话的桥梁。

此次冬令营非常荣幸邀请了人民艺术家、著名作家王蒙视频致词。王蒙在致词中表示，语言是我们的心声，语言是交流的桥梁，相信通过"汉语桥"中文正音课程，中外人民会有更好的交流、更好的理解。王蒙还声情并茂地朗诵了他的小说《青春万岁》序诗片段，引领大家走进不一样的青春岁月。特别惊喜的是，马来西亚的青少年营员们，接力朗诵《青春万岁》序诗，以特别的方式致敬王蒙。

另外再补一些小插曲。

如果论及王蒙与马来西亚个人交往最多的，就是与他有同乡之谊，曾担任马来西亚华人文化协会总会长以及马来西亚华文作家协会会长的戴小华。马来西亚的华裔绝大多数祖籍是福建、广东和海南，戴小华祖籍却是河北沧州，因此，在海外与王蒙见面，他们能以家乡话聊天，故倍感亲切。他们曾共同受邀出席1995年9月下旬，由中国小说学会和天津师大中文系主办，在天津举行的第二届年会；1995 年 11 月上旬，由中国作家协会和台湾"联合报文化基金会"联手，在威海市召开的"人与大自然——环境文学研讨会"；1997 年 11 月《沧州日报》和《沧州晚报》总编辑刘桂茂策划邀请沧州籍作家"故乡行"的系列活动；2019 年中国官方在北京主办的"亚洲文明对话"大会，因而与王蒙有更多接触的机会，也慢慢地结下了深厚的情谊。此外，2021 年 6 月隆雪中华工商总会主办的"马华华文文学奖"颁奖典礼时，主办单位在获奖人戴小华事先不知情下，特别邀请王蒙为她送上惊喜和祝福，作为弥补疫情期间无法举行线下颁奖礼的遗憾。

王蒙来马期间，许多与他接触过的人，觉得虽然他在中国文坛和国际上享有盛誉，而且曾经贵为中国文化部部长，然而，他客随主便、平易近人、虚怀若谷、毫无架子，实属难得。相信这跟他的个人修养及人生阅历有关。

王蒙来马带给我们的，不仅是文学上的激荡和启发，还有很多生活中的态度和哲理。最重要的是，让我引述世界华文媒体董事会主席张晓卿的这段话："王蒙虽然历经磨难，但是他内心的赤忱、良知、正义和道德勇气，对理想的坚持、对知识分子的爱护与关怀，终于让他在历史的折腾中，熬出了读书人的典型和尊严。我们不应只看王蒙神采飞扬的一面，更重要的是我们要理解他创作的精神、丰富的人生经验，他对时代的承诺，进而扩大、延伸到我们对整个历史和文化的反思。"

（部分参考资料来自马来西亚《星洲日报》新闻报道及华研资料研究中心）

王蒙第六次访问新加坡

彭世团 *

　　1991 年 9 月王蒙应新加坡作协负责人王润华教授邀请，第一次赴新参加国际作家周活动，同行的有陆文夫及夫人管毓柔、女作家黄蓓佳。第二次是 1993 年 3 月 24 日至 29 日应新加坡文化部艺术委员会邀请，做他们举办的金点文学奖华文小说组的主审评委，拜访了中华国学大师潘受，结识了从事慈善救助事业的张千玉女士。第三次是 1997 年 8 月 21 日至 23 日应新加坡作家协会邀请，访问新加坡，与当地作家座谈交流。第四次是 2000 年 10 月 3 日至 8 日应新加坡中国商会邀请，访问新加坡。其间接受华语广播电台、《联合早报》等媒体采访，在新加坡报业中心礼堂发表题为"中国西部文化与中国西部开发"的演讲，在新加坡国立大学发表关于中国当代文学的演讲，出席庆祝中新建交 10 周年酒会并观看文艺晚会，在新加坡热带文学艺术俱乐部发表题为"文学与人生"的演讲。第五次是 2004 年 5 月应居士林邀请作"文学与我们的生活"演讲，来者之众，实在让他吃惊。

　　2010 年 3 月 4 日，应新加坡中国学会邀请，王蒙携夫人崔瑞芳第六次到访新加坡。

　　这次邀请王蒙的是新加坡人林文庆博士 1949 年创办的中国学会（China

---

* 彭世团，中国驻越南大使馆原文化参赞，曾任王蒙秘书。

Society，他时年 80 岁）。林文庆先生曾于 1921 年到 1937 年应陈嘉庚之约长期担任厦门大学校长，他提倡"西文与国学并重"，首创在大学里开办国学院。近年厦门大学重开国学院的时候，用了"复办"一词，并以此为傲。这可能跟林先生自幼离开祖国，就学于英国的成长经历有关。越是去国日久，对于故国文化的追求就越是迫切。他开办国学院之后，曾于 1926 年底请鲁迅到那里去担任国学教授，这是厦大很自豪的事情。但由于历史原因，厦门大学几十年里很少提及林先生，直到 2005 年才在学校里竖像建亭纪念他。林先生热爱自己祖国文化的另一个表现，就是创办新加坡中国学会，集合那些热爱中华文化的各族群人士，一起来研讨学习中国的文化。

王蒙的演讲是林文庆纪念讲坛第二讲。2010 年 3 月 4 日下午，我们在到达新加坡机场时见到了一直努力邀请王蒙赴新的中国学会时任会长刘爱莲女士。刘女士与林文庆博士有着比较类似的教育背景，她是华人，研究中国陶瓷、兰花、中国美术，学术上是绝对的中国化，但却讲一口纯正的英文。她表示因为不懂汉语，无法研究写兰花的汉诗是她很大的遗憾。她受的英式教育没有让她停止关注中国。她理解中国在前进中的种种问题，她认为中国就应该保持强有力的中央政府，需要有一个强有力的政党，不然"中国就会回到两千多年前的战国时代"。按照前往机场给王蒙送行的朱琦（文化部外联局，前驻新加坡文化参赞）的说法，正是刘女士的努力，让衰微的新加坡中国学会走向了复兴。这使我们理解刘女士为什么要让王蒙讲《全球化背景下的中国文学》了，她要通过王蒙之口，通过中国文学面对全球化所作出来的反应，来使那些热爱中国的各族群人士、各国的在新人士，更好更多地理解中国。

刘女士怕城市的喧闹影响到王蒙休息，特意安排他下榻在离市中心有一定距离的 Sheraton Tower Hotel。她希望王蒙在新很短的时间里，能尽量多地了解新加坡的风光、文化和风情。到达的当天下午，就安排王

2010年3月5日，王蒙访问新加坡国家图书馆。前排左三为王蒙夫人崔瑞芳

2010年3月5日，王蒙在新加坡国立大学演讲并与听众互动

蒙去参加新加坡比较有影响的画家蔡逸溪的捐赠画展开幕式。蔡先生英年早逝，他的画很好地结合了西洋油画与中国水墨画的特点，与吴冠中先生的画有很多相似的地方。在那里我们见到了不少中国学会的会员，有德国人、英国人、印度人，这让我们相信，这确实是一个很有凝聚力的团体。刘女士向王蒙介绍了号称世界第四大鼻烟壶收藏家的刘修敬先生，但实在安排不出时间去看他的收藏了。刘先生很兴奋，第二天就给王蒙送来了几本介绍他收藏的鼻烟壶的大画册。

王蒙到达的第二天一早，就在下榻的宾馆里接受了《联合早报》张曦娜的采访。她带来了刚从新加坡买来的王蒙的新作《庄子的享受》。我惊讶于新加坡书商的速度，更惊讶于她的认真：那本新书里插了不少的纸条，显然她是有备而来。采访中，记者问及王蒙的老庄研究、自传和中国的当代文学，特别是年轻一代的文学。王蒙都一一做了回答，谈到开心的地方，两人都发出笑声。

采访结束后，王蒙没有休息就前往新加坡国家图书馆参观。这是一座新馆，设计新颖、气派、节能、实用，这是多年前王蒙参观过的老馆无法比拟的。在馆里我们看了简要的视频介绍，走访了中文书库。图书馆专门摆了一个书架把一部分王蒙的书放在书库入口处，既有他前些年出的小说、讲稿、文选，也有他刚出版不久的自传、画册和古典文化研究著作，如《老子十八讲》等。这再次印证了新加坡书商对于王蒙的器重，只要他的新书一出，很快就会进入新加坡市场。从中文部出来，我们还走访了该馆的捐赠图书室和典藏图书室。那里收藏了大部分 20 世纪 70 年代以前的东南亚华人文学的作品。最后走到了该馆的顶层阳光大厅，在那里副馆长杨女士会见了王蒙。陪同访问的几位馆员趁这个机会，拿出了自己收藏的王蒙作品，请王蒙签名。

中国学会的午宴是在一座大楼 57 层的中国之星（China Star）餐馆里举

行的。这里以毛泽东主席为主题布置，悬挂着毛主席的诸多照片、像章、陶塑和题词，如"实事求是""为人民服务"等。那天来了不少中国学会的会员，有来自澳洲的，也有来自印度的。午宴最后上来的那个大大的寿桃着实让人感动：那天正好是王蒙夫人崔瑞芳76岁生日。他们不是用西式的蛋糕，而是用中国的寿桃来为她祝寿，能不令人感动吗?!

揭开寿桃，下面是一大盘的小寿桃。大家围着她唱起了生日祝福歌。我看到崔老师在那一刹那流露出来了少女般的兴奋和羞赧。因为即使在北京，用面寿桃庆生也已经不多见了。在当天晚上的宴会上，刘女士又给她备了生日礼物和西式蛋糕，再次让她感到意外与兴奋。3月6日晚，我驻新大使张小康再次为她祝寿。王蒙席间说，这两天参加了夫人的三次生日活动，结果回头一看，还是那位夫人。大家大笑。

王蒙的第一场演讲安排在新加坡国立大学的 Shaw Foundation Alumni House 进行。会议准备得很仔细，有冷餐，有同声传译。担任同声传译的是从北京与我们一起到新加坡的北外校友滕继萌。他在出发前找来了很多王蒙的演讲作品进行研究，尽管没有给他提供讲稿，但他的翻译在会后得到了很高的评价。演讲会来了很多各方面的朋友，有上海文化局局长乐美琴，还有我驻新加坡使馆的张小康大使。来得最多的是新加坡南洋女中的学生。

在刘爱莲女士简短介绍后，王蒙就站在新加坡国大的讲台前，面对满屋的听众，开始了他充满激情和幽默的演讲。他从上世纪初中国的革命文学，讲到后来苏联文学对中国文学的影响，20世纪80年代外国文学对中国文学的发展再次带来巨大影响，最后说到了近年来中国文学的市场、文学期刊、网络文学三分天下。在不长的时间里，在听众面前清晰地展现了一幅一百年来中国文学与世界文学之间的关系图，讲清楚了中国文学百余年来的变化，引起了在场听众的浓厚兴趣。

在王蒙演讲结束之后，听众排起了队前来提问。王蒙巧妙地回答了诸如"垮掉的一代""网络文学""精英写作""零度写作"等问题。演讲会的时间大大超出了预先设定的一小时。尽管大部分人都没有听翻译，但从他们提问的踊跃和所提问题可以看出他们听懂了王蒙的演讲，他们很关心中国的文学。特别是后来提问的一批中学生，他们标准的普通话和对中国文学的了解让人十分惊讶。王蒙走出演讲厅的时候，发现对面还有一个大厅，里面坐满了学生。王蒙走了进去，向同学们打招呼，同学们十分开心。事后负责安排的中国学会秘书 Ai Jit 告诉我，本来给南洋女中 10 个名额，结果她们来了150 多人。演讲大厅实在坐不下了，只好在旁边再开了一个大厅，让他们看电视直播。

在先前的活动计划中，在新加坡的第三天早上应该是一场座谈。之后改成了新加坡最大的英文报纸《海峡时报》（*The Straits Times*）记者专访。王蒙很乐意接受采访，1991 年他第一次访问新加坡的时候，也曾经接受过这家报纸记者吴鸣珠的专访。采访结束之后，王蒙去一个叫真宗的家庭式餐馆就餐。刘爱莲女士希望王蒙了解新加坡土生华人家庭中西结合的特点。在吃饭前参观了这家餐馆的一些收藏，有他们的首饰、婚服等等。饭后我们参观了餐馆隔壁土生华人博物馆。在博物馆里，我们看到了以婚嫁为主题的民俗收藏，观看了印尼的舞蹈演出。这家不大的博物馆的收藏和活动给王蒙留下了深刻的印象。

王蒙最后一场演讲是给我驻新大使馆的员工们讲的。王蒙讲了当代文学艺术中的智慧秀、白痴秀和时尚秀。如《阿凡达》、赵本山的《卖拐》和《捐助》《三枪拍案》等等。他的演讲是那样吸引人，原定一小时的演讲进行了一个半小时。

王蒙访问菲律宾

［菲律宾］ 王　勇*

　　王蒙是我慕名已久的中国当代著名作家，他曾于 1986 年至 1989 年担任中国文化部部长。早年我读他的《青春万岁》，为书中人物不断探索的精神、昂扬向上的斗志、如诗似歌般的青春热情所感动、所感染。直到菲华前辈挚友陈祖昌先生赠我一本 1996 年在香港出版的其先尊诗集遗著《陈明玉吟稿》，看到书封由中国佛教协会赵朴初主席题耑，序文更是出自王蒙手笔，让我顿感惊奇、惊喜，原来菲华文学竟与王蒙有着如此贴近的因缘！

　　由于《陈明玉吟稿》初版印刷数量有限，祖昌先生邀我担任再版责编，至 2023 年已出版到第五版，王蒙序文总会引人注目。记得当时我好奇地询问祖昌先生，何以能够邀得王蒙赐序。他回忆说，有一次到北京出席会议，刚巧安排与王蒙坐在一起，祖昌先生素仰王蒙大名，便谈起其先尊陈明玉早年在菲华组建传统诗社，团结一群菲华诗人大力弘扬中华优秀传统文化的事迹，斗胆恳请王蒙为正在编辑中的《陈明玉吟稿》撰写序言。让祖昌先生没想到的是，王蒙真的写来了精彩的序文。开篇他即写道："读陈明玉先生的诗稿，即是读他那一代华侨的心史。"接着，他充分肯定像陈祖昌先生这样的华侨在异乡对中华传统文化的坚守。他说："自近代以来，无数华人远渡沧海赴异国异地谋生，筚路蓝缕，艰苦创业，烟海微茫，乡音难免，与故国

---

*　王勇，菲律宾华文作家协会副会长。

故乡故人隔千重洋万仞山。中华文化的存活力包容力凝聚力创造力，从远离根系的华侨的心史中尤能体现出来。难得有像陈明玉先生这样的华侨诗人，以他的华章遗篇以他的深情他的悲欢他的涕泪记下我们中华文化这个宝贵的极可珍惜的层面。""读陈先生的诗稿，我又一次体味到中华民族文化所具有的无形的却又是强大无比的凝聚力，也为陈先生的'中国心'而感动不已。"

当菲华文艺协会在时任中国驻菲律宾使馆文化参赞袁维学的支持下，邀请王蒙于2004年2月20日至24日访菲讲学交流的新闻见报后，顿时引起菲华文坛乃至华社的热议。王蒙这位最具知名度、最重量级的中国作家的到访，菲律宾的华文报《菲华文艺》《耕园》《精粹》等文艺副刊纷纷制作王蒙作品专版迎接心仪作家的到来。我也即时把这一喜讯告知陈祖昌先生，并联系主办方的庄良有与黄梅文友，安排时间给祖昌先生宴请王蒙并邀请王蒙游览马尼拉湾。

2月21日，由菲华文艺协会主办的名作家王蒙"文学讲座"在菲华商联总会八楼举行，宽广的大厅逾七百人座无虚席，场面之壮观实乃历年文学讲座之冠，连菲律宾巨富、热爱中华传统文化的陈永栽先生，都放下繁忙的商务赶来聆听王蒙主题为"我们生活中的文学"的学术演讲。

王蒙这次访菲，由夫人崔瑞芳（笔名方蕤）和秘书崔建飞陪同，从北京经厦门抵达马尼拉。王蒙在自传《九命七羊》中留下访菲印记："马尼拉的海岸向西，正好观赏落日。菲律宾人保留着20世纪40年代使用过的吉普车式样作为公交车，并制作了以此为模型的玩具，令人相信人之初性本玩（于光远语）是有理的。"

王蒙的访菲之行，我有幸恭听他内容丰富的演讲，陪同他参加陈祖昌先生在马尼拉大酒店的宴会，乘祖昌先生的游艇游览马尼拉湾；出席庄良有文友在府邸举行的晚宴；王蒙对此印象深刻，在其自传中均有记录。记得当晚我带上多本王蒙夫妇的著作请他们题签，有王蒙的《我的处世哲学》《王蒙自述：我的人生哲学》《活动变人形》，方蕤的《我与先生王蒙》等；王蒙还为我题写了"有所不为才能有所为"等多件作品。其中一件比较特别："友谊不用碰杯，友谊不必友谊，友谊只不过是，我们不会忘记。谨录旧作请王勇文友一笑。"他给庄良有文友的赠书题词更是用了"良有良友"，令良有文友倍感温馨与感动！

王蒙一行还受到了时任中国驻菲大使王春贵的欢迎，走访参观了阿亚拉博物馆、美军纪念公墓等名胜，虽说行程匆匆，仍对菲律宾留下美好印记。

最为难得的是，王蒙回国之后撰写了一篇访菲随笔《可爱的马尼拉》，我至今仍珍藏着这份刊登文章和两首王蒙诗作《雨》《形》的 2004 年 6 月 3 日菲律宾《联合日报》"菲华文艺"专刊。王蒙在《可爱的马尼拉》一文中深情地忆述："……菲律宾似乎更西方化一点，更自由也更宽松。我们进出泛太平洋酒店，都有小乐队吹奏致敬。我们在作家和陶器收藏家庄良有女士家做客，有雇列奥先生弹着吉他为我们唱歌。""最美丽的是马尼拉湾，我们曾在热情的华商陈祖昌先生的招呼下乘他的游艇出海游玩。尽情领略了大海与海湾，沿岸与陆地，将离、欲离与未必舍得离开的城市的美丽。……"

王蒙访菲之行转眼过去将近二十年了，然而他当年的风采、当年的旋风式访菲、当年的那场精彩演讲，仍然留在广大菲华社会人士的心中，其无形而深远的影响实难用语言和文字表达！

（此文写于 2023 年 9 月 17 日）

王蒙访问印度

钮保国 *

　　1990 年著名学者费孝通在谈及"如何处理不同文化的关系"时提出"各美其美，美人之美，美美与共，天下大同"的十六字方针。为了达到"美美与共，天下大同"的理想境界，我们需要平等、互鉴、对话、包容，需要用"和而不同"的智慧消融不同文明间的隔阂。也正是本着这种精神，应印度文学院的邀请，中国作家协会于 2001 年 12 月 5 日至 17 日派出了以原文化部部长、著名作家王蒙为团长的中国作家代表团对印度进行了为期两周的友好访问。代表团的其他成员包括熊召政、余光慧、何向阳和我。

　　访印期间代表团访问了新德里、孟买和加尔各答。除参加了上述三地的文学交流活动外，王蒙还参观瞻仰了印度国父圣雄甘地的陵墓，参观游览了泰姬陵、阿旃陀石窟寺和爱罗拉石窟寺，参观和瞻仰了泰戈尔的故居。十二天的访问日程紧凑，一路下来紧张而充实。访问结束，代表团的成员依然沉浸在中印两国的文化比较和比较文化当中不能自拔。

　　中印两国的历史不同、文化传统不同、宗教信仰不同、社会制度不同、经济的发展阶段不同，再加上历史原因造成的一些隔阂，多种因素相互叠加，不同程度地影响了两国思想界和文化界的交流，造成了两国人民对彼此认知的偏差。有一次我们代表团在孟买一家酒店吃饭，大堂经理看到我穿了

---

* 钮保国，中国作协外联部原副主任。

件花衬衫，便主动过来搭讪，询问我们是不是印度尼西亚人。在得知我们是中国人后惊讶地表示："中国变化这么快？不是说你们都穿毛氏制服吗？"听着他的这番表述，我们不知道该如何回答才好。一个人不了解中国也就算了，在我们的这次访问当中，可不止一个印度人在谈及中国的变化时，总要捎带上一句："用不了多久，上海就能超过孟买，超过加尔各答了。"我真的不知道印度人的这种自信从何而来？

对于上述言论，王蒙总是一笑了之不予评说。我当时还挺纳闷，是不是当过大领导的人都这么有涵养，即使面对别人的贬低，依然能做到古井无波，坦然自若？私下里我和王蒙探讨过这个话题，他的回答让我开悟。他说：老子讲大成若缺、大盈若冲、大巧若拙、大辩若讷，与一个信息存量不对称的人理论，是我们自己的不智。当然如果这样的事情发生在正式的场合，那就另当别论。

事情就这么凑巧，在之后的一次中印两国作家的交流中，有印度作家提问："为什么中国坚持马克思主义？"我理解他的言外之意是，苏联的解体印证了"历史的终结"。美国政治学者弗朗西斯·福山曾在《历史的终结》一文中提出，冷战的结束标志着共产主义的终结，人类政治历史发展已经到达终点，历史的发展只有一条路可走，那就是西方的市场经济和民主政治。其实，印度作家的这个问题与其说是文化上的，不如说是政治上的。对于这个问题，作为中国作家代表团团长的王蒙没有回避，他的回答我至今记忆犹新。他说：中国人选择马克思主义不是偶然的，它与中国曾经面临的剧烈的社会矛盾密切相关，各种"主义"尝试了一遍之后，觉得只有马克思主义能够解决中国所面临的问题。同时，中国人也不是教条主义地照搬马克思主义，而是把它与中国的实际、中国的文化传统结合起来，最终我们走出了一条具有中国特色的社会主义道路。

中国接受源自西方的马克思主义与中国传统文化中的"海纳百川，有容乃大"的智慧密切相关。中国文化的开放与包容不仅仅体现在如何对待源自西方的马克思主义这一个问题上,源自印度的佛教文化在传入中国后,经过与中国传统文化的融合,最终形成了具有中国特色的佛教文化。这便是中国文化"形器不存,方寸海纳"的胸怀。

如果说从1949年中国共产党执政开始的那天算起到今天,中国经济以年均8.1%的高速度持续增长,中国经济在世界上的排名从1949年的第104位上升到了今天的第2位;中国人的平均寿命从1949年的35岁上升到了今天的78岁,1949年中国人口的文盲率多达80%,如今受过高等教育的人口占比已上升至17%,达到了2.4亿。既然马克思主义和中国特色社会主义道路可以让中国发生如此大的变化,能让中国人从吃不饱穿不暖转变成为今天的丰衣足食,那么中国人坚持马克思主义,坚持中国特色社会主义道路又有什么不好呢?

王蒙用实事求是,平等对话的口吻回答了这位印度作家的提问,有事实有逻辑,鞭辟入里令人信服。座谈会结束后,我们纷纷给团长点赞,他则笑着说:"对方问什么,我回答什么,没有藏着掖着,既然是交流,我就有责任把情况说清楚,讲明白。而敢于说清楚我们自己的观点,这叫文化的自信。"现在回想当时的场景,脑子里便想到了王蒙曾经说过的一句话:关键时刻"多沉重的担子我不会发软,多严峻的战斗我不会丢脸"。

在接下来的交流中,有印度作家希望中国同行谈一谈"创作自由"的问题,王蒙对此也没有推辞。他说:"自由"并不是完美无缺,也不可能是绝对的。自由是有限的,无限的自由最终会伤及自身。就中国作家的创作自由来说,目前的状况应该说是历史上最好的时期。印度作家对王蒙的回答报以掌声。与会的一位印度女作家认同王蒙的观点,她说:"在印度,写作要考虑到那么多宗教的信仰、戒律和信徒的感情等等,写起来也不是那么自由的。"

为了参观泰姬陵，在印度文学院的安排下，王蒙一行分乘两部汽车从新德里出发。新德里距离泰姬陵约二百公里，来回需要六个多小时，为了凑在一起热闹，王蒙特意让我把熊召政从另一部车上叫到我们的车里。这样一来，另外的那部汽车则只剩下了印度文学院派来的陪同和搭便车的家属。由于协调不好，印度文学院的陪同又没有手机，加上路上交通拥堵，出了新德里不久，我们便和他们失去了联系。直至参观完泰姬陵深夜返回酒店，我们才得知失去联系的那部汽车在路上遇到了车祸，汽车报废，车上的人也被送进了医院。

2001年12月王蒙在印度奥兰加巴德古城堡留影

不同的历史形成了不同的文化，在和不同文化的比较中，我们在了解不同文化的同时，躬身自省，对自己的文化也有了更为深刻的认识。在印度国父甘地的墓地，一块石碑上镌刻着甘地的名言："Simple life, high thinking"，我把它翻译成"简朴的生活，远大的理想"，王蒙团长把它翻译成"简朴的生活，崇高的思维"。不管怎么译，有一点是一致的，那就是甘地的名言反映出印度人对精神和物质追求的不同，印度人对精神的追求高于物质。为了精神的追求，有时候他们甚至会让渡一些物质的享受。

王蒙回国后写的一篇《印度行记》对印度加尔各答和泰戈尔故居的描写充满着思辨。他对加尔各答的描述是"加尔各答人口极密，大街上的垃圾之多令人难以置信，交通之堵塞也相当惊人。当然中国的城市也同样受到环境、交通等问题的困扰，但对不起，与之相比，中国算是天堂了。我们在加尔各答堵塞的交通与气味强烈的垃圾中缓缓行进……"与此相对立的是泰戈尔的故居："来到了泰戈尔的故居，这就是另一个天地了，像一个私人公园，高雅、安宁、清洁、阔大、自足，树高花艳，天蓝气爽，与外面的世界形成了鲜明的对比。流行歌里说是'外面的世界很精彩'，到了这里则是'里面的世界真精彩'。没有这么美好的环境，泰翁大概是写不出那么多感觉良好、充满美善与慈祥的人性颂歌与赞美诗篇来的。没有外面的贫穷、艰难、肮脏与一切不便，泰翁大概也不会写出那么多同情百姓、同情下层人民的小说来。"王蒙在这里运用马克思辩证唯物主义的观点，把贫穷与富有，把肮脏与清洁，把低贱与高雅归纳成对立统一的两个方面，它们是对立的，也是统一的，是矛盾的也是相互依存的，这让我又想起了那位印度作家"中国为什么坚持马克思主义"的提问。对立统一（即矛盾论），是马克思主义哲学的精华，也是中国古典哲学思想的精华。王蒙用对立统一的方法论解读泰戈尔的伟大。加尔各答市区的贫穷、艰难、肮脏与泰戈尔故居的富有、高雅、清洁相对立、相矛盾，然而没有这样的对立，没有这样的矛盾，泰戈尔就不会写出那么多悲天悯人的文学作品，就不会有那么大的文学成就，就不会获得底层人民的拥戴和赞扬，就不会赢得诺贝尔文学奖。对立统一的思想是方法论，也是认识世界的大智慧。中国人没有理由拒绝智慧。

与王蒙相处的十二天，人们时时都能感觉到这是一位知识渊博，精力旺盛，生命力极其顽强的长者，好像满脑子都是智慧。无论是在正式场合，还是私下里交谈，成语、典故、时尚的金句信手拈来，什么大辩若讷，大智若愚；什么形器不存，方寸海纳；什么上善若水，水利万物而不争；等等。还有来自民间的那些故事小品，比如《四七二十七》，说的是："两人为四七二十七还是四七二十八争论不休，于是扭上公堂，请县官明断。县官听了二人的陈辞，喝令衙役：'将那个坚持四七二十八的人拉下去责打二十大板。'那个坚持四七二十八的人不服，大喊：'老爷，冤枉啊！本来就是四七二十八呀！'那老爷喝道：'我还不知道四七二十八吗？你看他都糊涂到四七二十七的程度了，你还要和他争，说明你比他还糊涂，不打你打谁？打！'"王蒙讲完了故事哈哈一笑，告诫我们说，跟糊涂的人争论是自己的愚蠢。这个时候不去争论才是最明智的选择，这是智慧。

王蒙的智慧来源于生活。王蒙 1934 年生，1953 年也就是他十九岁那年发表了他的第一篇小说《青春万岁》。二十二岁时发表了短篇小说《组织部新来的青年人》，被错化成了右派。摘掉帽子后，王蒙于 1963 年响应号召携家人去了新疆伊犁，自学维吾尔语后担任了汉语翻译，再后来又担任了伊犁州巴彦岱公社二大队副大队长。从 1963 年到 1979 年王蒙在新疆一待就是十六年，他与当地的民众打成一片，维吾尔族老乡也把王蒙当成了亲人。他们看到燕子在王蒙房子的门楣上做窝，就认定"老王是个好人，不然燕子怎么可能在他那里做窝？"他们还对王蒙说："不要发愁！任何一个国家，都需要诗人，没有诗人的国家，还能算一个国家吗？您早晚要回到您的'诗人'岗位上。"质朴的语言表达了维吾尔族对"诗人"的敬意，同样也抚慰了王蒙焦灼的心。有了这种融洽的关系，即使面对"文革"的冲击，即使他是脱帽右派，王蒙在新疆毫发未损。没办法，维吾尔族老乡认定了"老王是好人，是诗人，是任何一个国家都需要的人"。用王蒙的话说："新疆人对我恩重如山。"维吾尔人喜欢用的一个词叫作"塔玛霞儿"，这是一种自然而然的怡乐心情和生活态度，是一种游戏精神。维吾尔人常说："人生在世，除了死以外，其他全部都是塔玛霞儿。"这种豁达的精神感染了王蒙，也教育了王蒙，告诉他把生活看简单了才能享受生活。

2019 年王蒙获"人民艺术家"国家荣誉称号。看着他的这份履历，实在是令人感慨，是生活给了王蒙豁达的胸怀，是人民大众的智慧给了他乐观向上的生活态度，也给了他"泰山崩于前而色不变，麋鹿兴于左而目不瞬"的淡定。所以面对挑战，他才敢于说出"多沉重的担子我不会发软，多严峻的战斗我不会丢脸"这样的豪言。在这样的智者带领下，中国作家走出国门后，无论走到哪儿都自带光芒。

离开印度前，王蒙将镶嵌着一对铺首的相框工艺品赠送给了印度文学院。铺首，是中国传统建筑安装在门扉上的一种装饰，多是金属打造的一对兽首衔环，表达避祸求福愿望的同时，也用作门拉手，并供叩门之用。中国作家赠送"铺首门饰"表达的是我们愿作中印两国文化交流的使者和叩门人。《尚书·舜典》记载，舜"辟四门，明四目，达四聪"。意思是说，天子的明堂应该四面皆门，为的是广视听于四方，使天下臣民的意志无所壅塞，直达人君。既然五千多年前中国的舜帝都能拥有这般宽广的胸怀和智慧，今天的我们便没有任何理由闭关锁国，坐井观天。只有坚持改革开放，坚持兼容并包，我们才可以在不同文化的比较中，不断求索，不断明悟，最终达到"各美其美，美人之美，美美与共，天下大同"的理想境界。

王蒙访问伊朗

朱自浩 *

2006 年 12 月 7 日至 15 日，王蒙应伊朗文化与伊斯兰指导部邀请，对伊朗进行了为期九天的访问。在访问期间，王蒙与伊朗前总统哈塔米先生、文化与伊斯兰指导部副部长、外交部副部长、伊朗大百科全书出版社社长进行了四场会见，在伊朗文化与伊斯兰联络组织、作家协会和沙希德·贝赫什提大学进行了三场演讲，参访了德黑兰、伊斯法罕和设拉子三座城市。

12 月 7 日，王蒙抵达伊朗首都德黑兰，伊朗文化和伊斯兰联络组织文化研究中心主任蒙法莱德到机场迎接。12 月 9 日上午，王蒙在沙希德·贝赫什提大学发表演讲，用梅兰竹菊、风花雪月八个字生动形象地介绍了中国文化的内核，演讲中引经据典、融汇中伊、贯通古今，受到与会师生的热烈欢迎。

12 月 9 日下午，王蒙参观伊朗伊斯兰议会图书馆并同该馆馆长阿杰里进行会谈。12 月 10 日上午，王蒙会见伊朗文化和伊斯兰指导部副部长帕尔维兹，就中伊两个文明古国如何既保持自己的文明特征又同时有效破解美西方丑化抹黑交流看法。当天上午王蒙还会见了伊朗外交部副部长侯赛尼，就如何警惕和防止美国文化渗透和西方生活方式对年轻人的不良影响交换意见。

12 月 10 日下午，王蒙参观伊朗伊斯兰大百科全书并同馆长布杰纳瓦尔迪会谈。布杰纳瓦尔迪出身于伊著名宗教和政治世家，系伊朗伊斯兰共和党

---

* 朱自浩，中国驻伊朗大使馆原文化参赞。

创始人之一和伊斯兰大百科全书创始人，一度因政治活动被捕入狱十三年，直到伊斯兰革命胜利前夕被释放。相似的经历和文化造诣使两人惺惺相惜，相谈甚欢。

12月11日下午，王蒙会见了前总统、文明对话中心主席哈塔米。在会谈中，王蒙对哈塔米提出的"文明对话"主张给予高度评价，介绍了孔子"和而不同"思想和我国构建社会主义和谐社会的重大战略任务，认为从历史经验、哲学理念和治国理政角度来看，中伊两国都有非常深远的渊源。哈塔米对王蒙的见解高度赞同，认为"和而不同"与"和谐社会"是解决当今世界危机的两把钥匙，强调在世界一体化的背景下既不能过度民族化又不能丧失民族特性，既要探索适合各国国情的民主化，也要防止过度民粹化。当天上午王蒙还会见伊朗文化和伊斯兰联络组织副主席并参加伊方正式宴请。

2006年12月12日王蒙在德黑兰拜见伊朗前总统赛义德·穆罕默德·哈塔米，对他提倡的不同文明间对话的主张给予很高评价

12月11日晚，王蒙参观伊朗图书城并与伊朗著名作家和文学评论家进行座谈，介绍中国文学创作现状，就如何进一步做好两国文学作品互译介绍交换意见。12日上午，王蒙在伊朗文化和伊斯兰联络组织总部与该组织干部进行座谈，王蒙用一段波斯语做开场白，表达了对伊朗文化和波斯文明的了解与评价，随后全面介绍了中国政府的文化政策。

12月15日，王蒙结束对伊朗的访问返回国内。在伊朗期间王蒙还访问了历史名城设拉子和伊斯法罕两地。

2007年6月，王蒙根据访问伊朗见闻撰写的《伊朗印象》在伊朗驻华大使馆举行发布会，伊朗媒体进行了广泛报道；评价该书文字隽永、照片精美，客观真实地向中国读者介绍了伊朗和伊朗文化。

2022年1月，王蒙与伊朗艺术科学院院长、伊朗最高文化委员会委员纳穆瓦尔·莫塔莱格在光明日报社主办的《光明国际论坛笔会／对话》栏目共同撰文，以《当今世界的人类命运比以往任何时候都更加相互交织》为题进行笔谈。

王蒙在土耳其

朱自浩 *

一、王蒙作品在土耳其

王蒙作品《这边风景》于 2021 年由土耳其卡努特国际出版公司翻译出版土耳其语版，并由土耳其最大的电子书平台 D&G 图书与收藏品网站上架销售。卡努特在翻译出版时评价，虽然小说内容反映的是 20 世纪 80 年代的故事，但新疆各民族世代友好相处的故事在今天仍具有时代意义，而作者王蒙本人则是生活在新疆十六年、熟悉新疆、热爱新疆的中国当代最著名作家，他本人就是中国当代文学的活化石。

二、王蒙访问土耳其

2015 年 11 月 24 日至 28 日，王蒙对土耳其进行访问。访问期间，王蒙出席了库尔班江《我从新疆来》土耳其语版首发仪式，会见了土耳其副总理图尔凯什、前总统居尔和土耳其著名畅销书作家于米特，参访了安卡拉和伊斯坦布尔两地。

26 日晚，由文化部中外文化交流中心、中国驻土耳其使馆、新世界出

---

* 朱自浩，中国驻土耳其大使馆原文化参赞。

2015 年 11 月 26 日，王蒙在安卡拉土耳其国父纪念馆前留影

2015 年 11 月 28 日，土耳其前总统阿卜杜拉·居尔在伊斯坦布尔寓所会见王蒙一行。左一为王蒙夫人单三娅

版社联合主办的《我从新疆来》作者见面会及土耳其文版首发仪式在土耳其首都安卡拉国家图书馆举行。我国驻土耳其大使郁红阳、土耳其副总理图尔凯什出席活动并致辞，土文化旅游部次长那尔敏、国家图书馆馆长托曼等土各界友好人士和中国留学生代表逾三百人参加活动。王蒙和《我从新疆来》的作者库尔班江·赛买提与土耳其各界人士就在新疆的所见、所闻、所感进行了热烈的交流和互动。

活动开始前，王蒙与土耳其副总理图尔凯什、文化旅游部次长那尔敏和国家图书馆馆长托曼进行了会晤和交谈。图尔凯什副总理表示，近年来土中战略合作关系不断深化、政治互信不断增强，经贸、人文等领域交往日益密切，土方支持中方提出的"一带一路"倡议。图尔凯什还表示，中国政府重视新疆的稳定、和平和繁荣发展，在新疆生活的维吾尔族和其他各民族群众是促进中国文化多样化的元素，也是推动土中合作的重要力量，新疆可以成为土中友谊的桥梁。活动现场，中土读者踊跃提问，气氛友好热烈。作者见面会后，中土嘉宾共同出席了《我从新疆来》土文版首发和签赠仪式。仪式后，王蒙和库尔班江分别接受了土耳其《邮报》和国家电视台采访，土耳其阿纳多卢通讯社、《晨报》等多家媒体到场进行采访报道。

11月27日，土耳其前总统居尔在伊斯坦布尔的官邸会见王蒙。王蒙向居尔介绍了中国改革开放以来的主要成就和根本原因，并应询介绍了中国穆斯林的有关情况。居尔赞赏中国政府和人民取得的伟大成就，完全同意中国共产党领导和中国特色社会主义道路是中国成功的根本原因，表示土耳其特别是他所在的正义发展党重视研究中国共产党的治国理政经验，欣赏中国政府保持政治稳定基础上的经济改革和民族团结政策，希望两国进行更广泛深入的交流与合作。

11月28日，王蒙一行在伊斯坦布尔与土耳其著名畅销小说作家艾哈迈德·于米特见面，并与其家人一起共进午餐。于米特向王蒙介绍了自己年轻时在莫斯科留学的经历，也曾是热血的共产党员，并向王蒙赠送了新书《再见了，我美丽的祖国》，该书 30 万册在当年首发第一周即全部售罄。王蒙也向于米特分享了自己年轻时期的文学创作经历，并向于米特赠送最新再版的《这边风景》一书。于米特出生于 1960 年，是土耳其现当代最顶尖的犯罪惊悚题材作家，至今已出版 20 多部作品，并已被翻译成英文、德文、法文、西班牙文、阿拉伯文和韩文等十多种语言。

二、欧洲

王蒙在英国、爱尔兰

于　芃*

1957 年 4 月 27 日，《参考消息》发表一篇文章，标题是：《〈泰晤士报〉报道：我国讨论小说〈组织部来了个年轻人〉的情况》。文章内容如下：

> 伦敦《泰晤士报》22 日发表题为《第一百零一朵花》的社论说：去年 9 月，中国也出现了一本小说，反映了党的信徒中受过教育的人们的不安情绪。小说的名字很平凡：《组织部来了个年轻人》。小说的主题是描写一个由于党内的教条主义、冷漠和不公正而感到失望的热情的青年共产党员，这个主题所表明的忧虑情绪，正是杜金采夫的小说在俄国所引起的那种忧虑。
>
> 小说作者王蒙没有提出有希望的结论，虽然他描写的主角决心要同他的同事们的冷漠态度斗争到底。但是读者们很快地就表示了反应，数月以来一直在各种文学月刊上进行着争论。有些人出于对党的热诚而攻击了作者；大多数作家则和小说作者抱有同感。一位大学生写道，小说中的主角是我们这一代的典型人物。另一个人则称赞他的现实主义精神。他尖刻地问道，在描写集体农庄的不计其数的宣传性小说和影片中，有多少人物合乎公众的想象呢？

---

① 于芃，中国驻英国大使馆原文化参赞。

现在对这次讨论采用了以社论告终的做法，即由《人民日报》刊载了一篇重要的总结。首先，重新肯定了一年前在知识分子中间实行的"百花齐放"的自由批评政策。谈到王蒙的小说，报纸承认这本小说在关于党的生活的描写中提出了许多有确实有根据的问题。按说，即使党中央委员会所属的各部也不是完美无瑕的。但是同时又责备这位作者把读者带到疑虑的深渊中，没有在最后给他们指出光明的道路。书中主角应当具有这样的信心：党的领袖们是会及时纠正这种错误的。这个主角最年轻，需要通过斗争的锻炼。决不能把他表现为采取个人主义的解决办法。总之，《人民日报》是非常正确的和公平的，但是它能制止每个人阅读和诧异吗？

多年后，王蒙觉得《泰晤士报》这篇社论的标题起得倒是有点小聪明，就是损了点，意思是《组织部来了个年轻人》不在可以齐放的百花范围之内。根据《参考消息》这条线索，汉学家、英国国家图书馆（旧译作大英图书馆）中国典藏部前主任弗朗西斯·伍德博士（Frances Wood，中文名吴芳思）查到了"泰晤士报"社论原文。这段钩沉表明，英国（以及其近邻爱尔兰乃至美国）第一次知道王蒙的名字和作品，应该是源于《泰晤士报》1957年4月的这篇社论，那时，王蒙只有二十三岁。

一、王蒙作品走进英语世界

王蒙再次进入英语世界是在20世纪80年代。那时他已经从新疆回到北京，进入其文学创作的一个高峰。而中国外文局旗下的《中国文学》英文版在杨宪益、戴乃迭这对翻译界"神雕侠侣"的生花妙笔下，及时并有计划地对外推介新时期的文学成就，成为新老作家作品走向外部世界的窗口。仅就王蒙作品而言，该刊在 1980 年第一期发表了秦兆阳的《作家王蒙》和王蒙的《说客盈门》之后，几年里陆续发表了《蝴蝶》（1981 年第 1 期）、《春之声》（1982 年第 1 期）、《风筝飘带》《如歌的行板》（1983 年第 3、10 期）和《高原的风》（1986 年第 3 期）、《轮下》（1987 年第 3 期）等。

在英国伦敦，有一家 1903 年成立的 Arthur Probsthain 书店，位于伦敦著名的文化精英集中地布鲁姆斯伯里区。该书店由 Sheringham 家族成员合伙经营，是《中国文学》英文版的常年订户。女主人伊娃（Eve Shering-ham）与丈夫、女儿 Lesley 以及儿子 Michael（1972—1978 年北大英语外教，中文名谢马克）自 1971 年起每个月组织一次该杂志的品读会。开始时地点在书店，伊娃退休后改在家里举行，每月一度，风雨无阻。他们每次请参加者提前精读同一篇作品，以便聚会时相互交流心得。阅读文学作品本身不是目的，透过作品理解中国的文化和社会才是目的。2000 年《中国文学》停刊后，谢家继续订阅其新世纪版——熊猫丛书。王蒙的作品，通过许多类似这样的渠道，不断地走进英国人的客厅、书房，以及图书馆和院校的课堂。

英国知名翻译家、第十四届中华图书特殊贡献奖得主妮姬·哈曼（Nicky Harman，中文名韩斌）热推的"Paper Republic"英文网站也介绍过王蒙。

王蒙的经历在中国作家中是独一无二的。他于 1934 年出生于北京，在日本占领下开始生活，年轻时成为共产党和中国革命事业的热心支持者。

1956 年出版的短篇小说《组织部来了个年轻人》几乎结束了王蒙的文学生涯：小说对官僚主义的批评被解释为对党权威的攻击，直到这个故事引起毛主席本人的注意并称赞了其斗争精神，王蒙才确保有了事业和名声。

1963 年，在与农村社会重新建立联系的普遍热情中——他一直觉得自己的写作太知识分子化了——王蒙申请被派往新疆，他和家人最终在靠近哈萨克斯坦边境的伊宁生活和工作了十六年。在此期间，他学会了维吾尔语并熟悉了当地文化。这段经历给他个人成长和作为作家留下了深刻的印记，他后来最重要的作品大多借鉴了他在新疆的经历，最著名的是短篇小说《淡灰色的眼珠》和长篇小说《这边风景》。这段经历也印证了小说来源于真实经历和真实人物的重要性，虽然他的文学充满了抒情的创造力，但故事却源于对生活的密切观察。

"文革"结束后，王蒙一家回到北京重归文学界。整个 80 年代，随着对文化和文学的热情稳步上升，王蒙的声望不断上升。他逐渐在中国作家协会内晋升，最后在 1986 年被任命为文化部长，于三年后的 1989 年底卸任，这一年还出版了他的开创性短篇小说《坚硬的稀粥》。

轻松、讽刺的基调是王蒙的大部分作品的特点，尤其是 90 年代初以来的作品。幽默和自嘲对他来说很容易，他认为这是受了维吾尔文化的影响，但肯定也源于他漫长一生中生活和写作那么与众不同的条件。

英国学界的研究认为，王蒙的写作源于延安文艺座谈会的精神，始终以专业的方式来完善他的艺术。20 世纪 80 年代初，他借鉴外国文学主流趋势尝试文体创新，但立足本土，坚持中国"文以载道"的传统关注社会发展。王蒙作为一名职业作家，始终如一地追求卓越。20 世纪 90 年代末至本世纪初的一种观点认为，中国当代文学中还没有出现像鲁迅这样的伟大人物。张贤亮、阿成等一批作家的个人作品颇具影响力，但总体上还没有王蒙那么重要。他的《活动变人形》和《坚硬的稀粥》这样的作品未来很可能会经久不衰。他或可成为中国当代最伟大作家称号的有力候选人。

二十年后的 2019 年，王蒙当之无愧地获得了"人民艺术家"这一国家荣誉称号。

二、王蒙访英受到高规格礼遇

王蒙首次出访英国，是在 1988 年 6 月 12 日至 22 日。那次到英国他身兼两个身份，一是作为贵宾出席第 23 届世界出版家大会(6 月 12 日—17 日)，二是会后作为文化部长对英正式访问（6 月 18 日—22 日）。

访问的第一阶段，首相撒切尔夫人在英国产业和贸易大臣扬的陪同下，接见了王蒙和一同作为出版家大会开幕式贵宾的埃及总统穆巴拉克夫人、印度外交国务秘书辛格、津巴布韦高教部长穆图布卡、联合国教科文组织总干事马约尔、爱尔兰前首相菲茨克拉尔德等。撒切尔夫人对王蒙来访表示欢迎，并请他向中国领导人转达她的良好祝愿和亲切问候。出版家大会开幕式当天，王蒙做了题为"对书的渴求"的讲话，讲话七八分钟但言简意赅，传递了我国当时精神文明建设的信息。

访问的第二阶段，应英国艺术大臣鲁斯和英国文化委员会的邀请，王蒙作为文化部长对英国进行了正式访问。会见了鲁斯大臣和英国文化委员会名誉主席查尔斯·特鲁顿、主席奥尔、总干事弗朗西斯、副总干事汉森、艺术委员会主席特纳、工党"影子内阁"艺术大臣马克·费希尔、前首相希斯、英中中心主席格林、世界笔会主席弗朗西斯·亨利·金、英国著名作家并被誉为"伦敦文坛女王"的英国图书联盟主席玛格丽特·德拉布尔等，双方就进一步加强中英文化交流广泛交换了意见。

王蒙说，在中国与西欧主要国家文化交流的项目、数量和广泛程度方面，英国并非属于前列，特别是在高层文化人士和作家交流方面，我们与法国和西德的交往胜于英国，这个局面与英国在世界文化中的突出地位不相适应，也与顺利发展双边友好关系不相适应。中英双方虽然都有经费困难，但仍然应该努力扩大这种交流。英方对王蒙友好坦诚的意见表示了赞赏，愿意就相关项目积极考虑。

访英结束之前，英中中心主席格林（Graham Carleton Greene）邀请王蒙等与三位英国最著名作家进行了一场对话。格林家族有左翼家传，上一代就有与毛姆齐名的著名作家格兰厄姆·格林，以及身为英共党员的作家兼电影人菲力克斯·格林。格林主席本人也是著名出版人，同时担任着英国出版协会主席和大英博物馆理事长等要职。

格林让大名鼎鼎的玛格丽特·德拉布尔（Margaret Drabble）作为这场对话的主持，他们邀请的另外两位作家也非常有名：一位是专为英国工人阶级写作的小说和剧作家巴利·海恩斯（Barry Hines），1984年他受BBC委约创作的电视剧"Threads"获得"英国电影和电视艺术学院奖"（British Academy of Film and Television Art，BAFTA）中的"最佳电视剧奖"。他在英国土生土长、创作始终以其约克郡的家乡作背景。另一位是因写了《撒旦诗篇》惹来杀身之祸的萨门·拉什迪（Salmon Rushdie）。与海恩斯不同，他生于印度，长在巴基斯坦，后来移民英国。这样一个强大的阵容，对于讨论小说创作的地域性和世界性、文学应该继续履行社会责任还是应该为文学而文学、为艺术而艺术，以及文学的翻译和女性作家和女权运动等，的确是再合适不过了！

最近，在王蒙和他原秘书王安的提示和国家图书馆熊远明馆长的帮助下，将1988年这场对话的翻译黄友义（后为中国外文出版发行事业局副局长兼总编辑）一篇旧作从历史档案中被淘金一般地找了出来。这篇题为《文学·社会·民族·世界——中英作家五人谈》的实录发表于1988年9月10

日的《文艺报》，文章翔实地记录了这场中英文化交流历史中少有的高规格、高质量的交流对话，即使在三十五年后的今天，仍令读者大有身临其境之感。此文附后，在此恕不赘述。

三、英国作家代表团来华与王蒙等交流

1993 年，英国派出由朵丽丝·莱辛（Doris Lessing）、玛格丽特·德拉布尔、迈克尔·霍尔洛伊德（英国著名传记作家、英国皇家文学学会主席，玛格丽特丈夫）三位重量级作家组成的代表团访华。在北京，莱辛一行赴王蒙家中实现了旧友重逢。她与王蒙 1986 年结识于意大利，比玛格丽特早。当时他俩是意大利蒙德罗文学奖的"同科得主"，因为都酷爱游泳和起早，两人每天早上都能在饭店的泳池见面，一来二去就熟悉起来了。莱辛 1919 年出生于伊朗，早年在南非生活，是共产党员。1949 年移民英国。1988 年时在英国已经是如雷贯耳的"文坛祖母"，后于 2007 年获得诺贝尔文学奖。

英国作家代表团在上海访问期间，与我国作家王安忆、白桦、赵长天等举行了座谈。德拉布尔谈了她的小说创作，霍尔洛伊德作了有关传记文学的演讲。莱辛最后一个出场，她说：

"通过交流，大家才能学到对方的长处。中国在发展，在向发达国家学习。但是我要提醒你们，目前在西方出现了整整一代文明的野蛮人，这些人有很高的学位，掌握了现代科学知识，他们用知识追求无止境的物质欲望。这种人掌握了文明，却造成了野蛮的结果。

"中国只能走自己的路，你们必须另辟蹊径！但东方和西方也不能分开，关键这个统一是平等的。如果以男性为中心，把女性边缘化，这是错的；如果以西方为中心，把东方边缘化，这是错的；以英帝国为中心，把殖民地边

缘化，也是错的！

"男女两性出问题，问题出在男人的自我中心主义。英国殖民地出问题，问题出在英国的自我中心主义。这个世界出问题，就是出在所有的强者的自我中心主义。

"作家是灵魂的工程师，应该启发人类思考怎么去解决问题，不是为唯美而唯美，不是为艺术而艺术，我为什么写诗，因为我思考文学；我思考，而我写一本书就是提一个问题！"

王蒙曾以包括英国作家在内的外国同行的创作为例，谈"文以载道"这一中华优秀传统。他说这里所谓的"道"，用现在的话说就是表达某一种价值观，或者说是一种价值系统、价值观念、价值标准。

"这不光中国，国外也有啊"，王蒙说，"我所接触的一些外国作家，虽然他们没有'文以载道'的观念，但是都非常注意'道'。比如英国女作家朵丽丝·莱辛，就特别同情被压迫的黑人，还有玛格丽特·德拉布尔更是一个关怀社会的作家。所以与她们坐在一起交谈时，谈论的话题都是关于民生、劳动者状况、环境污染与文学对改善社会的作用等问题"。

2012年，王蒙第三次来到英国，这一年的伦敦书展，中国是主宾国。4月16日，王蒙和玛格丽特·德拉布尔又一次同台亮相，就"出版与文化"的话题用英语对谈。

玛格丽特·德拉布尔提醒中英的作家们警惕一个陷阱——全球畅销。"在英国，书畅销了，会被改编成电影，接着电影会带动书的销售，使书有了'全球畅销书'的最大可能。这诱导了一些人为电影写作，这真是一个陷阱。"玛格丽特·德拉布尔说，"不管在任何时候，作家最好的选择，永远是好好地书写自己的故事，而不是去取悦国际化市场，这样太容易失去自己的视角，乱了自己的阵脚。"

2012 年 4 月 16 日在伦敦书展中国主宾国活动中，
王蒙与英国作家玛格丽特·德拉布尔对谈

王蒙使用互联网已有些年头，互联网时代的写作，无法离开互联网，但他坦言对互联网也有忧虑："感觉这时候的人太急了，高端的文化果实不是这样产生的。"他提及了中国的老话"三个臭皮匠，顶个诸葛亮"。他说"三个臭皮匠，顶个诸葛亮"的时候比较少，倒是"三百个臭皮匠，消灭一个诸葛亮"的时候比较多，当然，"'三十万个臭皮匠，出两三个诸葛亮'是有可能的，但这不是绝对可能"。

四、英国友人谈王蒙

王蒙和玛格丽特·德拉布尔对话那天，现场的吴芳思心情复杂。"陈小滢告诉我王蒙的妻子不久前去世了，我能想象得出他的痛苦，他这时最需要朋友的关心和安慰。可他勇敢地来到伦敦了，在弘扬中国文学和文化的场合开展重要的公共活动了，而这时他可能更愿意一个人默默地寄托哀思。"

吴芳思 2023 年荣获第十六届"中华图书特殊贡献奖"，她是最早在中国见过王蒙的英国人之一。"我记得是在北京杨宪益和戴乃迭的家里见过王蒙。那是在 20 世纪 80 年代中期，我正在写那本中国旅游蓝皮指南，所以常去中国，到了北京都会去杨家，因为戴乃迭的妹妹是我妈妈的朋友，每次都托我给她姐姐带东西。"

"他们家在外文局公寓，每天晚上高朋满座笑声不断。记得在那里见过华君武，还有张洁、黄永玉等，个个都非常有文化，知识渊博——能见到这些杰出的人物真是莫大的荣幸。而且杨家的气氛总是那么友善和无拘无束，让人不紧张。王蒙过来的那天晚上，我们花了很多时间欣赏杨宪益在市场上买的两条小娃娃鱼，你想想你十分敬重的人就在身边席地而坐欣赏一碗水中的娃娃鱼，那时王蒙已经是文化部长了。他们热爱生活，好奇幽默，兴趣广泛，一点名人的架子都没有。"

在王蒙和吴芳思共同的朋友陈小滢的记忆里，王蒙是一个跟各色不同的人都能兴致勃勃对话的人。陈小滢是中国现代文坛名人陈西滢、凌淑华的女儿，丈夫秦乃瑞（John Chinnery）是英国著名汉学家、爱丁堡大学中文系前主任，他创办了苏格兰-中国友好协会并任会长。2010 年去世后，该协会至今不再设会长，而是在会长一栏留白以示对他的追忆和敬意。

1996 年，格林的英中中心和秦乃瑞的协会联袂邀请王蒙夫妇去英国作讲座，这是王蒙第二次到访英国。今年已 94 岁高龄的陈小滢至今还记得下面几个细节。

> 讲座之后，我和 John 带他和夫人去一家土耳其餐馆吃饭，王蒙会说维吾尔语，一下子就跟餐馆老板聊上了，这顿饭笑声没断。到了爱丁堡，在餐厅他又用英语和一个用餐的苏格兰人聊上了。对方问他中国的事，他问对方苏格兰的事，热火朝天，最后对方一定要送王蒙铁画，他的夫人是铁画画家，非要赠送王蒙这位新知己不可。
>
> 还有和卫奕信夫妇（Lord Wilson，曾任香港总督）吃饭。娜塔莎（注：卫夫人）开车，但我们六个人一辆小车坐不下。最后决定我们三个女的乘车，他们三个男的跟着车屁股后面一路小跑到餐馆。
>
> 那天我们没有单间，但有个隔断，吃完饭聊天，聊到最后还一起唱上了，一会儿是苏格兰民歌《友谊地久天长》，一会儿又是抗战歌曲《游击队之歌》《太行山上》……

2023 年，吴芳思的《中国名著名作》（*Great Books of China*）由企鹅出版社再次重印。谈到王蒙作品的影响，吴芳思认为：

> 王蒙是任何中国现代文学学生所熟知的。他的作品常常介于尖锐的攻击和对个人关系的微妙研究之间，读来妙趣横生，受到广泛喜爱。幽默是他的一大特征。读他，你能强烈地体会到在是与非、在揭示人性美德和弱点方面，他是毫不含糊的。
>
> 他的经历不一般，智慧也不一般。他首部主要作品《组织部来了个年轻人》遭到过攻击，他也得到过保护。他自愿去新疆一待十六年——这个选择太不容易了——但这也使他远离了"文革"期间一些

大都市混乱。他担任文化部长，三年后离任。他除了作品粉丝外，还有很多朋友，值得注意的是，他的朋友有相当多成就斐然的文坛大家。

五、王蒙访问爱尔兰

2000年9月10日至14日，王蒙率中国作家代表团访问爱尔兰。其间在都柏林观看了王尔德的诗剧《莎乐美》，参观了詹姆斯·乔伊斯故居等。在爱尔兰艺术和遗产部长瓦来拉女士为代表团举行的招待会上，他用英语致答词，讲了王尔德，还特别讲了乔伊斯应对不被理解的三大"战法"：silence（沉默），exile（放逐），cunning（狡黠）——这岂不就是爱尔兰版的"大音希声，独善其身，兵不厌诈"吗？王蒙说乔伊斯非常 Chinese 啊！一时间全场拍案叫绝。回国三年后，他完成了长篇小说《青狐》。在作家徐坤看来，这就是中国版的《莎乐美》。

　　2005年，我将王蒙的长篇小说《青狐》改编为话剧。这本书于2004年1月由人民文学出版社出版……拿到《青狐》我一看就乐了，心说王蒙老师这是要写一版中国的《莎乐美》啊！因为2000年夏天，我随王蒙为团长的作家代表团出访挪威和爱尔兰，团员有冯骥才、扎西达娃、王安忆、迟子建等。爱尔兰文化部隆重招待我们，在都柏林皇家剧院请大家观看了一场王尔德的诗剧《莎乐美》。演出太震撼了！演员惊艳得震天动地！舞美漂亮得一塌糊涂！

　　演出结束后与演员见面的酒会上，王蒙团长脸色绯红，手持一杯葡萄美酒，兀自摇头晃脑，嘴里念念有词：哈哈，这壶水，煮到现在，才算真正开了啊！哈哈！哈哈哈！我跟迟子建就在边上偷乐。没想到，回来以后，他真开始写中国式的莎乐美，还以一个"狐狸"意象予以命名，真是高妙！再看情节，是中国 20 世纪革命时期的复仇文艺女神莎乐美的形象。不禁惊呼：快哉妙哉！

《风格伦敦》《晚钟剑桥》这两篇散文写于 1997 年，那时王蒙已经两度到访英国。他以作家和学者的敏锐，把他对英国式保守的观察与思考，留给了读者。

> 在伦敦，你感到一种和谐，在建筑与人们面部表情，天气与道路，商店与教堂，双层公共汽车与地铁，牛津式发音与被一些欧美人嘲笑的英吉利式烹调，服装与树木、草地之间，以及所有这一切之间，有一种统一，有一种属于自己的而绝不是旁人的性格。性格就是文化，性格就是风格。维护这种性格、文化、风格就是自我的实现，就是价值至少是价值的一个重要组成部分。
>
> 这也就是人们所说的英国式的保守吧。在中国，保守是一个显而易见的贬义词。而在英国完全不然，长期以来她的执政党就是保守党。保守是一种风格，是一种骨子里的傲气，是一种自得其乐的选择，是自己对自己的忠实。保守的伦敦是一个令人感到独特和趣味，感到世界上的值得保守的东西确实应该理直气壮地坚持下去保留下去守护下去的地方。你是无与伦比的，你才有保留球籍的资格和前程。
>
> 也许我们缺少许多进步和变革的勇气，也许我们永远要十分地警惕固步自封抱残守缺；但是我们难道就不缺少认真的与合乎理性的保守的智与勇，就不需要警惕那种幼稚的赶时髦的一窝蜂了么？

敏锐地发现把 conservative 汉译成"保守"带来的问题，体现出王蒙语言上的功力。哪里会有一个政党，专拣本国文化语境里的贬义词给本党起名？英国式保守更接近汉语的"守成"，它不是简单的守旧抵制变革，而是当旧的还没有被证明失效，就不妨留用；当新的尚未被证明能完胜旧的，那就不妨稍等。我们再看《晚钟剑桥》中的这段：

> 放下随身携带的物品就去圣约翰书院晚餐。进入书院，先去派对大厅。人们介绍说这间大厅保持着三百多年前的习惯，厅内只点蜡烛，不设电灯……所有前来饮酒并接着去吃饭的人都穿着为在本院获得过博士学位的人特制的黑"道袍"，十分庄严郑重。英式发音优雅做作，每人脸上的笑容都合乎标准……晚饭结束后再去派对大厅喝咖啡。一切陶冶情性的程序认真完成，并没有用多少时间。远远比参加一次正式宴请简单迅速得多，难得的是这种数百年不更易的坚持。

> 这与其说是吃饭不如说是吃饭的仪式，也许真是一种展现和怀念剑桥以及整个英国的历史、保持（为什么不呢？）和炫耀剑桥及英国的光荣传统的典礼——如果不说是例行公事的话。我甚至猜想，与餐的一些人饭后很可能有约去进行另一顿晚餐，更美味更轻松更富有生活气息的一餐。历史的必须之后肯定还有现实的快乐，当然，这种保守的庄严与珍惜的认真劲儿也令人感动，没有这就没有剑桥，没有英国，再引申一步，就没有欧洲，并且这本身就有观光价值。

六、英国观众持续关注王蒙和中国

1994 年，反映云南纳西族百姓生活的七集纪录片《云之南》在英连播一个月引发收视热潮。这部作品仿佛是一部故事片，细腻地刻画了丽江几家普通百姓的日常生活，BAFTA、EMMY、INDIE 各大奖项拿到手软，至今还是英美院校的专业教材。评论界认为：该片证明中国从来就不是不可理喻的，问题在于从来没有用可以理喻的方法去展示她。该片编导阿格兰（Phil Agland）说："在英国听不到普通中国人的声音，《云之南》让观众听到了中国老百姓的声音。"

2015 年，《这边风景》获茅盾文学奖，王蒙以新疆伊犁地区少数民族生活为原型，从公社粮食盗窃案入笔，透过衣食住行劳作娱乐这些"生活层面的风景"，进而投射到少数民族待人接物、宗教信仰和人生哲理这些"精神层面的风景"。用王蒙的话说，"吃喝拉撒、婚丧嫁娶、从头到脚，什么都写到了"。喀什师范学院的古丽娜尔教授认为，小说是以民族志的方式，由外而内编织出维吾尔族文化和生活，打破了既定的关于新疆、关于维吾尔族的文学想象。只有如王蒙"这样长期在新疆生活、对维吾尔文化有深刻感知的人才能如此准确把握"。一位在新疆生在新疆长的汉族同胞表示，王蒙在新疆十六年，钻研维吾尔语和维吾尔族的文化，这是王蒙对民族关系作出的最好的典范，值得所有在新疆生活的汉族同胞学习。

2016 年，王蒙应邀在旧金山公共图书馆主讲了"《这边风景》：我在新疆十六年"。得益于互联网的便利，在英国至今仍可收看该馆 YouTube 平台上的整场录像实况。他汉语维吾尔语英语轮番上阵，用几个精选的亲历故事，勾勒出维吾尔等新疆少数民族群众的善良、睿智、风趣、幽默的感人形象，而在其身后的大屏幕上，秘书彭世团播放他在新疆与各民族朋友亲如一家的生动、温暖的画面。这些铺垫，就使人越发想探究为什么近来发生了恐怖、极端和分裂主义杂音？王蒙分享了他的三点思考：（一）我们多民族命运共同体理论，毛泽东主席说民族问题归根结底是阶级问题，汉族和少数民族的受压迫阶级应共同反抗汉族和少数民族的剥削阶级，这很管用。现在，多民族命运共同体理论的阐发还有待努力。（二）现代化对每一个民族来说并不是一个非常容易的事情。近三四十年来现代化的急剧发展，各民族的感受不同，很多习惯了的生产方式、生活方式发生了变化，有些人有自己赶不上现代化快车的感觉。（三）最严重的是国外的影响：昔日两大阵营、两种制度、两种意识形态看似模糊了，现在境外有一批人对社会的发展和全球化完全绝望、转向对人类的仇恨，对世俗生活的仇恨，走上了打着宗教的旗号攻击无辜的恐怖主义。王蒙的结论是：我们走向现代化要照顾到地区和民族的发展，要更平衡细致地工作，当然更要坚决打击恐怖主义。中国的前途、各民族的前途是光明的。

英国的观众收看了这个视频后感言："这个演讲棒极了。医生酒后封王蒙为斯大林文学奖得主那段真的是让人笑出声来，但尾声又是如此睿智光明。如果中国想向世界解释新疆问题，王蒙做到了！""他没有回避问题，但他解释得那么好、那么富有同情心。""现代化的发展过程，的确会打破已有的平衡，产生新的社会问题，英国至今不是也在呼吁地区之间的发展注意平衡（levelling-up）吗？王蒙确实是一个了不起的人。"

旧金山的这次演讲，完全可以作为跨文化传播的范本来研究。王蒙认为，对外讲述中国故事要"勇敢直率地面向世界、面向实际，不回避、不心虚，一是一、二是二，开诚布公。中国就是中国，社会主义就是社会主义，进展就是进展，困难就是困难，共同就是共同，特色就是特色，没什么可含糊的。"有人强调文学与时代政治背景不相容，有人说王蒙太政治，作品政治色彩浓。王蒙是这样回答的：

　　20世纪的中国，政治、历史、时代、爱国救亡、人民革命、抗美援朝、社会主义、改革开放，在社会大变动中，家庭个人，能不受到浸染吗？能不呈现拐点、提供种种命运和故事情节吗？杯水风波、小桥流水、偏居一隅，当然可以写；但同时写了大江东去、逝者如斯、风云飞扬、日行千里的男女主人公，为此，难道有谦逊退让的必要吗？

王蒙把"永远和人民在一起，做人民的代言人"作为创作格言，体现出这位人民艺术家根正苗红的光明底色。中国出版协会理事长邬书林说王蒙是文学创作的"劳动模范"、对外交流的出色使者、青年一代的良师益友，真是说出了中国老百姓的心声。

王蒙出访英伦五日

彭世团 *

二○一二年四月十三日

经过十一个多小时的飞行，傍晚时分，我随王蒙乘坐的 CA937 航班平安降落在似乎刚刚下过大雨的伦敦希思罗机场。这是我第一次踏上英国国土，而王蒙是第四次来到这个国家。在降落之前，从舷窗眺望，伦敦红色的建筑掩映在绿色里，看不到特别高的建筑，有的是低矮的小楼房，红砖、灰瓦。

王蒙第一次到英国是 1988 年 1 月（他记忆里是 1987 年，那时还没过春节），当时他还在文化部长的任上，他作为嘉宾去参加世界出版组织第 23 届代表大会。他说当时同属嘉宾的还有印度外长辛格、尼日利亚诺贝尔文学奖得主索英卡（Wole Soyinka）和埃及总统穆巴拉克的夫人。那时候飞一趟伦敦可不像现在一样。现在从北京起飞，经过蒙古国、俄罗斯、波罗的海，进入大西洋，不用经停任何一个地方就可抵达伦敦。当时很麻烦，为了避免飞经苏联领空，飞机要从南边的航线走，中途在阿拉伯联合酋长国的沙迦（Sharjah）降落，休息加油，然后从那里到瑞士的苏黎世，再到伦敦。今天我们直飞都感觉筋疲力尽，按当时的飞法，没有一定的意志力与毅力是不可

---

* 彭世团，中国驻越南大使馆原文化参赞，曾任王蒙秘书。

想象的，不过，想想 20 世纪初，与人们坐邮轮赴英国，动辄个把月的行程相比，那也已经是快的了。

当年王蒙从飞机场进城，是用"摄像"的眼睛来观察这个国度的。"没有漏掉自机场至旅馆经过的著名的海德公园与大笨钟。伦敦似曾相识。到达伦敦如到达一幅早已熟悉的画片，或者更正确的说法应该是一组（拉）洋片。"中英关系十分密切，中国人对于英国的了解也非常多，尤其是英国的文学，我们随便都可以列出一串名人来：莎士比亚、狄更斯、哈代、康拉德、毛姆、柯林斯、奥斯丁、格林、吉卜林、王尔德、拜伦、济慈、叶芝、约翰·班扬、亚历山大·蒲伯、丹尼尔·笛福、乔纳森·斯威夫特、亨利·菲尔丁、塞缪尔·约翰逊、理查德·比·谢立丹、托马斯·格雷、柯南·道尔。作为小说家的王蒙对他们一点不陌生。当然，还有王蒙的朋友朵丽丝·莱辛、玛格丽特·德拉布尔等现当代作家。《雾都孤儿》《双城记》里面描写的伦敦，《福尔摩斯》里描写的伦敦，谁又能忘记呢？王蒙从 1980 年开始学习英语，后来一直从电视上看 Follow Me，里面配的画面就有伦敦。

在伦敦的第一顿饭吃的是中餐，有蒸鱼，有莲藕汤，王蒙说这已经是非常地道的中餐了。我们是在餐馆的雅间里吃的，雅间外就是三三两两的英国本地客人。餐馆里与国内的中餐馆没什么两样，一样的吵吵闹闹，那些本地客已经熟悉了这样的氛围，也没有像在西餐馆那样刻意保持安静。走出餐馆的时候，路灯昏黄，下着小雨，让人想起英国小说里的人物总是带着伞出门。事实上这是有必要的，在往后的几天里，我们经历过伦敦的时晴时雨的多变天气。一天早上，与王蒙到皇家花园去散步，走着走着就下起了雨。我们在橡树下躲雨，而多数的英国人都带着伞，随时备用。

王蒙第一次到伦敦住在哪一个饭店？他在文章里写到"充满倦意的我住进了西敏寺的一家饭店"。这次我们入住的是帝苑酒店（Royal Garden Hotel），王蒙就住在 515 房间。那个房间的后面是一个巨大的玻璃窗，窗外就是美丽的宫室与皇家花园。有圆湖，有宫殿，有高大的、刚刚长出新叶的橡树和梧桐树。青绿是窗外风景的主调。当然，这是第二天天亮，太阳出来之后看到的风景，我们到的时候天已经黑了，服务员连窗帘都拉好了，困倦的王蒙也无心去看窗外的风景。

我们离开伦敦之前的 17 日早上下了不小的雨，在出去参观之前，雨稍小，我们到皇家公园里散步。王蒙似有所觉，说 2006 年秋随同中国政府代表团来访时，应该住的就是这个饭店，旁边就是宫殿……是的，在宾馆后面就是肯辛顿（Kensington）宫，那里是英国最伟大的维多利亚女王的出生地与已经去世的戴安娜王妃居住的地方。宫殿里现在有与她们有关的一些展览。宫殿与圆湖之间，有一座白色大理石的维多利亚女王像，她就日夜守护着那个圆湖及其里面的天鹅、野鸭等生灵。在离宫殿不远的地方，是女王的丈夫阿尔伯特亲王的纪念碑，有点东方梵宫建筑的样子，基座四周是四个群雕，代表着亚洲、非洲、欧洲和美洲，那是日不落帝国辉煌过去的缩影。纪念碑中央端坐着阿尔伯特金色雕像，面南是以他的名字命名的阿尔伯特音乐厅。阿尔伯特是世博会的创始人，正是由于他的努力，1851 年，第一届世博会，或叫伦敦万国博览会才得以在他现在安坐的纪念碑所在的地方举行，当时那里建了一个五百多米长的玻璃建筑，号称水晶宫。王蒙走到那里的时候，樱花正在盛开，玉兰掉落满地。

二〇一二年四月十四日

王蒙一行这次来伦敦的主要目的是参加伦敦书博会，会议开幕要到 15 日。于是 14 日便给了王蒙游览伦敦的大好机会。根据中图公司刘向涛的建议，我们选择了去莎士比亚故居。

伦敦送给我们的是一个难得的艳阳天。离开城区不远，便是大片的农庄。整齐的草地，成片的油菜花散落在起伏的丘陵地带。草地上是牛，是羊，或站或卧。

王蒙记得清楚，莎士比亚故居所在地叫 Stratford-upon-Avon。Avon 是一条小河的名字，这个所在地就是阿文河边的斯特拉福，那是一个小镇。玛丽·阿登之屋（Mary Arden's House）、纳什之屋（Nash's House）是莎士比亚的故居，所在的街道现在是一条步行街。来来往往的游客挤满了街道，但并不喧闹，很安静。在街道入口的一端，有一个小丑的铜像，为街道增添了一些活泼的气氛。莎士比亚的戏剧，嬉笑怒骂，演尽人间百态，本来就应该是比较轻松的。

王蒙一行没有直接去看那两个小屋，而是直奔 Avon 河码头。码头边是一个广场，叫不出名字来，游人们都集中到那里去观景。那个古老的码头的船闸是木头的，航行的船是现代的。当然，要是时间充裕，坐上船，喝着咖啡，一游这个古老的小镇，那将是一件惬意的事情。据说莎士比亚那个时代，就是四百多年前。一直到现在，这里的街景、风光没有发生多少变化。Avon 河船闸边有两株盛放的红樱花，我相信莎士比亚活着的时候是没有的。还有那座莎士比亚的雕像，就坐在那里，基座边是他的四大悲剧《哈姆莱特》《奥赛罗》《李尔王》《麦克白》中四个主人公的雕像，这些在他那个时代都还没有。四大悲剧人物因莎翁而生，也将永远陪伴和托举着这位文学巨人。

小镇上吃饭的地方很多，我们挑的是西餐，王蒙有个习惯，在中国吃中餐，到了西方，自然应该吃西餐。就像在国内，到了遵义喝茅台，到了即墨喝老酒一样，入乡随俗，入乡随食。

下午王蒙一行回到纳什小屋，每进一道门，就放一段视频，通过视频，可以了解莎士比亚的一生。我说这种展览的方式不错，王蒙说他们也没别的办法，莎士比亚留给他们可供展览的东西并不多。在大厅的角落里，有一个莎士比亚的蜡像，那个中年的莎士比亚正在写他的哪一部剧本呢？

从纳什小屋出来，就到了莎士比亚故居的一个院落，不知道这里是不是他们家原来的地盘。地里正生长着各种花草，怒放的樱花、灿烂的郁金香等等，据说那里的花草在莎翁的戏剧里都出现过。

阿登小屋的讲解员很开朗地向来自中国的客人打着招呼，介绍这是莎士比亚当年出生的地方。这里也是展示莎士比亚时代生活的展览馆，一层是厨房，二层是卧室，十分朴素、简洁。在二层展出一些莎士比亚手稿复印件，一个黑色的雕像放在窗台上。

王蒙在里面匆匆看过，这不是他第一次来，估计前后之间也没什么变化。在他的印象里，这里的城市几十年也没有什么大的变化，不像国内，一个地方几天不到，就可能变得让你认不出来。他倒是很认真地踩着那咯吱作响的地板。在来到小镇之前，他就说过，莎翁出生的小屋不大，给他印象最深的是小屋里木地板踩上去咯吱作响的声音。今天他再次来体验那楼板发出的声响，不知那声响给他带来了什么文学的灵感？一首诗？还是一篇文章？

从小屋出来，小花园里正在上演《罗密欧与朱丽叶》。这样的演出显然是为旅游服务的，就两个演员，观众就在跟前，演一个小片段，换一套衣服，其实也挺不错的。王蒙上次来，匆忙得很，没有时间坐下来，这次他坐在了演员跟前，静静地享受着和煦的阳光与在莎士比亚家的院子里上演的罗密欧与朱丽叶，就跟刚才到 Avon 河边时，坐在莎翁的雕像下一样，他的内心一定在感受着什么。

要从院子里出来，得经过旅游产品销售店。王蒙看了几样，多半是made in China。他选择了一个有特色的杯子与几个钥匙扣，说是要送给孩子们，算是他到此一游的一份纪念。其实每到一处，他都会买点东西，他称之为旅游消费，而很多东西带回家，往角落里一堆，根本就不再触碰了。

镇子上创建了哈佛大学的哈佛先生的故居，王蒙没有进去。哈佛故居的房子建筑形式有点像北欧维京人的建筑，就矗立在镇中心的一条街上，与周围的房子有所不同，是比较有特色的建筑了。

午后的阳光里，一树耀眼的八重樱站在斯特拉福街头将我们送走。回到伦敦城里的第一件事，王蒙想到的是到海德公园走走。在海德公园迎接我们的，是一只活泼可爱的松鼠，可惜我们没有带可以让它饱餐的美食，估计它不知道我们是远道而来，生气是难免的。王蒙沿着长水湖走着，岸上是与我们一样来休闲的人们，走路的，滑旱冰的，跑步的，逗鸟玩的，遛狗的，带小孩的，这里属于我们，更属于他们。这里有阳光，有清新的空气，有流动的风景。

导游告诉王蒙，湖对面的那座不高的玻璃建筑，海德公园一号，是伦敦最高档的公寓楼，一套房动辄百万英镑。

离开海德公园，王蒙经过白金汉宫，很遗憾这次没有时间去看看这座全世界有名的宫殿，但他不要紧，我们选择了去意大利餐馆吃 spaghetti。那是一个叫天堂的意大利餐馆，服务十分周到，意大利的面食当然也是一流的。

二〇一二年四月十五日

"四面观察'摄像'的眼睛没有漏掉自机场至旅馆经过的著名的海德公园与大笨钟。"这是王蒙第一次到伦敦时内心兴奋的写照。这次王蒙就住在海德公园一角，无论阳光明媚，还是刮风下雨，每天都要到公园里转一圈。圆湖里洗澡的小鸟，成群的天鹅、野鸭，有没有哪一个记住了我们呢？估计没有，就像我们在那里转了好几天，也没有记住任何一个在湖边转圈人的脸一样。今天一早我独自进入公园，一对小鸟在树上打架，一直打到草地上，一个盛气凌人，另一个跪地求饶。看到我过来了，两只鸟停下来瞟我一眼，然后继续打斗。我不知道他们有没有记住我，但我用相机记住了他们。我给王蒙看，说那是两只好斗的小鸟，难得一见。王蒙反问：你怎么知道他们在打架，而不是在谈恋爱呢？是啊，为什么不想想可能人家在谈恋爱呢？在这春意萌动的日子里，人都谈恋爱去了，何况是一年里只有春天才谈恋爱的小鸟呢?!

　　早上是组织者留给我们的闲暇时光，我们的目标是 1988 年王蒙"摄像"的眼睛看到过的大笨钟、居住过的西敏寺地区。那里离我们住的地方并不遥远，只一会儿就到了。王蒙对这一地区是熟悉的，他不只一次来过这里。1988 年他到伦敦时，"当天下午就去西敏寺教堂出席年会的开幕式。那一次大会组织者邀请了英国的一批老演员在大教堂里朗诵莎士比亚等人的经典名作。不时还有合唱参与其间，合唱者站在教堂建筑的高处，声音像是从天空洒下来的——此曲只应天上有，人间哪得几回闻？英式发音也很好听。有一个英国朋友说，英国出口的最佳物品就是牛津式的英语。才到达伦敦，你就感到了她的独特的文化风格的冲击。伦敦的文化氛围先声夺人"。

　　我是寄希望于能进西敏寺去感受这一"先声夺人"的英伦文化氛围的，但因为是星期天，西敏寺并不对我们这些非信教人士开放。

　　在去西敏寺的路上，我们讨论了一些英语地名及其翻译。其中包括西敏寺的英文名是 Westminster Abbey。最早是谁翻译的，已经不得其详，这是音译与意译结合的典范之一，而现在通用的译名是威斯敏斯特大教堂。

　　在离开这一地区以前，王蒙没能去看那座可以开合的伦敦桥，但我们一起哼起了"London Bridge is falling down"。不过我们去看了那座二战时由妇女设计施工的"滑铁卢"大桥。大桥实在没有什么特别的地方，但那是《魂断蓝桥》里主人公告别的大桥，它的形象早已经与那部电影一起传遍世界，为世人所熟知。我们就站在河边那座方尖碑前，远远地眺望着大桥，与大桥合个影，也算是到此一游。

　　傍晚时分，王蒙来到海德公园边的文华东方酒店（Mandarin Oriental

Hotel），众多的作家、出版家来了，中共代表团与政府代表团的领导来了，英国的约克公爵安德鲁王子来了，教育大臣戈夫来了，英国文化委员会的领导人来了，大英图书馆的代表来了。讲话，致词，伦敦国际书展"市场焦点"中国主宾国活动在热烈的气氛中揭开了序幕。在开幕式后，王蒙参加完酒会活动，就直奔马导游开的一家小餐馆吃馄饨去了。

吃饭时王蒙问我，伦敦的街道与我看到的别的国家的街道有什么不同？我想了半天，的确，这里的街道与欧洲的意大利、法国、德国、捷克等的都不完全一样，与美国的更是不同，倒是与英联邦的澳大利亚的街道有点相似，不过这里的街道似乎要更精细一些。精细在哪？我一时竟又想不出来。

二〇一二年四月十六日

伦敦书展中国主宾国活动，中方有一百八十多家出版商参展，展台面积超过一千平方米，几天的时间，安排了三百多场活动。活动的主要场所是伦敦书展所在地伯爵会展中心（Earls Court）。会展中心就在我们所住的肯辛顿与切尔西皇家自治区。

中共代表团与中国政府代表团的领导一大早要去巡馆，王蒙是被建议到场的人士之一。于是我们早早地就来到了伦敦书展的展厅。在展厅门口，我们的出席证贴上了红蓝两色的安保标签，顺利进入了大厅。早到的中方参展商们已摆好了迎接的阵势，还没开门，只有工作人员在那里忙碌。

这里有中国出版集团下属很多单位的书架，也有一些有实力的大学出版社的展台。各种书摆放得很丰富，据说中国展团带去了一万多种出版物。王先生的出现让那些与他相熟的朋友们很开心，在国内常见，但在国外见到，却又是另一番感觉，合影，谈笑，把那里的气氛都记录下来，也是难得的回忆。

王蒙今天的主要任务是与英国著名作家玛格丽特·德拉布尔女爵士

（CBE）对话。王蒙1987年就与她认识了，1993年她与朵丽丝·莱辛访华时，曾经到过王蒙所住的东城区北小街46号小院。那是他们最近一次见面了，从那时起，快二十个年头都跨过去了，当年不到六十岁的王蒙，现在已经年近八十，玛格丽特也已经是七十三岁了。

虽然他们已经是老朋友了，但以前王蒙却并没有很认真地看过玛格丽特的作品，为了这次伦敦之会，他把国图所藏几本中文版玛格丽特作品都借来看了。我记得2009年读一位朋友的诗，诗里说：那个人非常有名，可因为什么有名呢？不知道！王蒙不愿意做那样一个知道那个人很有名，却不知人家有名在哪的人。玛格丽特1960年开始发表作品，早期作品有《夏日鸟笼》（1963）、《登台表演》（1964）、《金色的耶路撒冷》（1967）、《瀑布》（1969）等，用精微细腻的笔触描写中产阶级生活，讲述知识女性的命运。其中最著名的一部是《磨盘》（1965），讲述了一个女大学生同时是一个单身母亲，在情感生活和学业中的挣扎奋斗。20世纪70年代以后，她的作品着力于人物的性格命运与社会状况和文化传统的关系，如《针眼》（1972）、《冰期》（1977）、《中途》（1980）、《闪光的路》（1987）、《自然的好奇心》（1989）和《象牙门》（1991）等。

除了阅读玛格丽特的作品，王蒙还准备了一些可能谈到的问题，并译成英文稿，然后认真地背诵，用他自己的话说就是开始"恶补"。他以前是可以脱稿讲的，最近一次脱稿用英语演讲是2010年9月在哈佛大学举行的那次中美作家交流活动上。但这次是对话，与演讲不一样，有更多的不确定性也更有挑战性。在出发前，王蒙跟我说，现场需要有个翻译。我知道他背下那些东西是没有问题的，但他不想让交流因为自己的原因显得不完美。他出发前专门请教了国际翻译家联盟（国际译联）第一副主席黄友义语言上的一些问题。他对黄友义的翻译水平的称赞，不是简单的用词上准确那么简单，黄先生最大的能耐是能预见到你可能卡壳的词，在适当的时候给你送过来，让你显得是那样自然，那样从容不迫。

十一点多钟，当王蒙重新回到展场时，我们看到了早已经到场的玛格丽特女爵士。我是第一次见到她，她个子不高，显得有点苍老。北京大学出版社的谢娜女士正陪同她在展场里参观。王蒙与她热烈拥抱。是啊，多年的老朋友了，都老了。王蒙问起她是不是写过九部长篇小说，她说她写了十七部长篇小说，这让王蒙咋舌。其实她的成就还不单是这些长篇小说，她还曾担任英国国家图书联盟的主席，担任主编编修过第五辑《牛津英国文学辞典》，还著有短篇小说、传记、评论和剧本等作品，关于 W. 华兹华斯和 A. 本涅特的研究专著等。见面之后，他们坐到了一起，共同回忆着往事，充满快乐。

对话是十二点开始的，王蒙与玛格丽特坐在大屏幕前，以英语谈论着他们所关注的文学生活，谈论着大家关注的出版、版权等问题。台下的听众饶有兴趣地听着：有当地的老作家，也有慕名而来的出版商。

从会场出来，王蒙邀请黄友义陪同，一起请玛格丽特吃午餐。午餐中的谈论以笑话为主，黄友义优雅的笑话永远讲不完，让大家都十分开心。在离开午餐的酒店前，遇到了同是来伦敦参加活动的袁行霈先生，由他主编的四卷本《中华文明史》英译本将在英国发行。

晚上是中国主宾国开幕式音乐会。卡多甘音乐厅所在的街道很有风格，红砖墙，灰屋顶，但音乐厅本身是白色建筑，显得十分突出。音乐厅里增加了安检设备，显然有重要人物要出席该活动。音乐会由钢琴家郎朗、小提琴家吕思清和中国国家交响乐团的歌唱家们与英国皇家爱乐乐团、英国新伦敦儿童合唱团合作演出。英国歌唱家们唱起了中国歌曲《康定情歌》《白毛女》，发音不是那样准确，但非常可爱。而乐团的水平极高，"演奏中国乐曲的水平比国内一些乐团强"，王蒙这样感叹道。在音乐会上，英国新伦敦儿童合唱团的小朋友们就站在楼上演唱，那轻盈美妙的歌声，从楼上飘落下来。

这是在伦敦的最后一个晚上，在音乐会之后，王蒙选择晚餐在中餐馆吃酸菜肉丝面。

二〇一二年四月十七日

正式的活动已经结束，剩下大半天的时间可以自由支配。一早上起来，外面下着大雨，对面的红色建筑在流泪。直到九点多，外面的雨也没有停的意思。王蒙耐不住，还是冒着小雨到海德公园里去转了一圈，有点清凉，很湿润。今天要去温莎堡。那里是英国君主的家，而城里的白金汉宫，在某种意义上来说，只是个行宫，是办公的地方。

王蒙十点过后才冒着雨出门。英国的太阳太厚爱我们了，车才开出伦敦城区不远，它就从厚厚的云里探出了身子。没多一会儿，温莎城堡就出现在视野里了。它就在那座不高的小山坡上，顶上压着乌云，阳光斜照着，像是放在铁砧上的一块等待锻打的钢坯。城堡下是一片广阔的森林，构成了城堡浓重的底色。

车驶进了温莎小镇中心停车场，停车场的弯道都很小很急，弯道边墙上那黑色的划痕告诉我，在这里进地库绝对需要过硬的技术。从车库乘电梯上去，就到了小镇中心的商场。在商场里穿行，王蒙念起他的外孙子说过，曾经在伦敦以八英镑买了一条裤子。这里一般的裤子也就是十多英镑，八九镑的也能买到，看来与国内的价格并无太大的差别。

温莎城堡始建于亨利一世时，即公元 11 世纪，经过近千年的不断修整、扩建，才成了现在这样面积达四万五千余平方米（故宫七万二千多平方米），房屋上千间，有着中世纪建筑风格的城堡。在介绍里，城堡分为上部与下部，上部是皇室的起居所，下部有教堂等公用建筑。

穿过商场就到了温莎城堡脚下。高耸的城堡用一片精心修剪的绿草衬垫着，一架飞机从城头上飞过，感觉城堡在蓝天下摇晃。王蒙在绿草边的椅子上坐下，阳光很亮，城墙很高，人显得很渺小。

在进入城堡的路口，是维多利亚女王的雕像，这座雕像与在海德公园里的白雕像几乎一样，只是这是铜的。在温莎城堡里还有一座，倒是跟海德公园肯辛顿宫前的白雕像一样。斜坡把王蒙引向城堡的入口，入口不远的小街道边，一个穿着18世纪蓝色礼服的美女挎着篮子站在那里摆着各种Pose。导游告诉我们，那是摄影店的广告。果然，摄影店就在她的背后。由于电子摄像的出现，老的摄影业走向衰退，市场有了新的形式并走向繁荣，而这样的广告，到底还是老形式的一种，只怕那位姑娘也坚持不了许久了吧。

从城堡出来，王蒙一行享用了城堡晚钟塔下一家意大利快餐店的比萨饼，做工与味道都比北京的要强许多。饭后王蒙充分享受了温莎小镇的阳光，想起了莎士比亚，当年莎士比亚应伊丽莎白一世的邀请进入这座城堡，写下一部著名的剧作《温莎的风流娘儿们》（The merry wives of windsor），并在城堡里首演。该剧还被改成了许多版本的歌剧，都非常成功。能与皇室保持密切关系，与政治权力中心保持友好关系，这应该也是莎翁成功的一个很重要的原因。

当王蒙离开温莎镇中心往机场去的时候，和煦阳光隐去了，变成了不大不小的雨。当天晚上，我们在回北京的飞机上做梦。

王蒙访问德国

孙书柱*　彭世团*

　　王蒙曾经六次到访德国。第一次是 1980 年 6 月，随冯牧率领的中国作家代表团访问联邦德国，参访了法兰克福、波恩、科隆、柏林、汉堡、德德堡与慕尼黑等地。拜会德国驻华大使和安娜·王、胡隽吟，结识关愚谦、顾彬等。第二次是 1985 年参加在当时的西柏林举行的地平线艺术节活动。第三次是 1996 年 5 月 25 日至 7 月 3 日应海因里希·伯尔遗产协会与北莱茵基金会邀请前往德国科隆附近的伯尔乡间别墅朗根布鲁希休养、写作，并在德国各地访问，其间在洪堡大学演讲。此时德国已经统一。第四次是 1999 年 5 月 11 日至 13 日应德国特立尔大学邀请在该大学发表演讲。第五次是 2008 年 9 月 15 日至 22 日应歌德学院邀请，前往汉堡、柏林，出席在汉堡举办的"中国时代 2008"活动，同时到汉堡孔子学院演讲，会见汉堡市参议员和汉撒同盟城市文化体育与媒体部主任；与诗人萨宾娜博士对话并朗诵俳句与和歌；接受《汉堡晚报》副主编采访。在柏林期间，到驻柏林文化中心做有关中国文学的演讲，参观联邦议院并与联邦议院议长拉莫特、联邦外交国务秘书阿蒙会见。其间，参观了汉堡议政厅、柏林国家博物馆等。并再次与关愚谦等见面。第六次是 2010 年 10 月 16 日至 20 日，出席德

＊　孙书柱，中国驻奥地利大使馆原文化参赞。
＊　彭世团，中国驻越南大使馆原文化参赞，曾任王蒙秘书。

国法兰克福书展。在主题馆作"中国当代文学生活"演讲，在法兰克福文学馆作"革命与文学"演讲，其间出席了主宾国交接仪式，参观了歌德故居、德意志之角。

1996年6月16日，王蒙与夫人崔瑞芳在德国亚琛市中心留影

1996 年 6 月，王蒙与妻子崔瑞芳在已故诺贝尔文学奖获得者海恩里希·伯尔家留影

一、王蒙第一、二、三次访德

王蒙第一次到访德国时到的地方最多，所见所闻所交集，都记录在了他1981 年 1 月写下的《浮光掠影记西德》及当年 11 月写的《贝多芬故居》等文中。如汉堡著名的大西洋饭店、海德堡的雨夜、科隆的大教堂；看到那里的发达，那里人的敬业，那里的中餐馆与中国人；遇到长辈好友魏克德、同辈的顾彬等。顾彬多年来一直保持着与王蒙的交往，也曾一同前往中国海洋大学讲学。

第二次到访德国参加西柏林地平线艺术节时，王蒙是中国作家代表团团长。当时负责接待的中国驻西德大使馆的孙书柱写了专门的文章《王蒙在德国》做了记述。

1985 年，西柏林地平线艺术节中国作家十五人到访，王蒙作为中国作家团团长，这是他第二次访问德国。

孙书柱作为中国驻西德大使馆的二秘在第二天从波恩赶到西柏林去看望他们。寒暄之后，王蒙便拉着他和身边的舒婷一起三个人来到代表团所在地附近一家酒店坐下来。他为每个人要了一杯托尼克和一瓶金酒，然后大家把金酒兑到托尼克水里喝起来。

孙书柱问询了大家的情况，记得特别问到赵振开（北岛）。王蒙说，赵振开很好，他和大家一样高高兴兴。最后，他们商定艺术节结束后中国作家代表团到当时的西德走访诺贝尔文学奖获得者海因里希·伯尔。这也是预先和中国作协商量好的事项，只是时间待进一步确定。

孙书柱一回到使馆，便收到北德作家乌维-赫尔姆斯的来信。乌维-赫尔姆斯曾经作为德意志联邦科研交流署的成员到北京大学研究生班讲学三个月，那时孙书柱正在研究生班学习，于是他们结识了。但那之后，他们失去了联系。后来，孙书柱来西德工作，才通过北德电视台的节目部主任盖哈德-福格尔又联系上了赫尔姆斯，他们恢复了联系。赫尔姆斯听说中国十五名作家来西柏林，非常高兴，表示一定请他们过来几天。原来他还是石勒苏益格-荷尔斯泰因州（简称石荷州）的文化顾问。他的来信就是告诉孙书柱，石荷州同意他接待中国作家代表团，但只能在石荷州。孙书柱因为中国作家代表团要见伯尔，所以要求他特别考虑。

在石荷州同意安排中国作家代表团之后，孙书柱又同伯尔的儿子热内通了话。伯尔非常开心，期待中国作家代表团的到来。

中国作家代表团在西柏林艺术节结束之后按赫尔姆斯安排，到了汉堡。负责接待他们的是北德电视台的福格尔、奥斯特，当然还有赫尔姆斯。

第二天，全团乘船到了普伦纳湖上。大家以金戈、张国峰和会讲德语的孙书柱为中心，分头与赫尔姆斯、福格尔和奥斯特交谈。不一会儿船靠在湖心岛王子岛上。原来这里是著名作家西格夫里特-棱茨的住地。大家听了赫尔姆斯简单的介绍后便随意交谈和观望。棱茨讲话不多，王蒙话也少，多是简短的问答。下午，大家乘船离开。参观了史托姆故居、渔港等。晚上，代表团会见了石荷州的文化部长和棱茨、坎波夫斯基等几位作家，接着几位中国作家根据赫尔姆斯的安排朗诵了自己的作品（后译文）。最后，赫尔姆斯作了总结性发言。他概括地介绍了当代中国文学的现状，在谈到王蒙时说，王蒙是格拉次和棱茨之间的交叉。

按照计划，代表团于 7 月 2 日晚到达波恩，准备第二天去见伯尔。

但是第二天一早，伯尔的儿子和儿媳就到使馆紧急约见孙书柱。他们说，伯尔昨天住院了，约在今天动手术。伯尔要求手术推迟一天，见了中国作家代表团之后进行，但未被允许，可见病情严重。

孙书柱当即将二人带到中国作家代表团下榻的酒店。王蒙见了二人后详细问了病情，问要不要去探望。说着，他递出给伯尔的邀请并希望他早日康复。期待着在北京见到伯尔。

第二天，作家代表团回国。伯尔在 7 月 16 日去世，他终未能访问中国。

第二次访德，王蒙与德国作家赫尔姆斯、棱茨、坎波夫斯基等有了交往。那次试图见伯尔，因伯尔生病没有见着，只见到了伯尔的儿子，这也为王蒙 1996 年赴德埋下了伏笔。

王蒙第三次到访的情况，体现在他 1997 年写下的《靛蓝的耶稣》《乡居朗根布鲁希》《墙的这一边》《心碎布鲁吉》等文章中。在朗根布鲁希学德语的经历也是他后来经常提到的。他还离开了德国，前往比利时和荷兰。德累斯顿、魏玛是他着墨较多的两处，在魏玛，他参观了歌德和席勒的故居；去了洪堡大学做演讲，见到了他的小说《活动变人形》的德语译者乌力考茨。乌力考茨后来到了歌德学院工作。2008 年王蒙就是应歌德学院邀请到德国开展文学活动的。

二、王蒙第五、六次访德

2008 年 9 月 16 日，王蒙一行经由法兰克福抵达汉堡，入住汉堡洲际酒店。那个酒店就在汉堡湖边，风光旖旎。负责接待的布丽塔·曼斯克女士非常热情。当天下午，由拉脱维亚荣誉领事萨宾娜·苏玛康帕-霍曼女士在家举行了招待会。下午会见汉堡市参议员卡林·冯·威尔克和汉撒同盟城市文化体育与媒体部主任。当天晚上，在汉堡歌剧院观看了《茶花女》演出。第二天，前往德国著名设计师梅哈德·冯·格康的工作室交流，听他讲培养中国建筑设计师的计划与方法，他在中国的项目等；参观了由他设计开发的欧洲最大的城市社区哈芬城，参加在那里举办的"中国时代 2008"活动。当天晚上前往孔子学院，作了题为"雄辩的文学和亲和的文学"的演讲。其间，王蒙和萨宾娜·苏玛康帕-霍曼女士分别用汉语和德语朗诵了由苏玛康帕-霍曼女士创作的和歌和俳句。孔子学院德方院长康易清博士主持了演讲会，中方院长王宏图博士和汉堡大学退休教授艾伯斯坦分别用汉语和德语向听众介绍了王蒙的创作概貌和特色。汉堡作家协会主席因诺·雷尼韦伯等出席了活动。第三天参访了汉堡市政厅、汉堡美术馆、汉堡展览中心、汉堡-上海文化旅游中心。傍晚时分乘高铁前往柏林，下榻在市中心的索菲特酒店。

在柏林的第二天早上，前往德国联邦议院，德国联邦议院议长拉莫特与外交国务秘书阿蒙在议院会见了王蒙一行。中午，联邦文化与传媒总局亚洲局局长亨氏·皮特宴请了王蒙。下午前往柏林中国文化中心做演讲。第三天访问了德国国家美术馆、亚洲美术馆。当天晚上前往歌剧院观看了《拉米科·弗里茨》演出。第四天离开柏林，经由慕尼黑转机回国。

2010 年王蒙作为重要的演讲者去参加法兰克福书展中国主宾国活动，入住万豪酒店。他在书展上讲中国当前的文学状况，讲革命与文学。他说到现在是中国文学历史上最好的时期而在网上引来很多愤青，甚或是有意炒作自己者断章取义的反驳，因为正好符合某些媒体的需要。在媒体的推波之下，还真闹得沸沸扬扬，好是热闹了一阵子。在法兰克福期间，王蒙前往歌德先生故居参访。当地把歌德的故居与旁边的一幢房子连在一起，在不大的地盘里，集成了一个兼具学术、展览与原物展出的综合博物馆。

王蒙感到开心的是他再次看到了传说中歌德站着写作的那张写字桌，据说还真是原物。经由管理方同意，他站在那张桌子前试了一下，桌子有点高，看来要够着歌德的位置还真不容易。那里保留的原物很多，令人难以置信的是经过二战，他家的大部分藏书居然还都一一找了回来，这得益于德国人有写家庭财产清单的习惯，其中就包括书目。对于档案的珍视，这在德国太突出了。王蒙讲"文学的方式"，讲到文学的整体性时，就会讲屎也可以进入文学。他讲的一个重要例证，就是一个德国幼儿园教师，保留了她管过的很多小朋友大便的记录，而这些人很多后来成为了德国的重要人物。

10 月 19 日那天，王蒙一行前往莱茵河谷，展开了一次历史文化遗产"中莱茵上游地区（Oberes Mittelrheintal）"之旅。一早就离开法兰克福前往莱茵河上游的古老的罗马城市科布伦茨（Koblenz）。科布伦茨有世界著名的"德意志之角"，实际上是莱茵河与摩泽尔河的交汇处的鱼嘴。这是王蒙第二次到那里。

为什么叫德意志之角？那是 1216 年，特里尔的大主教和选帝侯特奥德里希·冯·维德（Theoderich von Wied）调遣条顿骑士团来科布伦茨，出于保卫当地医院的考虑，将当地的教堂和医院赠予骑士团。骑士团在摩泽尔河和莱茵河河口的领地建立了"德意志庄园"（德语：Deutschherrenhaus），作为条顿骑士团在科布伦茨的驻地，河口三角地由此得名"德意志之角"。为了欣赏到德意志之角的全景，车直接开到了埃伦布赖特施泰因要塞（Ehren-breitstein）。站在要塞的城墙边俯瞰摩泽尔河和莱茵河，来往的货船很多，在墨绿的河水里翻起一道道白浪。

德意志之角在薄雾之下看得并不十分真切，却仿如一艘正劈波斩浪前行的远洋航船，上面承载的是那座宏伟的德意志帝国威廉一世皇帝纪念碑。1864 年、1866 年和 1870 年，威廉一世指挥了三场战争，在第三场战争普法战争中打败了拿破仑三世，为德国统一奠定了基础。皇帝骑着高头大马，甚是威风，旁边站着的是半裸美女，他们一同注视着远去的莱茵河。不要将那位半裸女子误以为是皇帝的妃子，她是天才女神，一只手牵着骏马，另一只手拿着垫褥和皇帝的皇冠。基座前的两侧河岸飘扬着德国十六个联邦州的州旗和德国国旗。在纪念碑后面竖着三块柏林墙的水泥块，呈"品"字型陈列，上书"1953 年 6 月 17 日""1989 年 11 月 9 日"和"纪念在德国分裂中遇难的人们"。用柏林墙残骸在这里建纪念碑，是因为"德意志之角"是德国统一的象征。柏林墙的存在是德国分裂的象征，它的倒塌，是德国再一次统一的证明。

离开那里，王蒙一行在科隆（Koln）乘船渡过了莱茵河，来到了莱茵河边的一座山崖，这段河弯多水急，据说往来的船只经常出事。德国诗人海涅用诗描述了一个传说，故事中有一个女妖叫罗蕾莱（Loreley），经常站在山崖上唱歌，她的歌声是那样甜美，过往的船夫都会神魂颠倒，出事也就在所难免了。罗蕾莱因此成了莱茵河浪漫的象征。现如今，山崖上就立着罗蕾莱披着长发的雕像，我倒很愿意为她的歌声所迷惑，但那会儿也许是人太多了，她不愿意放歌，兴许要到夜深人静时吧。不过站在她跟前，极目远望，透过半红的树叶，远处那粼粼的波光和漫山遍野的秋色，倒让人醉了。

中午时分，在阿斯曼豪森（Assmannshausen）小镇一家叫 Linden 的餐馆就餐，那座小小的餐馆就是 19 世纪被授予"诗人的临时停泊处"荣誉的皇冠酒店。穿过小镇来到山上，就看到了德意志帝国成立纪念雕像，是为纪念 1870 年的普法战争和 1871 年德意志帝国的建立而建的。雕像最高处是德意志帝国的女神日耳曼妮娅，她左手握剑，右手高举帝国王冠，头戴橡叶花冠。底座的右角站着和平之神，手握象征富饶的丰饶角和橄榄枝；左角站着战争之神，他右手紧握利剑，嘴上正在吹响进军的号角。两者之间是真人大小的浮雕，皇帝骑着马矗立中间，王公贵族和军队将领簇拥两边。站在雕像前，太阳西斜，远处开阔的葡萄园，和缓的莱茵河就如油画一般展现在我们的眼前。翻过小山，就到了被称之为葡萄酒小镇的瑞德斯海姆（Rudesheim），即"雷司令"白葡萄酒的原产地。在一条叫 Drosselgasse 的小巷，两边的小店出售自己酿造的白葡萄酒原酒。记得上次尝到这种浓汁是在斯洛伐克，在我们去红石堡的路上。时任驻德国文化参赞的李新一直陪同王蒙活动。当天晚上王蒙一行离开了德国，行前温振顺总领事在机场餐馆里用德国著名的水晶猪蹄款待，为王蒙的德国之行画上圆满句号。

王蒙作品在德国的译介与研究，张帆与高鸽在 2022 年 2 月《当代文坛》发表的《王蒙在德国的译介历程与接受研究》一文进行了详尽的研究。

（此文根据孙书柱、彭世团两篇文章合编）

王蒙访问荷兰

崔建飞 *

2003 年 9 月 28 日，王蒙偕夫人崔瑞芳应邀飞抵阿姆斯特丹，开启访问荷兰之旅。我作为秘书随行。我驻荷兰使馆周到安排，文化处外交官游翼同志一路陪同，使访问非常顺利。

荷兰之于王蒙，并不陌生。小时候，父亲常常向他引用荷兰哲学家、靠磨镜片谋生的斯宾诺莎的名言：对于这个世界，不哭，不笑，而要理解。这句名言对他影响很大，1987 年，时任文化部长的王蒙在泰国受到诗琳通公主的接见，之后便仿这句话写了一首短诗：

答 公 主

——仿斯宾诺莎

诗琳通公主一见面便问：你当了部长，还怎样写作？

对于世界

不哭不笑而要

写　便能写了

---

* 崔建飞，文化和旅游部清史纂修与研究中心主任，曾任王蒙秘书。

　　除此之外，王蒙在1996年访德期间，利用周末游历了荷兰，到了女儿王伊欢学习的海牙，他很喜欢那里开阔的海滨疗养地。他发现英语将海牙读作"黑格"，而德语与荷兰语发音为"拖哈克"，觉得有趣。2008年，王蒙曾写下对荷兰社会的整体印象："荷兰是西方中的西方，自由主义中的自由主义，比如吸毒，比如卖淫，比如同性恋，比如安乐死，比如堕胎，这些都是能让美国人吓得嗷嗷叫的，更不要说咱们的同胞了"，可谓鞭辟入里，入木三分。

　　2003年这一次，王蒙是应莱顿大学的邀请，作关于中国文学的学术演讲。莱顿大学享誉全球，是斯宾诺莎的母校，其汉学研究院是欧洲最大的汉学院之一。王蒙在汉学院的演讲受到很大关注，前来听讲的学者和学生座无虚席。王蒙介绍分析了中国当代文学的现状，阐述了其历史渊源和发展趋势，强调中国当代文学目前处在最好的发展时期。在自由提问环节，听众提出了一些思维活跃乃至刁钻的问题，王蒙均轻松地给予令人信服的解答，激起阵阵掌声。演讲之后，王蒙在汉学院院长陪同下，参观了汉学院图书馆。这个图书馆是欧洲最大的中文图书馆，藏书甚富，院长还特意打开平时上锁的小藏书室，即由荷兰著名汉学家高罗佩珍藏的大量中文线装书的"高罗佩藏书专室"。王蒙一边参观，一边询问交谈，对图书馆的藏书之富颇为赞赏。

　　莱顿大学演讲前后，王蒙夫妇参观了阿姆斯特丹等地一些重要文化场所，如荷兰国家博物馆、梵高美术馆、桑斯安斯风车村、荷兰拦洪大坝等。随后便驱车前往瓦格宁根大学。瓦格宁根大学是世界著名的研究型大学，其生态学、农业科学、生命科学、食品科学、环境科学在全球享有极高的声誉。王伊欢任教于中国农业大学，并在瓦格宁根大学攻读博士学位，王蒙和夫人这次便抽空赶去参加女儿的博士论文答辩会。从阿姆斯特丹车行一个多小时，便来到了瓦格宁根，一路看见车窗外大片大片盛开的郁金香，还有百合花、百日菊、向日葵和醉蝶花等组成的五彩缤纷的花海，时常有闲散吃草的奶牛、田野明亮的秋湖映入眼帘……爱女在美丽如田园诗般的环境里从事科研，作为父母该是十分喜悦和慰安吧。

世间最慈母亲心。女儿论文答辩的情形，崔瑞芳曾写下最真切的回忆："有五位身穿黑'道袍'的答辩委员会的学者提问质疑，其中两名来自荷兰本国，一名来自德国，一名来自美国，一名来自墨西哥。由礼宾官甩着权杖引导入场，还有两名助辩站在女儿两边，一位是荷兰人，一位是华人，他们只起助威和龙套的作用，不能真参加答辩。女儿先讲一刻钟，再回答问题三刻钟，然后休会，气氛严肃。王蒙说好像是在等候陪审团的裁决。最后终于由评委主任宣布 confirm doctor degree，即确认女儿的博士学位。王蒙一行很高兴，立即打电话向所有的亲友报喜。王蒙说，可惜女儿的爷爷不在了，他一辈子很向往欧洲文明，但又一事无成。如果他知道自己的孙女取得了欧洲的一个博士学位，该多高兴呀！说这话时，王蒙很激动。"那天晚上，王蒙特别开心，席间频频举杯。大家都沉浸在欢庆的气氛里。我想，如果王蒙将来修订他的著名长篇小说《活动变人形》，这场激动欢乐的夜宴，可能会载入那部史诗作品。

王蒙夫妇对荷兰的访问，在喜气洋洋的气氛中结束。下一站是法国，巴黎中国文化中心主任已给我打电话，他们正期待着王蒙发表精彩演讲。次日王蒙夫妇匆匆赶往阿姆斯特丹机场。车窗外，五彩花海更加绚丽，在金风中摇曳着色彩斑斓的波浪。

王蒙参观梵蒂冈圣彼得大教堂

王　杨 *

　　2002 年 9 月 27 日，我陪同王蒙率领的中国文学艺术界知名人士代表团结束了对非洲四国的访问，自突尼斯飞抵罗马转机回国，顺便访问了袖珍之国梵蒂冈。它是世界上最小的国家，仅有 0.44 平方公里，人口不足千人。梵蒂冈虽小，但其悠久的历史和丰厚文化底蕴不可小觑。它是全球天主教徒的圣地，教皇及教会中枢机构所在地。

　　抵达次日，王蒙在驻意大利使馆文化处高云鹏和张建达的陪同下，前往圣彼得大教堂参观。遗憾的是当天梵蒂冈博物馆、图书馆和西斯廷教堂都没有开放，王蒙等只能参观圣彼得大教堂。圣彼得大教堂是梵蒂冈的主体建筑，世界最大的天主教堂。按照规定，至今罗马市区所有的建筑都不得超过圣彼得大教堂的高度。欧洲文艺复兴时期艺术大师号称"三杰"中的两位——米开朗基罗和拉斐尔都参与了教堂设计，它代表着欧洲文艺复兴时期建筑和艺术的灿烂辉煌。

　　在初秋明媚晨光的照耀下，教堂更显得宏伟肃穆、富丽堂皇。跟随王蒙参观世界上最大的天主教堂，虽然不过短暂的几个小时，但其独特感受及题外小插曲也是颇值一记的。

　　教堂正面即举世闻名的圣彼得广场，首先映入眼帘的是广场上的 284 根

---

* 王杨，中国驻刚果民主共和国大使馆原文化参赞。

巨大的白色柱子，每个柱子之间都有以《圣经》为题材的精美雕塑。这些柱子通常被认为是意大利和梵蒂冈的分界线，游客们纷纷在此照相。其实，广场和马路之间，整齐排列着一个个不起眼的隔离栅栏，才是梵蒂冈和意大利的国界线。高云鹏和张建达建议在这里留影，王蒙欣然同意。那天，他穿了件浅灰色格子夹克，显得格外精神。此刻，在他长长的出访名单里又增加了一个国家。这张留影后来收进了王蒙的《青山未老》画册中，我猜那定格在画面里的气定神闲的身影一定会让他想起那个特殊的瞬间。

王蒙走向教堂，迎面看见高高矗立的方尖碑和方尖碑上庄严的十字架。这方尖碑来自于古埃及，反映出昔日梵蒂冈的强盛，上面的十字架应该是后加上去的。殖民时代的文化掠夺虽然符合弱肉强食、适者生存的丛林法则，但在今天不会被大多数民族所认可。这令我不禁想起王蒙发表于 1988 年的短篇小说《十字架上》。小说表达了他对宗教信仰和人类世俗生活关系的思考。小说发表后，王蒙收到香港一家基督教机构的来信，要求授权翻译这篇作品。斯洛伐克资深汉学家高力克教授则认为：《十字架上》是王蒙最好的小说之一，对《圣经》和基督教的解读甚至超过了欧洲学者。尽管王蒙从小受中国传统文化和革命文化熏陶，也不是宗教信徒，他只是以文学的、人性的和个人的观点，在尊重宗教文化的同时，运用不无质疑的从社会学政治学角度出发的观点，来诠释十字架上耶稣受难的故事。小说一经发表，即产生了相当影响。

绕过方尖碑，走向教堂大门。一路上，王蒙的谈话依然围绕着宗教和世俗关系的话题。他认为应该把宗教的教义、教旨与教会、教徒分开来看，不能混为一谈。我粗浅地理解他的意思：教义、教旨是人类的理想和寄托，是形而上的，具有"神性"的；而教会、教徒，是具有人间性、世俗性的，是善恶共存、鱼龙混杂的。现实和理想之间存在一定差距，不能理想化、绝对化。不知道我这样的理解沾不沾边？

　　站在这座能容纳六万人的大教堂前，顿感人的渺小。王蒙和来自世界各地的游客排队，等待入场。这很有仪式感，周围的游客大都显得平和、耐心、安静。信仰、传统宗教与现代化进程中产生的效率、急躁和焦虑形成反差。步入富丽堂皇的教堂，令人目不暇接，大厅中央上方是直径42米的穹顶，顶高约138米。教堂里保存了欧洲文艺复兴时期许多艺术家创作的以圣经故事为内容的壁画和雕塑。由于时间关系，王蒙没有参观地下，也没有登顶。

　　高云鹏、张建达都是通晓意大利语的资深外交官，常驻罗马多年，对艺术品相当熟悉，一路如数家珍地给王蒙介绍。特别对三大镇馆之宝——贝尔尼尼的青铜华盖、圣保罗的宝座和米开朗基罗的《哀悼基督》（又译《圣母哀痛》《圣殇》），更是重点介绍。老高说，改革开放后，他多次陪同国内知名美术家来参观，他们都说，百闻不如一见，在国内只是在书本上读到这些作品，亲眼看到创作于五六百年前的原作，感到相当震撼和敬佩。

　　王蒙对业内人士的感受很重视，详细地询问了国内美术家参观后的具体看法。王蒙在《哀悼基督》前驻足良久，仔细观看，大家也都沉浸在深深的感动中。《哀悼基督》是米开朗基罗最伟大的雕塑作品之一，也是他23岁的成名作。题材取自基督耶稣被犹太总督抓住并钉死在十字架上之后，圣母玛利亚怜爱地俯视着她怀中儿子那瘫软无力的躯体。身为圣母的玛利亚的面容青春秀美，表情平静哀伤，目光深情悲悯。王蒙陷入沉思之中，偶然答应我们一两声。从王蒙一贯的作品和思考中，我试图理解《哀悼基督》的启示。圣母为什么是"青春万岁"的？因为人类对真理和信仰，对真、善、美的追求，是纯粹的，永恒的，不老的。圣母的哀伤，为什么是平静而非悲愤的？哀伤来自她的母爱和悲痛，平静乃含有对人间世俗中无可救药的丑陋恶行的无奈接纳和深沉悲悯。我想，即使受到伤害也没有愤怒和复仇心理，也许这也是宗教信仰特定地主张向内修炼自身的文化特征？例如，佛教注重内心修炼，而印度甘地和南非曼德拉都是用和平对抗暴力的。

虽然因从事中外文化交流工作的需要，20 世纪 80 年代，我曾参与编辑过一本介绍宗教文化的小册子，供海内外的同事们参考。但是大教堂对我而言，更多的还是神秘感、距离感和陌生感，只是隐约感到这些绘画和雕塑十分精美壮观，对米开朗基罗这位大师的名字听到得比较多。王蒙不但对自己民族的文化研究颇深，尤其是关于孔孟思想、老庄智慧解读阐释甚多；同时，他也深入思考探讨其他民族的历史文化，海纳百川，熔于一炉。对我国少数民族文化更是尊重热爱，乃至水乳交融。即使在下放和十年浩劫的动荡岁月，他还利用学维吾尔语"毛选"，熟练掌握了维吾尔语言。一次，他与偶遇的维吾尔族老乡，在青纱帐中席地而坐，用自行车铃盖代替酒杯，举杯言欢。而欧洲文艺复兴起源于意大利也包括梵蒂冈，王蒙重视对文艺复兴时期欧洲文化的分析思考，则是以国际视角汲取一切人类文化遗产精华。

中午，在梵蒂冈边临街的一家意式小馆随意便餐。高云鹏点了用意大利拉瓦萨（Lavazza）咖啡豆研磨的 Espresso 浓缩咖啡。王蒙细细地品尝，夸奖味道很不错。他对东方的茶叶和西方的咖啡同样欣赏。记得他在自传里写到，写作之余，他们夫妇经常自己煮咖啡，王蒙戏称咖啡是大自然赐给人类提高生产效率的宝贝。他总把自己的写作称作"码格子"，一种类似蓝领师傅的手艺活儿，对自己至今还能"码格子"感到挺自豪，觉得自己就是一个共和国的普通劳动者，咖啡则是提高他出活儿效率的好帮手。在王蒙夫妇的强烈建议下，我和崔建飞秘书每人买了一个意大利咖啡壶。遗憾的是，许多年过去了，我珍藏着，但至今还没有使用过，更没能像王蒙那样用它提高自己的劳动效率。我曾好奇地冒昧问他著作等身的秘诀是什么？他笑着说：因为我爱睡觉。我理解，其实就是列宁说的：只有会休息，才会工作。

午餐后，热情的高云鹏、张建达送给我们每人一本精美的梵蒂冈画册。当天下午，我们带着画册从罗马机场起飞回国。飞机盘旋，我们告别了罗马城，也告别了罗马城的最高点——梵蒂冈圣彼得大教堂。

王蒙访问捷克、斯洛伐克

彭世团 *

王蒙在 2007 年 9 月先后访问了捷克与斯洛伐克两国。

捷克与斯洛伐克领土紧紧相连，她们在 20 世纪初结合，七十余年的"婚姻"走到 90 年代结束。

一、王蒙在布拉格

王蒙是在结束了俄罗斯之行之后，从莫斯科飞到布拉格的。这是王蒙与他的夫人崔瑞芳第一次到这个中欧名城来。飞机降落到鲁津机场时天空有点发灰，感觉这是欧洲大部分城市的特点，一年里大部分时间就这样阴郁着，欧洲很多的作曲家、作家都有点忧郁的性格，或许与这天气有关系。来接王蒙的是捷克作家协会的主席安图尔高娃女士，还有中国驻捷克大使霍玉珍、文化参赞俞国弟，他们脸上都荡漾着开心的笑容。

到达布拉格当天下午，王蒙一行在布拉格中心的伏尔塔瓦河上乘船游览。夕阳从厚厚的云层里探出脑袋来朝人们微笑，也给整个布拉格洒上金色，算是对他们最友好的致意。在到达布拉格的第三天早上，王蒙一行去了布拉格城堡。城堡边上就是总统府，正好看到了卫队换岗。他们在总统府办

---

* 彭世团，中国驻越南大使馆原文化参赞，曾任王蒙秘书。

公室厅一位朋友带领下走进了城堡。圣维塔教堂是皇室加冕及皇室人员去世后埋葬的地方，后院还有皇室专用教堂。

在大教堂的后面是著名的黄金街（Zlata Ulicka），那里有卡夫卡的故居，外表被涂成了蓝色。那条小街最早是专骗国王的炼金术士居住的地方，所以叫黄金街。卡夫卡在那里生活的时候，已经是贫民窟了。卡夫卡是王蒙讲课时经常提到的一位作家，有人说王蒙的小说《蝴蝶》就受到过卡夫卡《变形记》的影响，当然，王蒙自己没这样说过。

卡夫卡的故居是一个小书店，里面正在售卖他的作品。在布拉格，我们知道的文学名人有三个，一个是卡夫卡，一个是米兰·昆德拉，还有一个是《好兵帅克》作者哈谢克。但卡夫卡在当地的地位明显要高于米兰·昆德拉和哈谢克。可以说，在布拉格是无处不卡夫卡：布拉格城堡里有卡夫卡故居，城堡后门外是卡夫卡博物馆（2005年才建成开放的）；布拉格城里的西班牙犹太教堂与基督教的圣灵教堂之间有卡夫卡别具一格的雕像（2004年纪念他120周年诞辰时建的），他出生的布拉格修道院边的小广场命名为卡夫卡广场，修道院的一角现在是卡夫卡中心。他上中学的房子现在是卡夫卡书店，他的名字被写到衣服上、纪念品上出售，他已经成了布拉格重要的品牌。伏尔塔瓦河在德沃夏克的笔下成了游动的音乐，在鲁道夫剧院门口有他的一座雕像，布拉格还有一个德沃夏克博物馆，他的音乐作品成为人们相赠的礼品，但他没有享受卡夫卡这样被众人瞩目的殊荣。卡夫卡的原意是"寒鸦"，因为他父亲用寒鸦来作店徽。在参观布拉格的时候，陪同一起参观的朋友说，原来城里没有门牌号，就靠这些特殊的店徽来分辨门户。

王蒙一行到市政厅广场欣赏了那个据说制造于1410年的天文钟的表演。地上有一个铜做的标志，上面有德文和捷克文"Meridianus quo olim tempus Pragense dirigebatur"（过去用于制定布拉格时间的子午线），是1918年被毁坏的日晷的组成部分。他们还参观了广场的一角提恩教堂即捷克国家美术馆——火药塔，塔上有很多漂亮的雕塑。在它的旁边，据称是布拉格最大的免税商店。王蒙夫人在那里买下了一枚石榴石戒指，做工确实好，大约精工细作不仅仅是东方的传统，回国后她还经常戴着。

捷克科学院一街之隔就是民族剧院。门口挂着大大的广告，当天上演的是威尔第的歌剧《茶花女》。从科学院出来，在一座有一百多年的餐馆吃过晚饭，王蒙一行就直接走进了剧院。剧院有上下四层，装饰很华丽。演出绝对有捷克的特色：里面演的很多场景，反映妓女们的生活，相当开放，相信更接近于威尔第原版的风格。

在布拉格的时候，王蒙喝到了欧洲最好的黑啤酒。一位曾经在那里工作过的女同事说，那里的人喝啤酒甚豪爽，喝酒不叫来一杯，而是来一米。就是把大啤酒杯排成一排，有一米长。

到达捷克的第二天下午，王蒙一行到布拉格老城后面山上的特尔玛洛娃别墅（Trimal Vila），与捷克作家协会的主席安图尔高娃女士等一批捷克作家进行交流。特尔玛洛娃别墅并不大，院子里长着一些花草，苹果正红。

王蒙那天穿着一套深色青年装，就坐在客厅的正中，旁边的窗台上放着一盆正在盛开的红锦葵。他向捷克作家同行介绍了中国近年来文学发展的情况及捷克作家作品在中国的影响，说话间，他快速地将他的中式青年装改成了大翻领的西服，生动地展示了中西文化的统一性，说明中西文化没有本质的冲突。

不过捷克作家同行显然有备而来，对中国的出版审查制度、对中国改革开放之后的文学创作与出版自由颇多疑问，对王蒙在创作自传时如何处理一些重大历史问题等都提出了问题。

王蒙真诚地回答，座谈在没有翻译的情况下进行了两个小时，王蒙以个人的魅力感动了捷克同行，最后他们纷纷向王蒙赠送自己作品，并表示希望他的自传能在捷克出版，表达了他们希望深入和扩大两国作家交流的意愿。

最后王蒙在捷克作家协会的留言本上写下了"交谈愉快，友谊长存"。

到达布拉格的第三天下午，下起了大雨。王蒙一行到捷克科学院与当地的汉学家进行交流。大雨下个不停，人来得很多，椅子坐满了，人们就坐在窗台上。与会者既有步履蹒跚、在上世纪50年代末就翻译过王蒙作品的老汉学家，也有十几岁的年轻人，他们专心听王蒙介绍中国文学的情况，介绍中国读者对于捷克文学、艺术、生活的了解；争抢着向他提出自己的问题，场面十分热烈。

他们的问题涉及中国文学发展的特点、文学作品及对中国新疆、西藏文化的保护与发展等领域，王蒙来者不拒，都给予了正面的回答。这些交流的收获很重要，让人感动的是，还有人自己将他们收集到的王蒙的作品集中在一起，在科学院入口处设了一个专柜进行展出，里面有王蒙1957年发表的作品《冬雨》的捷克文版。

王蒙在自传里写道，1980年他去美国，遇到了汉学家欧大伟（David Arkush）博士，是他从图书馆复印了《冬雨》的英译本给王蒙。王蒙说这个英译本是1961年发表在捷克斯洛伐克的一家外国文学刊物上的。在这个展柜里，我们看到这篇文章的捷克文版是发表在《新东方》月刊1959年第9期，这应该算是一个新的发现。

据后来了解，1989年，在捷克出版了一本中国现当代作家短篇小说集《春之声》，以王蒙的《春之声》命名。这是1987年由兹登卡·赫尔曼诺娃翻译并发表在《新东方》第42期上的。在捷克国家图书馆里，有人还搜到了1983年出版的英文版《〈蝴蝶〉与其他短篇小说》。

二、王蒙在斯洛伐克

飞机离开捷克首都布拉格鲁津机场不一会儿，就到了斯洛伐克首都布拉迪斯拉发。外交部的俞磊参赞到机场迎接王蒙一行。布拉迪斯拉发历史上曾经是匈牙利王国的首都，它紧挨着多瑙河，这里离著名的国际城市维也纳不过六十公里，站在布拉迪斯拉发就可以看到远处的奥地利。

王蒙一行下榻在布拉迪斯拉发城堡下面的多瑙河宾馆。宾馆的正门是Hviezdoslav 广场，Hviezdoslav（帕·赫维兹多斯拉夫，1849—1921）是斯洛伐克现实主义作家，他的雕像就在广场的中央。连着广场的一头是城堡，一头是国家民族剧场。与宾馆正门相对的，是建于 13 世纪（也有说 14 世纪）的圣马丁教堂。这座哥特式的教堂是当年奥地利国王加冕的地方，前后有十一位国王和八位皇后在这里加冕。这也是王蒙一行到达当天下午参观的第一个地方。

2007 年 9 月 11 日，王蒙在斯洛伐克首都布拉迪斯拉发多瑙河边留影

从这里出发,穿街过巷,很快就到了作为这座城市标志的米哈伊门,在它的下面有一个地标,指示着从这出发到世界各地的距离,上面有北京与香港。从那里穿过一条窄巷就走到了市政厅广场。广场的中央是建于1527年的喷水池,叫罗兰喷泉。王蒙在一把椅子上坐了下来,回过头去,却发现另一把椅子上有个拿破仑的雕塑。于是与夫人一起走了过去,学着那个躬身的拿破仑的样子,两人相视而笑。

王蒙一行到市政厅对面与罗兰喷泉一样古老的罗兰咖啡馆坐了下来,点了咖啡。市政厅现在是座城市博物馆,展出的是布拉迪斯拉发的一些文物。而这座建筑本身也是不可多得的文艺复兴时期的石质建筑。市政厅角楼窗边依然嵌着当年拿破仑军队打到墙上去的一发炮弹弹丸。布拉迪斯拉发城堡十分雄伟,城堡最早是罗马帝国的一个要塞。第二天下午王蒙一行前往城堡参观。城堡除了围墙,里面是上世纪五六十年代的建筑,有一个大型文化娱乐中心,里面有音乐厅、历史博物馆、罗马文化展览室、大型会议厅、图书馆、阅览室和俱乐部等。城堡的庭院还是一个可容纳两千人的露天剧场。

到斯洛伐克的第二天,王蒙一行驱车前往红石城堡(Cerveny Kamen Castle)。斯洛伐克有一百多个城堡,红石城堡是其中一个,建在一个丘陵上。里面有当年关押犯人的监房,布满守卫设施的地下室,地下那个在红石头上挖出来的大厅大得有点惊人,据说这里后来成为欧洲最大的葡萄酒窖。这座城堡始建于13世纪,历史上为富格盖尔家族和帕尔菲家族所有,1949年被收归国有。地面以上部分被改建成了展示当地贵族生活的专业博物馆,有很多的油画收藏,有贵族冬天用的铺着厚厚的毛皮的雪橇,有各种守卫城堡的武器,有药店,也有书房,还有私家的小教堂。最让人感觉不可思议的,是有一个东方色彩很浓的房间,里面有中国的,也有日本和韩国来的瓷器、珐琅器、漆器等物品,还有一幅齐白石的画,那应该是一幅仿品吧。

到达斯洛伐克的当天晚上,中国驻捷克大使黄忠坡请王蒙到一个叫琴岛的中餐馆吃饭。老板是从青岛来的，对于自己的家乡十分想念，就把自己的餐馆起名叫琴岛；在这家店里可以喝到青岛啤酒。

与斯洛伐克作家和汉学家们的交流显得自由一些。到那里不久，当地汉学家高利克先生就要求采访王蒙。高利克经常到中国来。他第一次采访王蒙是 1986 年，还一起合过影，后来他将照片给了王蒙。王蒙到达的第二天早上，他的一个学生与他一起来了，他们问了王蒙有关他作品中的宗教情怀、中国作家的作品、中国作家与诺贝尔文学奖等问题，回国后，这次采访的内容以《王蒙答斯洛伐克汉学家高利克问》为题，发表在《中华读书报》上。

采访结束后，王蒙一行去了斯洛伐克社会科学院，在那里与当地的作家学者进行了交流，双方交谈得很愉快。王蒙向斯洛伐克的汉学家们介绍了中国文学发展的情况，回答了中国有无私营出版社等问题。对于高利克提出的关于德国汉学家顾彬严厉批评中国当代文学、却获得了中国作家协会的奖励，还有宗教与社会建设等问题，他同样给予了让对方信服的回答。与会的汉学家们拿来了一些 80 年代出版的斯洛伐克文版的王蒙著作请他签名。

在离开斯洛伐克之前的那个晚上，斯洛伐克作家协会主席黑山女士请王蒙在电视塔旋转餐厅吃饭。电视塔建在一个山顶上，在那上面能一眼看三国：匈牙利、奥地利和斯洛伐克。太阳正在落山，暮色里的多瑙河与布拉迪斯拉发都很美。

三、美洲、大洋洲、非洲

王蒙两次访问墨西哥

［墨西哥］ 白佩兰 *

20 世纪 80 年代，墨西哥人对中国当代文学知之甚少。囿于缺乏译本，贫于交流，加之对社会主义国家普遍存有偏见等原因，无论作家还是普通读者，对 1949 年以降的中国文学均有隔膜。除却中国翻译的一些以"社会主义现实主义"为主要取法的作品和《中国文学》杂志发表的小说篇什，基本没有其他西班牙语译本。

然而，20 世纪 70 年代末中国出现了寻找新方法、新主题的崭新的文学。1979 年，几代中国作家齐聚一堂，在北京参加第四次文代会，他们都曾有受反右运动和"文革"的经历，欣闻中国未来几年文学艺术的发展方向和指导思想，有关议论和官方阐述催生了乐观情绪，并使作家们以相对审慎的态度暴露和谴责过去的遭遇与迫害，抒发和描写所经历的痛苦与折磨，是为"伤痕文学"。同时，文学开始指向社会问题。

这一时期的文学创作明显存在代沟。这并不关涉老一代，即那些在 20世纪 30 年代或 40 年代接受过训练的作家，尽管他们对革命的承诺并没有使他们免受迫害和批评，他们已经过于疲乏和谨慎，无法创作出富有战斗性的作品。真正的代沟存在于受革命理想熏陶的中年作家与"文革""失落一代"的青年作家之间。前者曾有机会接受扎实的教育，并且已然有过写作尝试，

---

* 白佩兰，墨西哥汉学家、墨西哥学院教授。

尽管一度遭到封杀；他们并没有完全丧失对社会主义可能性和青年时代建立的集体主义理想信念。后者则不然，他们不仅实践上有差距，缺乏写作经验，文化知识也少，政治化程度低，因此更具批判性。

王蒙当时在年龄和资历上都属于中年一代。1957 年，年仅二十三岁的王蒙曾因一则短篇小说而遭到审查，随之被边缘化达十数年。他不认为文学的作用仅仅是政治和社会需要。1977 年，王蒙恢复了作家和共产党员的身份，他毫不犹豫地再次全身心投入到创作之中。然而，他早年的成名更多来自于挨批，而不是其在文学上的完美表现；如今却已成为一名成熟而自信的作家。同时，他的作品在有些方面仍颇具连续性，他将矛头直指腐败或冷漠的官僚现象。他的小说再次充满了针对现实的辛辣讽刺，而现实本应更加美好。他思考人类是弱者还是强者，是好人还是坏人，是受害者还是命运的主宰。作为一名作家，他的扎实功底为他赢得了欧洲和美国评论家的认可。20世纪 80 年代初，他应邀前往多所大学讲学。

1982 年 6 月，一个偶然的幸运机会，在一位中国学者朋友的帮助下，王蒙应邀从美国转道到访墨西哥学院。他参加了以"现实主义与现实"为主题的座谈会，并在会上与拉美作家进行了交流。在墨西哥学院的中国学生和教授的共同努力下，他的一些小说被快速翻译成西班牙语，并分发给参加圆桌会议的与会同仁。这些作品于 1985 年正式结集出版。

王蒙在 1982 年 10 月发表于《收获》杂志的一篇名为《墨西哥一瞥》的随笔中，生动幽默地描述了他 6 月 15 日至 22 日在墨西哥逗留情况。他就自己对墨西哥文化的无知表示遗憾，并说他听说过当代拉丁美洲文学的重要性，他充分利用墨西哥之行的每一分钟进行了解，并谈到了陪同他的学生和教授。墨西哥城给他留下了深刻的印象，他参观了博物馆，欣赏了前西班牙时期的艺术，并被一个概念艺术展所震撼。他还参观了特奥蒂瓦坎古印第安金字塔。他兴奋地说："这就是墨西哥城！这就是现代生活！古代遗迹与日常现实、崇高与琐碎、金字塔与迪斯科、霓虹灯与绣着锤子镰刀的红旗，所有这些混杂在一起，交织在一起，像旋风一样转动。"

圆桌会议上，受邀作家对他们所读到的作品印象深刻，即使它们是翻译作品。他们所读到的故事忠实地反映了王蒙一直关注的主题以及他所选择的表达方式。几乎所有作品都将日常、琐碎和平淡与过去的回忆结合在一起。对某些人来说，过去是残酷的；对另一些人来说，过去是卑微的；还对一些人来说，过去更多意味着破碎的梦想；对所有人来说，过去都是痛苦的。

作为一名作家，王蒙的一大优点是他拒绝遵循任何武断强加的模式，以至于将文学变成政治小册子。他从不拒绝参与政治，也不否认文学应该有群众基础和社会根基。正如他 1982 年在墨西哥圆桌会议上所说的那样，"所有优秀的作家都热爱人民，了解人民的不幸，关心人民的疾苦，与人民同甘共苦"。

王蒙对"人民"的爱，对普通人的爱，淋漓尽致地体现在他的每篇小说中。真实的人性在人物身上游弋，同时作者看到了他们的缺点、小气和软弱，但从不缺乏对他们的同情和理解。正因为他所呈现的环境、情境和人物的自然性，王蒙让我们相信，他所描述的世界是真实的，是可以被理解的，即使是对于我们这些人：生活在截然不同的环境中，并且不得不通过并不完美的翻译来阅读他的作品。

在中国当代文学中，王蒙的作品独领风骚，其独特的风格赢得了同胞的批评和赞誉。他的非线性叙事、倒叙和时间游戏时而令读者欣喜，时而令读者困惑。王蒙不得不多次解释和论证这种非常规表达方式，他的观点是"主观"世界和"客观"世界遵循着不同的规则。王蒙对这种内心探索的迷恋，表现在他力求通过描写人物对客观世界的感觉知觉来揭示人物的内心世界。客观世界也许是一样的，但对所有人来说又都是不一样的。前者使每个人产生不同的反应，通过感觉，可以了解人物的很多细节，这就是为什么要对其进行描述。在王蒙看来，这种客观世界与主观世界之间的相互作用，这种外部世界与内部世界之间的相互转化，形成了一个整体，就像一组电影画面或雷达探索，瞬间呈现出许多情景。

这种心理探索、内部时空、感觉知觉与反思联想、闪回和倒叙，让西方评论家说王蒙使用了 20 世纪初西方流行的"意识流"方法。无论中国评论家还是作者本人，都对此孰是孰非不置可否。其中最强烈的批评谓其挪用西方文风。但王蒙反驳说，如果你仔细观察"社会主义现实主义"兴起之前的中国传统文学，就会发现其中有大量的心理描写。王蒙还说，虽然受到西方文学的影响，但他所表达的是纯粹的中国人和中国事，而且是当下的中国。她充满活力，向外开放，闪烁着外来词，但她有生命力，充满变化，且本质上都是中国自己。

作为墨西哥之行一文的尾声，王蒙断言："墨西哥不再遥远，不再陌生和未知。我一定还会回去，因为这样真诚的读者在任何地方都找不到。此外，墨西哥非常美丽，墨西哥人民对中国非常友好。"后来，王蒙确实又到过墨西哥。但那是在十九年之后的 2001 年。王蒙对墨西哥的第二次访问再次激发了人们的热情和兴趣。

自王蒙小说的西班牙语译本第一版面世以来，王蒙已经有不少小说被翻译为西班牙语。在后来的岁月里，他的作品更加丰富，并被翻译成二十多种语言。作品越来越多，译本也随之不断增加，为他赢得了多个奖项和国际声誉。如今，王蒙已经出版作品约六十多部，包括多部长篇小说，十余部短篇小说集，以及其他诗集、散文集和评论集。除了文学创作，王蒙也不忘参与公共活动，他担任过的一些职务，给他带来了责难和困顿，且似乎足以让人想起他过去的沧桑岁月。他的最高职务是 1986 年至 1989 年出任文化部长，这标志着中国文化的全面开放，也是中国年轻作家获得极大自由的一个时期。他曾鼓励、帮助了新进作家。

王蒙第二次访墨后，1985 年出版的小说集再版，增加了《坚硬的稀粥》等两篇小说。1989 年初，王蒙在《中国作家》杂志第 2 期发表了短篇小说《坚硬的稀粥》。两年后的 1991 年 7 月，他再次获得《短篇小说月刊》第四届百花奖（1989—1990）一等奖。在新版收录的这篇小说中，作家沿用了他尝试过的写作路径，充溢着讥嘲讽刺。在这类小说中，王蒙运用了丰富的语言技巧，将高雅词汇和口语混合在一起，将闹剧式情节和喜剧人物推向了荒诞的极致。王蒙略带怪诞的幽默根植于中国文学和民间传统，并从著名作家鲁迅（1881—1936）和相声演员那里汲取灵感。

王蒙的小说可有多种解读，每个人物和事件都与现实有一定的相似之处。然而，我们很难将其视为一个消极的故事。小说中确实提到了中国现实中的一些消极方面，但也并非一无是处。家庭物质条件的改善，每个成员选择自己道路的自由，以及对发生了种种变化但依然存在的某些文化特征的认可，都体现了乐观精神。保留自己的传统是重要的，王蒙没有完全放弃变化，但也没有否定传统。

2001 年 10 月，王蒙再次在墨西哥学院发表演讲，分析了中国现当代文学。他谈到了年轻作家的创作态度和生活心态的变化，认为他们更具批判性、不那么庄重、更有反叛精神，他们有时会怀疑作为一名作家的意义。对于文学会消失吗，传统会成为全球化的牺牲品吗，王蒙说："不会的，因为我们有我们的语言，我们的文学，这是我们自己的标志，它不会在任何全球化进程中消失，它将让我们保持自己的本色。"这些乐观的言论对任何害怕传统消失的人都是一种鼓舞。

王蒙访问古巴、巴西、智利

谢宁馨 *

2018 年 5 月 18 日至 28 日，受古巴作家协会、巴西文化部、智利圣托马斯学院及孔子学院拉美中心邀请，中国原文化部长、著名作家王蒙前往古巴、巴西、智利举办"中华文化讲堂"① 活动。此次活动在三国顺利举行，并取得圆满成功。

古巴对于我们此行而言确实可以算得上是"未见其人，先闻其声"。当飞机经停加拿大蒙特利尔国际机场时，铺天盖地的是几小时前古巴客机不幸坠毁的新闻。加拿大机场工作人员告知由于客机坠毁，我们后续航段可能会延误甚至取消。但是后续航班仅仅比原定时间延误了一个小时，古巴处理重大事故的效率之高成为了我对古巴的最初印象。抵达哈瓦那时已是晚上，由于物资极度匮乏，在去往酒店的途中，一路上几乎没有路灯照明，途中又听驻古巴使馆文化处的人介绍，此次坠机事件伤亡十分严重，几乎没有人员生还。这使我在为遇难人员感到伤心的同时对古巴油然而生一种敬意：在这黑暗且寂静的夜里，隐藏着一个井井有条、高度自律的强大民族。

王蒙的一生曲折而精彩，他是中国现当代史的见证人。正如他在古巴艺

---

* 谢宁馨，曾在文化部中外文化交流中心工作。

① "中华文化讲堂"创立于 2015 年 6 月，是中国文化和旅游部的思想文化交流品牌项目，截至目前已在世界三十多个国家和国际组织举办了八十多场文化交流活动。

270

术家和作家联盟总部举办的讲座上所讲述的，他生于 1934 年，他的幼年是
在日本侵略军的刺刀下度过的，他见证了现代中国的革命历史，也因此对古
巴这一同样拥有革命传奇的社会主义国家产生了浓厚的感情。作为中国的文
学大家，王蒙在脱稿的情况下驾轻就熟地将讲座内容与古巴紧密结合，他对
自身经历的平淡讲述、对古巴感情的真切流露以及对古巴歌谣的信手拈来，
迅速在中国和现场古巴作家之间搭建起革命友谊的桥梁。

　　古巴这个极富革命色彩的特殊国度，就像是划入水中的船桨，在王
蒙内心的平静湖面泛起阵阵涟漪。在切·格瓦拉司令部，我们看到一张
切·格瓦拉与毛主席和周总理等人的合影。王蒙站在合影前许久，他摘下
眼镜，就像多年之后拿起毕业照的人一样，近距离仔细地辨认着照片中的
每一张面孔。

王蒙在古巴艺术家和作家联盟总部举办讲座

王蒙的演讲博得古巴作家的一阵阵掌声

第二天，王蒙在古巴餐厅偶遇一个古巴歌手，当他唱起西班牙民歌《鸽子》时，王蒙深深地被歌声吸引，他举着手中盛着米饭的叉子久久忘记放下，时间仿佛在那一刻静止，他目不转睛地注视着唱歌的人，直到表演结束。我想，照片和音乐是能够超越时间和空间的，即使身在遥远的拉美，即便是听着陌生的西班牙语，但在音乐响起、照片映入眼帘的那一刻，不分过去与现在，不分中国与外国，有的只是彼此因相同的经历和体会而萌生出的惺惺相惜和兄弟情谊。

古巴是一个美丽、淳朴、热情又甜蜜的国度。此行难忘的是古巴面朝大西洋的长长的河堤，河堤上总是稀稀落落地坐了一些人，他们的背影和夕阳的余晖构成了一幅让人不忍打扰的画面，宛若古巴"世外桃源"般的宁静与祥和；难忘的是古巴人淳朴的笑容，以及当地人谈到古巴有许多华裔后代时自豪的神情，让人感到来自远方的亲切；难忘的是古巴人爱加糖的习惯，即

在切·格瓦拉与毛主席和周总理等人的合影前，王蒙
仔细辨认照片中的面孔

便是茶水也不例外。难忘的是古巴像极了中国五六十年代的样子，没有掺杂
丝毫世俗与现实的元素。难忘古巴！

离开古巴之后，王蒙开始了与巴西利亚近三十个小时的短暂相遇。在巴
西利亚电视塔上，我们鸟瞰巴西利亚状如飞机一般的城市布局；在巴西利亚
大教堂门前，王蒙惊叹其独具匠心的设计，改变了我们对教堂刻板的印象。

巴西利亚大教堂由数十根似抛物线的立柱束在一起，远看就像巴西印第安酋长用禽鸟羽毛做成的"王冠"，又像少女蓬蓬的小礼裙。教堂由以蓝、白、绿为主的彩色玻璃覆盖，顶盖下是悬空的基督和圣徒们，他们在蓝白色玻璃顶盖的映衬下，仿佛身在蓝天白云中，给人一种立体生动的感觉。

由于对巴西城市和建筑设计的深刻印象，王蒙在巴西利亚大学演讲时提道："中国文化是世界文化的重要补充，如果没有中国，世界太寂寞。同时中国也在学习，包括向巴西学习。今天上午看到巴西利亚城市规划和设计，为什么中国总请法国和德国的设计师啊，以后还要请巴西的。但是，即使巴西设计师来中国，也会逐渐增加中国味！例如可口可乐，在大陆可以泡姜治感冒，在台湾可以为三杯鸡当佐料。"这不仅向现场的巴西听众传递出了一种中国当下"互学互鉴"的精神，让听众近距离感受到中国对待世界文化的态度，也刷新了我对此行的认知，即"中华文化讲堂"并非仅仅是为了传播中国文化，更重要的意义是在彼此平等交流和学习的过程中取长补短、共同提高。

还有一个细节让我印象很深。在巴西利亚大学讲座开始之前，主持人请所有人起立，奏两国国歌，中国和巴西的国歌各放两遍。我虽与王蒙之间相隔一定距离，但当中国国歌响起时，我清晰地听到人群中有一个有些低沉但是铿锵有力的声音传来，并跟随着伴奏完整唱完。闻声寻去，声音正是来自王蒙。毋庸置疑，作为中国原文化部部长、此行"中华文化讲堂"的主讲人，王部长一言一行都代表着中国，但除此之外，我还感受到了王蒙身上坚定的文化自信，那是对祖国的人民、历史和传统文化的高度热爱。

结束了巴西之旅，我们一行来到智利首都圣地亚哥。圣地亚哥是一个繁华的都市，川流不息的车辆、南美第一高楼考斯塔内拉中心（Costanera Center）让我们感慨再次回到了现代中国。

王蒙在巴西利亚大学作讲座，图为讲座现场

王蒙在智利圣地亚哥街头与当地小学生合影

王蒙在智利作家协会与作协成员交流

在圣地亚哥也是一段难忘的旅程。抵达圣地亚哥的第二天，王蒙在市中心遇到了一群当地的小学生，他们脸上的笑容及对我们一行中国客人表现出来的热情，让我们感受到亲切和温暖。智利作家协会对王蒙此行的重视和精心安排，以及活动现场王蒙与协会成员之间似朋友般的交流和讨论，给人一种置身大家庭中的放松和自在。

王蒙在市中心大教堂里还看到了一座精美的雕像——忏悔者。整座雕像以大理石为材质制作而成，是一个跪着的人双眼紧闭、双手合十在忏悔他的罪过。忏悔者膝盖下的跪垫以及背后的披风因细腻的做工而产生的真实感让我们啧啧称奇。

印象最深的还有诺贝尔文学奖获得者聂鲁达的故居。智利历史上曾出过两位诺贝尔文学奖获得者，其中一位就是聂鲁达。聂鲁达故居坐落在距离圣地亚哥一百五十多公里处的一个小城里，这里的安静与圣地亚哥市中心的喧闹形成了强烈的对比。因为喜欢这里的寂静还有面朝大海的优美环境，聂鲁达在他三十五岁时从一个上校手里把这个房子买了下来。聂鲁达故居独特的设计和精美的陈设让人目不暇接，给人一种探险的兴奋感。屋子里随处可见 P（巴勃罗·聂鲁达）和 M（第三任太太马蒂尔妲）的标志，这是他们爱情的见证。聂鲁达故居里每一个角落、每一幅油画、每一件藏品，仿佛都在讲述着他生前的故事，那是除了动人的诗和爱情之外，扑面而来的生活，让我们看到一个更立体的聂鲁达，一个深情、羞涩、恋旧、孩子气的人。

王蒙的随和亲切、幽默风趣，使得这一路上都不缺乏欢声笑语，为期十一天的文化之旅终于还是在回味与不舍中匆匆结束。记得王蒙在巴西利亚大学作讲座时说："民族的传统是强大的，世界的文化也是强大的，让我们在两个强大之间做得更好。"此行我感受到了许多优秀的世界文化，古巴面对危机的井井有条、巴西在城市设计上的独具匠心、智利对城市雕塑的精心打磨，都给我留下了很深的印象。同时，我也从王蒙身上切实感受到了中华

王蒙参访聂鲁达故居

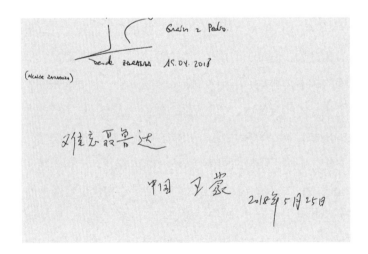

王蒙在聂鲁达故居留字

优秀传统文化带来的此岸性（不过多讨论另一个世界，而是强调此岸，即在活着的时候把事情做好）、积极性、高度的自我调节能力和谦虚的学习态度，这给我带来了很大的激励和鼓舞，必将成为我未来前进路上的指明灯。

王蒙访问澳大利亚、新西兰

郜元宝*

整个 20 世纪 80 年代，处于创作井喷期的王蒙频繁出访，从中外文学和文化交流的角度，充分诠释了何为"改革开放"。

当时国人还很少迈出国门，王蒙密集的出访因此就更加意义非凡。许多出访活动首尾相接，一些国家的签证甚至就在海外直接办理。真是马不停蹄。《王蒙海外游记》序言"漫游这个世界"（1995）说，"生逢改革开放的盛世，自 1980 年起，本人有幸走出国门看了看世界。这十几年，我访问美国六次，意大利四次，德国两次，日本两次，新加坡两次，澳大利亚两次，苏联、英国、法国、加拿大、罗马尼亚、保加利亚、波兰、匈牙利、阿尔及利亚、摩洛哥、土耳其、新西兰、泰国、马来西亚、约旦、埃及各一次，途经并逗留过的还有西班牙和希腊。"王蒙认为他这些出访活动最大的意义"不是我到了什么地方和我看见了什么，更重要的是我的漫游的心态"，"承认世界的多元性才能进行与外部世界的交流并从中有所获得有所长进。"

抱着这种"漫游的心态"，进入 90 年代和新世纪，王蒙一有机会，还是乐于走出国门"转他几圈"。他的很多诗歌、小说和散文的灵感都来自"漫游这个世界"的独特经历。

一向爱好外国文学、以具有世界胸怀而自豪的王蒙对大多数出访目的地

---

* 郜元宝，复旦大学中文系教授。

心仪已久，而在新西兰、澳大利亚这两个现代化历史极短的大洋洲英语国家走走看看，却是意外的收获。

1989 年 3 月，王蒙以中华人民共和国文化部部长的官方身份首次访问澳大利亚、新西兰两国。在澳大利亚首都堪培拉出席"文字节"开幕式，并参观了澳大利亚国立图书馆。再次见到英国女作家玛格丽特·德拉布尔。参观悉尼蚌形歌剧院。黑灯瞎火，险些落入乐池。听了一次音乐会，看了一个话剧，他觉得话剧虚拟的表现手法与中国戏曲表演一致。

新西兰国土文化部长友好随和，带王蒙到议会用午餐，与该国女总理及各部的部长见了面。在昆士顿乘摩托艇行驶很刺激。新西兰的剪羊毛表演让王蒙想念新疆。在奥克兰市观看了刚获奥斯卡奖的电影《雨人》。与顾城见面，让王蒙感到异样。诗人后来的悲剧结局证实了王蒙当时的直觉。

新西兰当地作家赠送给王蒙 1985 年出版的新西兰小说集 *The New Fiction*（《新小说》），共收十七位作家三十四篇小说。20 世纪 90 年代初，王蒙从这本小说集里选出五位作家的七篇作品翻译成中文。王蒙翻译的新西兰作家詹·傅瑞姆《天鹅》和帕·格里斯《天地之间》发表于《小说界》，新西兰作家伊恩·夏普《白雪公主》《天赐马》、弗朗西斯·庞德《简明三联画》《八角形》、詹尼弗·康普顿《费伯镇》则发表于《外国文艺》。他在译者"附注"中对这些小说都做了简明扼要的评点。

在王蒙翻译的十篇短篇小说中（另有一篇新疆维吾尔族作家的小说、三篇美国作家的小说），新西兰作家竟占了七篇。这也算是王蒙和新西兰文学之间一种特殊的缘分吧。

1992 年 9 月，王蒙再度访问澳大利亚。

这次是应澳大利亚昆士兰州政府的邀请，参加布里斯班市"瓦拉那节"以及"全澳作家周"（"瓦拉那"是澳洲土著语言，意为春天）。同行的有杨宪益、戴乃迭夫妇。

9月24日澳洲当地时间九点飞抵墨尔本，小事逗留即转飞昆州首府布里斯班。"昆中理事会"工作人员凯瑟琳小姐、我驻澳使馆文化参赞楼小燕教授到机场迎接。晚六时到布里斯班河南岸观看中国文化展。25日11时赴州政府，礼节性会见昆州总理办公厅主任陆克文，相谈甚欢，超过预定时间，以至于参加南岸图书馆举办的"全澳作家周"开幕式，迟到二十分钟。下午三时去 Grifth 大学会见校长。晚六时参加"作家之饮"鸡尾酒会，努力用英语与澳洲作家交流。晚七点半赴凯瑟琳家宴，遇见作家桑晔和诗人芒克。26日中午去图书馆与三位当红的澳洲作家文学座谈。当晚在桑晔家见到作家、学者、澳前驻华文化参赞周斯和凯瑟琳夫妇，陆克文，黄苗子、郁风夫妇。27日一早游海洋世界，下午游黄金海岸。28日参观艺术中心的拼贴艺术和土著风格的艺术表演。29日上午游热带植物园，下午出席中国作家关于中国当代文学的座谈，晚餐时朗读了《买买提处长轶事》英译本两段。

30日晨九时与周斯一起飞抵悉尼，当晚参加由澳大利亚艺术理事会文学召集人珊德拉女士做东的招待晚宴。10月1日九时接受中新社和中国国际广播电台驻悉尼记者采访，谈了文学体制问题和访澳印象。十时参观 Power House（动力博物馆）和悉尼现代艺术馆，下午在悉尼大学亚洲研究中心做讲座，介绍当前中国文学创作的情况。10月2日中午珊德拉女士设宴，邀请了王蒙1989年3月以官方身份到访时在悉尼见过的澳洲作家。

10月4日赴堪培拉，与我驻澳大使及使馆各位参赞用饭漫谈。10月5日，1983年以前澳驻华大使郜若素（时任霍克政府经济顾问、国立大学经济学教授）邀请参观他的农场。下午四时赶到汉学家白杰明和妻子琳达的家。6日十一时赴国立大学亚洲研究中心讲中国当代文学生态，之后澳大利亚议会外事与国防委员会主席 Mr.Schachat 请吃便饭。下午会见澳洲艺术部部长 Wendy Fatin 和几位议员。接触这些官员时，王蒙深感自己并非政治家，而只是一介文人。

7日经墨尔本飞抵南澳首府阿德莱德，8日中午在阿德莱德大学做讲座，9日为阿德莱德大学授课一节，课后十一时赶赴机场，一点半飞抵墨尔本，傍晚在墨尔本大学举办文学讲座两小时。因参加党的十四大，提前八天回国。

2009年11月26日至30日，王蒙第三次访问澳大利亚。

这次是由悉尼大学亚太研究学院主任 Robyn McConchie 代表悉尼大学发出邀请（夫人崔瑞芳女士和秘书彭世团同行），具体接待与活动安排由悉尼大学孔子学院负责。

11月26日九时到达悉尼国际机场，悉尼大学孔子学院中方院长、复旦大学教授郜元宝一行接机。中午与郜元宝及悉尼大学孔子学院院长 Hans Hendrischke 在悉尼著名的科奇海滩（Coogee Beach）宾馆共进午餐。下午在我驻悉尼总领馆讲《当前文化生活中的若干话题》，晚上我驻悉尼副领事宴请。11月27日白天游览植物园、新洲艺术馆、悉尼歌剧院。中午在悉尼鱼市场（Fish Market）品尝澳洲海鲜。晚上赴悉尼大学、新南威尔士洲澳大利亚作家协会在 Red Chilli Hotpot 餐厅联合举办的正式欢迎晚宴，现场以英文即兴发表答谢辞。

此番赴澳之前，王蒙刚接受中央电视台国际频道的英语采访，因此虽说是即兴致辞，却也是有备而来。20世纪80年代初访美之际，王蒙重新拾起了荒废已久的英语，一有机会就勤学苦练，终于达到可以阅读、翻译和简单口语交流的程度。虽然深入熟练的口语交流仍然并非十分流畅，但王蒙并不放弃，在需要开口的场合总是大胆而自信地说英语。这也使他在英语国家赢得不少称赞。

11月28日上午由 Hans Hendrischke、郜元宝等陪同，在科奇海滩游泳。风急浪高，下半程改在海滩边上一个由岩石凿出的天然泳池里游。虽说泳池，但直接连着海水，还是不断有巨大的浪头冲刷进来。当天游得不甚畅快。下午两点至四点在悉尼大学做公开讲座"我与六十年来的中国文学",一百多名中外听众参加,互动环节十分活跃。晚上与当地作家诗人聚会。讲座中提到爱吃中国红薯。一位热心的听众当晚给酒店前台留下一包澳洲红薯,"请王蒙务必品尝!"

29 日由我驻悉尼领事馆教育组参赞郭亮、郜元宝以及当地华文作家张劲帆、黄惟群等陪同,参观悉尼大学教授萧虹女士(《世说新语》及女性文学专家)的私人农庄。在农庄午饭后,驱车赴主人的海边别墅小憩。下午在临近一处海滩游泳。这里风平浪静,没有任何其他游客,大家都游得十分舒畅。当晚以"汉字的魅力"为题,为两百多位中澳作家和文学爱好者做了一个半小时的学术讲演。11 月 30 日上午从悉尼机场回国。

与前面两次访澳相比,这次以休闲为主,而且仅限于悉尼一地,所以比较轻松,跟澳洲当地作家和读者的交流也更加从容。

2023 年 9 月 20 日

王蒙在埃及：您的文字振奋人心

[埃及] 梅·阿舒尔*

王蒙老师，您好！

我祝您 90 岁生日愉快，在文学世界不断地创作完美的作品。我首先祝福您发表新的小说《霞满天》。

这是我第一次用中文给中国作家写一封公开信，这才发现语言的功能很有趣。它可以跨越隔阂和距离，给我超出想象的表达空间，但最重要的是，它给我机会给您这么伟大的作家写信。写给中国作家第一封公开信，我百感交集，可能有一些地方不能完全表达出来，我感到非常抱歉。

人无法知道未来承载着什么，一点都不能猜出来。十九年前，如果一个人告诉我，我会用中文给中国最伟大作家之一写信，我一定会以为他在嘲笑我，因为那时我没想到我会当文学翻译者，并一点也没预料到我会走上中国文学的路。我现在承认这条路曾给我不少的经验和难题，变成了我生命之路的一部分。我觉得中国文学特别丰富，每一次把新的作品翻译完了，心里面的一朵花就开了，每次阅读您的作品，阳光就洒落在我的心上。我很喜欢您的短篇小说《夜的眼》，在我心目中它是很完美的小说，有很特别的位置。

我记得第一次见到您时，是在 2015 年 7 月 6 日，那时候我参加了 2015

---

*　梅·阿舒尔，埃及汉学家。

年青年汉学家研修，刚开始做文学翻译不到四年。您给我们做的讲座是"中国人与中国文化"，您讲座的开头我到现在还记得："我首先要说的是中国人和中国人的文化与外国人和外国人的文化是一样的，没有根本的差别。千万不要认为中国人是另外的一个，我们都是一样的人。"您的讲座我最喜欢的部分就是："中国文化是东方文化一部分，但是这种东方的文化和强调不着急、强调慢慢的、强调休息、强调一切随便的文化不完全一样。"您这讲座真的很吸引人，让我近距离地接触中国文化和中国人的思想，了解到不少的事情。您讲的内容显示出您深刻的思想。

那年我是很幸运的，四个月之后，我在埃及最高文化委员会聆听您的文化讲座"发现中国·讲述新疆"，收获满满。

我为文学翻译和写作放弃一切，我慢慢意识到我做这个决定很正确，因为我跟随我的心。在文学的路上我遇到了您的作品，爱上了您精细的、有魅力的文字，包括您写的小说、散文以及其他文章。我翻译过您两篇微型小说——《果汁》和《雄辩症》。《雄辩症》这篇微型小说收录在《梅花》一书里（本书包括来自中国现当代的文学作品），前几天我看到陌生读者在社交媒体上说很喜欢这篇，其他网友也赞过。

我特别喜欢您关于写作和文学的文章，您对文学的沉迷和热爱影响了我，我把它们当作文学之路上的指南，我很喜欢您写下的关于文学的这段话："我认为，文学是生活的色彩，是生活的滋味，是生活的魅力，也是生活的声息。没有文学的生活将会变得多么枯燥无味，有了文学的生活将会变得多么丰富多彩。"

写作不是即时的事儿，而是堆积在心和脑子里，然后突然生发。特别是文学，一点不简单，所以我相信因为您的丰富思想和人生经验的原因，才能给我们写出那么完美的作品。人们一般会从两个方面了解某个国家的不同时代，一是从历史典籍里的记载，二是从文学作品的呈现。您的作品这两个特

2015 年 11 月 23 日王蒙与夫人单三娅在埃及开罗金字塔前留影

点都有。

　　我很喜欢您和文学写作的关系，我觉得这不仅是兴趣爱好，或者热爱沉迷，更是因为您把文学写作放在很高的位置，把它们当作生命非常重要的一部分。这都体现在您写的《写小说是一种幸福》里面，它对我的影响很大。特别是这段："写小说有多么幸福，它是对生活的记忆、眷恋、兴味、体贴、消化与多情多思。它是你给世界、给历史和时代、给可爱的那么多亲人友人师长哲人的情书。是给一些对你或许不太理解不太正解不太友善难免有点忌妒的人的一个微笑、一个招呼、一次沟通示好。它是你的印迹、你的生命、你的呼吸、你的留言、你的一点小微嘟瑟。"这让我不由自主地拿笔翻译。

我个人觉得文艺是每一个时代的希望和光明。我听过您《永远的文学》的讲座，学习到了很多，您的话触及我的心灵，特别是演讲中的这句话："文学是对死亡的战胜，是对残暴的战胜。文学不仅能命名世界，还可以抚慰一个冷漠的生命，使人对世界感到熟悉。"

有些人把文学形容为"别人讲的故事"，这并不是文学或者小说的全部，因为我还记得您说过的"文学确实是一个充实的记录"。文学是人类的生活的记忆和身份。

王蒙老师，我觉得您的作品炉火纯青，不仅体现在您的文字的魅力上，也体现在您字里行间中所表达出来的深刻的人生智慧。

我认为每个人都可以阅读文学，但是真正能被文学影响的人比较少。因为它本身跟能否阅读文字没有关系，而是需要人深刻地理解蕴含在文字里的道理与人生课题。我写这几句，不知道我为什么突然想起您的一句话"有些人知道挺多，但没脑子"。您讨论的是我们这个时代的很重要的问题，您是在伸出援手帮别人。

您为我们写了那么多有魅力的文字，这些文字永远会刻在我脑子里。我将努力把您的文章和散文翻译成阿拉伯语，我相信它们会受到读者很大的欢迎。我上次把您的书《王蒙妙语录》的几句翻译成阿拉伯语，我打算把全书翻译成阿拉伯语。

翻译教会我大方无私，也让我不寂寞，因为通过翻译我与其他人分享喜欢的文字，而不是仅仅自己阅读而已。我该感谢翻译，因为它给我机会更深刻地阅读中国文学作品，认识德高望重的天才作家。

我希望有机会再一次见到您，跟您讨论关于文学的很多事情。

王蒙访问南非

车兆和 *

　　应南非共和国文化艺术部部长帕罗·乔丹的邀请，著名作家王蒙率中国文学艺术界名人代表团一行六人，于 2002 年 9 月 14 日至 17 日访问南非，成员包括夫人崔瑞芳和著名舞蹈家阿依吐拉等文艺界知名人士。在短短的五天时间里，代表团参访了约翰内斯堡、开普敦和比勒陀利亚等三座城市；先后同南非作家、诗人、艺术家、大学教授和其他文艺界人士，举行文学座谈会、艺术交流会和文化恳谈会等。通过上述活动和广泛的社会交流与接触，增进了南非文艺界对王蒙的文学历程、文学成就和文艺理论的了解，同时也加深了南非人民对中国人的精神追求和人文风貌的印象。

　　南非是个神奇的国度，有诸多"世界之最"：是世界官方语言最多的国家，共计十一种；是世界唯一的拥有三个首都的国家——比勒陀利亚、开普敦、布隆方丹；[1] 是世界第一例心脏移植手术成功的国家等。南非拥有一个美妙而温婉的别称——"彩虹之国"。[2]

　　中国文艺界名人代表团此次造访南非，还与多元文化的南非文艺界人士

---

* 车兆和，原文化部外联局参赞。

① 南非行政首都是比勒陀利亚，立法首都是开普敦，司法首都是布隆方丹。

② "彩虹之国"的提法源于南非第一任民主选举总统纳尔逊·曼德拉在 1994 年一次国会演讲。此前，南非大主教图图曾在布道时使用过"彩虹人民"的表述。详见贺明：《走遍南非》，时事出版社 2010 年版，第 6 页。

进行了广泛交流与接触，亲身体验"彩虹之国"的文化魅力，了解孕育黑人领袖纳尔逊·曼德拉、十年里走出两位诺贝尔文学奖获得者①的文化土壤，进而增进了国人对南非文化的了解和中南人民的友谊。

代表团于 9 月 14 日晚抵达南非第一大城市约翰内斯堡并下榻约堡洲际饭店。正式参访活动则于 9 月 15 日始于南非立法首都——开普敦。开普敦是南非第二大城市，被誉为"母亲城"，因其是在西方殖民者来到南非后建起的首座现代城市而得名。它既是南非的文化旅游名城，又是闻名世界的观光胜地。那里有著名的好望角，金色的阳光、蔚蓝色的大海、乳白色的沙滩；还有海豹岛、企鹅滩和桌山等异域自然及人文景观。这些都是催生文艺灵感、唤起诗作、艺作的缪斯。当然，南非主人在安排文艺家参访时，是不会漏掉那位潇洒倜傥、不拘小节的狄奥尼索斯的。

凡是来开普敦参访交流的外国文艺人，主人都会安排其参访斯皮尔斯农场，那是南非的著名酒庄。南非一向以出产葡萄酒和爱玛乐酒（俗称"大象酒"）而闻名于世。从葡萄的种植、栽培、收获到酿造、装瓶、储存等一条龙，无不展现出南非人的智慧与酒文化的魅力。爱玛乐是生长在南部非洲的一种植物，其果实甜美，深受大象喜爱。大象吃后便会在胃里发酵，常常会睡意浓浓，或酩酊大醉，尽显憨态。"大象酒"因此而得名。代表团在品酒、赏酒，体验南非酒文化的同时，更感受到南非人民的热情友好……

9 月 16 日，是此次访问的高潮。代表团首先参访开普敦的"艺术之角——Artscape"。这是一次中国和南非艺术家相互交流与切磋的盛会。中国少数民族舞蹈家阿依吐拉等与开普敦大学舞蹈学院的师生各自表演了具有鲜

---

① 纳丁·戈迪莫（Nadine Gordimer），南非著名白人女作家，以反对白人种族隔离主义闻名于世，于 1991 年获得诺贝尔文学奖，代表作有《朱利族人》《面对面》《红宝石》《伯格的女儿》等。J. M. 库切（J.M.Coetzee），南非著名白人作家，于 2003 年获诺贝尔文学奖，代表作有《幽暗土地》《慢人》《等待野蛮人》《迈克尔·K 的生活与时代》等。

明民族特色的舞蹈。舞蹈学院师生对中国维吾尔族舞蹈很是入迷，称这是他们所见到的最有特色的舞蹈。

是日晚，在开普敦大学举办了一场别开生面的"王蒙文学作品研讨会"。出席研讨会的有南非著名小说家安德烈·布林克①、南非著名女诗人戴安娜·费鲁斯②和开普敦大学文学院部分师生。南非作家大会主席、著名作家和文艺评论家安德雷斯·沃尔特·奥利芳特教授③也前来参加会议。

笔者应邀即席发言，介绍王蒙及其作品。笔者谈道："我和我们这一代人，是读着王蒙作品长大而又变老的。王蒙对我本人以及我们这代人影响，怎么强调都不过分。'王蒙'已经成为一个'文学符号'和中国家喻户晓的名字。笔者至今尚能感受到最初阅读其19岁写成的处女作长篇小说《青春万岁》时胸中涌动的激情和阅读其短篇小说《组织部来了个年轻人》所感受到的心灵震撼……"然后，我简要地介绍了王蒙生平和主要作品。部分参会者在与会前已经收到并阅读过使馆寄来的英中文版《王蒙小说选》，因此对王蒙的作品并非全然陌生。

安德烈·布林克在发言中表示："有机会在南非参加中国著名作家王蒙文学作品研讨会，倍感荣幸；深切地感受到王蒙作品在中国的受欢迎程度和文学魅力及影响力。当然，我也十分羡慕王蒙在中国竟然有十几亿读者！"

---

① 安德烈·布林克（Andrie Brink），著名南非白人小说家，1935年生于南非，其作品以反对白人种族主义著称。代表作有《审视黑暗》《雨的谣言》《干旱的白色季节》《瘟疫之墙》《紧急状态》《恐怖行为》；曾经担任南非白人作协主席和南非笔会会员等职。

② 戴安娜·费鲁斯（Diana Ferrus），南非黑人女诗人。1998年6月在荷兰学习期间，她创作抒情诗《献给萨拉·巴特曼》，在南非发表后引起强烈反响。这是一首抨击白人种族主义者的力作，讲述一对黑人姊妹在巴黎人类博物馆里被制成标本裸体展出，这给她带来视觉冲击并创作该诗歌。此后，费鲁斯一直从事诗歌写作。

③ 安德雷斯·沃尔特·奥利芳特教授（Prof. Andries W. Orliphant），时任南非作家大会主席。他是南非大学文学教授、诗人、编辑、作家、出版家和社会活动家；曾担任布克奖和诺贝尔文学奖非洲地区推荐组成员；其代表作有小说《日末》、故事集《季节变化及其他》和《屠场》等，主编《基础事物：新南非诗歌选》等。

戴安娜·费鲁斯结合王蒙的《青春万岁》等作品，谈及自己创作诗歌《献给萨拉·巴特曼》时胸中燃烧的激情以及该诗发表后产生的社会反响。她说，小说和诗歌表现形式虽有不同，但在表达内心情感、抒发胸中块垒上，是相同的。优秀作品必须源于生活，作家和诗人必须抓住时代脉搏、反映时代本质，描写并抒发那些在作家心中引起强烈共鸣、产生火花的人物或事件……

安德雷斯·沃尔特·奥利芳特教授对王蒙率团访问南非表示热烈欢迎，称这是南非和中国作家之间的一个高层次的面对面的交流，它无疑会增进两国作家的相互了解和友谊，为南中作家的深入交往铺路搭桥。

南非首位诺贝尔文学奖获得者、女作家纳丁·戈迪莫因年事已高，且身体欠佳，未能出席研讨会。但在会后，笔者有幸在朋友陪同下，前往其住宅看望她并介绍情况。当她了解到"王蒙文学作品研讨会"开得很成功时，脸上露出欣慰的笑容。她表示：这是南非和中国作家在文学领域首次正式接触，也是一次高水平的交流与互动。她相信今后双边交流会越来越多，也定能结出硕果。戈迪莫一直关注中国，对中国文化有着浓厚兴趣，她希望在有生之年能够到东方大国——中国参观访问。

在参加研讨会的与会者发言后，王蒙做了简要陈述。他感谢与会者对其作品的认可与欣赏。与此同时，他谦逊地说道：自己只是中国诸多作家中的一个写作者，没想到自己的几篇小说竟然受到读者的如此欢迎与好评。他继而表示，只要自己还能拿得动笔，就要继续写作，要把最好的作品呈现给中国和世界读者……

是啊，真正的文学大家无需自我标榜。作品和时间会证明一切的。

中国文艺界名人代表团此次造访南非，还参观了南非最大的沿海岛屿——罗宾岛（Robben Island），它曾因关押过南非政治犯，尤其关押过黑人领袖纳尔逊·曼德拉而闻名世界。曼德拉曾在这里度过十八年的铁窗生涯。1990 年 2 月 11 日出狱后不久，曼德拉即参加南非总统选举并当选。当选后曼德拉旋即拜访曾把他关进监狱的南非前总统德克勒克的遗孀。曼德拉高调主张民族和解，这，就是伟人的胸怀！

王蒙站在曾关押过曼德拉的铁窗前，表情凝重、静默沉思良久。

多年后，王蒙在一篇文章中写道："南非是个好地方。我数年前有机会造访，对于她的广袤与壮丽，雄浑与亲切，都留下了难忘的印象。她的人民对于中国的友好情谊也是感人至深的。我多次访问过美洲，我知道特别是'9·11'以后，美国到处是'上帝保护美洲'的标语，我访问南非时的感觉则恰恰是：'上帝'护佑非洲。我相信要不了多久，非洲将是地球上最吸引人的地方，尤其是巨大的南非。"①

这，或许就是王蒙在罗宾岛上的思考？

---

① 详见《红宝石·南非短篇小说精粹》，沼荷译，新疆美术摄影出版社、新疆读读精品出版有限公司 2015 年版，序言。

王蒙访问毛里求斯、喀麦隆、突尼斯

王　杨 *

由于从事对外文化工作的缘故，我曾多次访问并长驻非洲。印象最深的，莫过于 2002 年 9 月 11 日至 29 日，作为翻译，陪同王蒙率领的中国文学艺术界知名人士代表团访问非洲的那十九天。一晃二十年过去了，那些场景依然历历在目。

我曾思索过为什么唯独对这次访问的印象如此深刻鲜活？也许是因为王蒙一行的访问，自然而然、有意无意地适应和融入了访问国特有的自然风光、人物性格、文化传统、现实生活，使之显得五彩缤纷，活泼多样，热烈友好。同行的有王蒙夫人崔瑞芳，她总是面带微笑、和蔼可亲，是一位乐于成就他人、淡化自己的教育工作者；有热情开朗、奔放率真的著名维吾尔族舞蹈家阿依吐拉，一见面，她就指点我跳起维吾尔族舞步，一下就拉近了彼此的距离；还有儒雅能干、周到体贴的崔建飞秘书等，都给我留下美好的回忆。

一、首访毛里求斯

毛里求斯共和国是位于印度洋深处，距离非洲大陆两千两百多公里的岛

---

* 　王杨，中国驻刚果民主共和国大使馆原文化参赞。

国。2002 年 9 月 11 日，我们乘机飞往距离毛里求斯首都路易港四十五公里的拉姆古兰国际机场。当飞机开始盘旋降落的时候，机翼下，银白色的沙滩、碧蓝的海水、阳光下灿灿飞翔的水鸟、海边绿色无际的甘蔗林以及微风里缓缓摇动着的椰林，尽收眼底。正像王蒙后来在散文《我爱非洲》中描写的："从高空看，这个地方美得不可思议，美得让人爱不释手。"难怪马克·吐温说："上帝在创立天堂之前，先创造了毛里求斯岛。"

毛方对代表团的来访安排得热情而周到。抵达次日上午，毛艺术、文化和青年发展部部长穆·拉姆达斯就会见了代表团。那时，他刚刚结束访华归来，恰巧我参加了接待工作并全程陪同他参观访问。因此，他很激动地谈起访华观感，与王蒙交谈欢洽。十一时，毛里求斯共和国总统卡尔·奥夫曼阁下会见了代表团，我驻毛里求斯王富元大使陪同在座。卡尔·奥夫曼总统用英语表达了对王蒙的欢迎，畅谈毛里求斯与中国的友谊。王蒙的英语很好，大部分时间，他与总统直接用英语交流，气氛亲切友好。

当天下午，王蒙的中国文学讲座被安排在毛里求斯中国文化中心多功能厅举行。该中心是我国在海外设立的第一家文化中心，于 1988 年 7 月落成开放。那时王蒙正在文化部部长任上，海外文化中心的建设饱含了他的关心和牵挂。因此，他特意提前赶到文化中心，仔细地走了一圈，与文化中心的工作人员一一握手问候，并向汉语教师赵熠了解汉语教学情况。

随后，王蒙在热烈的掌声中走上多功能厅的讲台，我作为翻译，叨陪在王先生身边。这是我第一次为王蒙做文学演讲翻译，望着厅内满满的听众，不免有点紧张。讲座涉及中国社会的文学生活，王蒙根据一份提纲，从容地侃侃而谈。演讲深入浅出，生动幽默，我力求翻译得准确，但仍感紧张，好在听众素质很高，有些能听懂汉语，坐在前排的是曾担任毛里求斯艺术与文化部长的华人曾繁兴老先生，他始终用目光鼓励我，我也渐渐平静下来。讲座在热烈掌声中结束，听众们纷纷上前请王蒙签名，我在旁也分享了成功的喜悦。

　　代表团访问期间，适逢第二届世界华人华侨大会在毛举行。9 月 13 日上午大会开幕，场面热烈而隆重。来自世界各地华人华侨代表云集一堂。出席会议的有毛里求斯代总理和多位内阁部长，王富元大使也出席在座。王蒙应邀到会发表演讲，崔瑞芳还专门为他换上一身得体典雅的中山装。王蒙在讲话中强调的是坚持"一个中国"的原则和反对"台独"的庄严立场，还论述了中华文化的凝聚力、向心力、包容性及其对团结广大海外华人侨胞共同维护世界和平的重要意义。他的演讲受到与会者的热烈欢迎。

2002 年 9 月 12 日下午，王蒙在毛里求斯公园用树枝喂体型巨大的旱龟

　　12 日下午，我们在文化参赞夏万法夫妇的陪同下，参观了毛岛的公园。其中最吸引眼球的是体型巨大的旱龟。它们平和温顺，行动缓慢，从容不迫，与世无争。王蒙手执公园里备用的树枝，耐心地喂它们吃树叶。陪同者

告诉他，游客可以站在旱龟背上，体验让它们驮行的乐趣。王蒙觉得这样未免会给它们增加太大负担，一笑，便弃权了。受王蒙影响，我们也都一一弃权，看来仁心是富有传染力的。后来我们在位于路易港的历史博物馆里看到关于旱龟介绍，了解到它们曾无忧无虑地生长在这座没有天敌的岛上，自然寿命在百年之上，最长可达六百年。直到五百多年前，西方探险者发现该岛，并将其宰杀作为饕餮美食！公园里除旱龟外，还有绿色的巨型蜥蜴、大小成堆的鳄鱼以及飘在水面、大到能托起孩子的热带植物——王莲，王蒙和大家一起兴致盎然地欣赏着多姿多彩的异国风情。

毛里求斯是王蒙初登非洲的落脚之地。第一站就来到了一座风光旖旎的宝岛，印度洋深处的一颗明珠，这真是一个美好的开始。

最使我难忘的，是在毛期间，陪王蒙在印度洋里游泳的经历。作为游泳酷爱者，王蒙被崔瑞芳戏称是"壮游的阿甘"。王蒙刚下飞机，便说明日清晨要去游泳，我自告奋勇地说要一起去。次日一早，我便随王蒙兴致勃勃地向海滩走去。他精神矍铄，心情愉悦，轻快地走在前面，我在后面紧赶几步才能跟上。先是看到海边游泳池中已有不少早起的游客和孩子们在嬉水。令我没有想到的是，王蒙大步走过泳池，并不停顿，径直向远处的海滩走去。王蒙分明说去游泳，没说下海呀？我目瞪口呆，毫无准备地看着他快步走入大海，轻松、稳健而有节奏地划动臂膀，融入碧波白浪之间。这是我头次清晨下水，瞬间，一阵海水特有的冰凉令我振奋和清醒。我跟随王蒙向大海更深处游去，我们的水下世界不光有多姿百态的珊瑚，还有五彩缤纷的热带鱼。能在大海里看见原生态的热带鱼儿灵巧地在珊瑚之间舞动穿梭，它们平静傲然地游荡，丝毫没有排斥之意，换作人类，如果有外来生物到来，我们能如此平等、平静和包容吗？与鱼儿零距离地分享畅游的乐趣真是一次人生难得的经历。后来再去毛里求斯，同事邀请我参加一个商业性旅游项目，乘坐底部透明的小船观察海底，但透过厚厚的有机玻璃，一片漆黑，几乎什么都没看见。跟王蒙畅游印度洋的感觉就不同了，人，只有融入海洋，方知天之大、海之阔、洋之美、鱼之乐……后来我们又陪他游了两次，最后一次是13日的下午五点半，王蒙提议说，明天要离开毛里求斯了，咱们来一次告别纪念游吧。于是在夕阳的光辉下，在清澈见底、依旧清凉的印度洋里，海天一色，我随着他挥臂前行，又痛痛快快地畅游了一次……

二、喀麦隆之行

自9月14日至20日，我随王蒙访问了南非，之后从巴黎转机，21日傍晚抵达喀麦隆首都雅温得。长途国际旅行对于我们年轻人来说，也感到很是疲惫劳顿，但是王蒙却精神奕奕。作为一位走向世界的中国作家，面对到访国文化，他保持好奇和尊重，认真观察、学习和体验；同时利用曾经的学生、老师、官员、（生产）队长、学者、（维吾尔语）翻译等多重身份以小见大、游刃有余、深入浅出、机智幽默、生动活泼地讲述中国文化、文学、民俗和美食等。他认真面对每一场活动，下车伊始，就接受喀麦隆国家电视台等多家媒体的联合采访。他愉快地谈到中国人民对非洲、对喀麦隆人民的友好情谊，谈到中喀两国间的文化交流，谈到前不久和喀麦隆文化部长在北京的会见等等。第二天喀麦隆各大媒体纷纷报道，反响热烈。

次日，我们从雅温得出发，访问西部省省会巴夫桑。王蒙会见省长迪加尼，并与省长在官邸共进午餐。迪加尼先生是穆斯林，维吾尔族舞蹈家阿依吐拉也是穆斯林，王蒙夫妇在新疆生活长达十六年，还在伊犁巴彦岱公社与维吾尔族村民同吃同住同劳动，与他们的生活习惯融为一体。所以他们和省长先生有种天然的亲切感，类似家人，相见恨晚，有聊不完的话题。我虽在非洲多年，但由于菜肴里放了不少本地香料，还是颇感不适，多少有点别扭。但王蒙他们却大块朵颐，吃得有滋有味，主人特别高兴，午餐变成家宴，气氛很是融洽。

辞别省长，我们驱车前往位于该省的"丰班王国"。一路经过许多乡野和集镇，一座座不经粉刷的泥屋，包括小贩叫卖的一种用芦苇叶包裹的类似中国粽子的食品，都使王蒙感到格外亲近。更使他赞叹的，则是来往的路人。他后来回忆道："更精彩的是本地黑人，他们或头顶物品赶路，或信步前行，或三五成群，或闲散游荡，男男女女，老老少少，服装也大多简单随意，女人是一件连衣裙，男人是一件衬衣。但我看到的人当中没有一个是驼背的，没有一个是畸形的，个个都那么健康、活泼，丰满而又窈窕，身体各个部位平的平，圆的圆，长的长，宽的宽，凸的凸，紧的紧，匀称又充实，无可挑剔而又自然而然，神态悠然，而且平和乐观……非洲的黑人真耐看，而且从正面、背面、侧面、上面、下面看，都圆融完满，各有千秋，令人赞美，堪称人类绝唱。"

抵达"丰班王国"王宫博物馆，我们受到热情欢迎。"丰班王国"是传统的酋长国，国王是世袭，王储身材高大，受过高等教育，率领众多文武官员列队迎接我们。王储一路陪同王蒙参观，详细介绍"丰班王国"的历史，最早的老国王身高有一米九以上，是位孔武健壮的巨人。馆内展览布置得很有立体感，多种生产工具、各式战斗器械和各类艺术品、民俗品，琳琅满目，整齐有序。看完展览，王蒙与王储和大臣们一一握手和拥抱，亲热得很。

回到雅温得，代表团出席喀国不管部长举行的欢迎晚宴，喀国一些重要的文化界人士都出席了宴会。一位双鬓斑白的杂志主编先生，深情地回忆起他每期阅读《中国文学》杂志的重要收获和心得，并希望《中国文学》能够继续出版发行。王蒙在担任文化部长时还兼任《中国文学》主编，便和老者进行了深入的交流。崔建飞秘书谈起他喜欢的喀麦隆足球明星米拉和他射球成功后的激情舞蹈，让宾主一下子兴奋起来，有了更多的亲近感。一时间笑声不绝，主人说：太遗憾了，我真应该请米拉来参加宴会。

次日上午，在喀国官员的陪同下，我们参观了国家博物馆、会议大厦、统一纪念塔和市政广场等，其中有的建筑是中国政府援建的，凝聚着中喀两国人民的友谊。据介绍，中国新的援建项目如体育馆、医院等，正在酝酿计划之中。

当天下午，王蒙的学术报告在下榻的希尔顿饭店的会议厅举行。喀麦隆各界人士纷纷赶来，会议厅坐得满满当当。王蒙以介绍中国文学为主题，做了两个多小时的演讲。整个讲座娓娓道来，极其生动，不时激起阵阵热烈掌声。因有了之前的经验，我翻译起来也略感从容自信。讲座结束，很多听众恋恋不舍，纷纷与王蒙合影留念。王蒙精力过人，晚餐后又在我国驻喀麦隆大使许孟水邀请下，精神饱满地为使馆工作人员做了讲座，并与大家合影留念。

24 日是访喀的最后一天。上午，主人特意用两辆越野车拉我们前往一个游人罕至的名叫巴琴加的地方。巴琴加是时任喀麦隆文化部长的家乡，王蒙曾在北京与他会面共餐，相谈甚欢，十分投缘。我们此行就是喀麦隆文化部长邀请安排的，此次他本人不巧有重要公务出差国外。巴琴加之行是访问的高潮，令人震撼难忘。车进巴琴加，先是来到了一个灌木丛生的地方，车在没有路的灌木林里爬行。直到没法开了，停下来，我们下车。王蒙带领我们跟着向导钻过密不透风的灌木丛，沿着一条湿漉漉的泥泞土路艰难行走。因中午还要出席许孟水大使举行的告别招待会，大家的衣服靴鞋穿得比较整齐，对于泥路与带刺毛的灌木、杂草更感憋闷难受。鞋子和裤脚沾满了泥，脸上手上扎满了毛刺，甚至划出道道血痕，汗水从脖子上脸上后背上流淌下来，相当狼狈。王蒙乐观地鼓励着大家，我们终于看到了后来被王蒙称道的"伟大的纳奇加尔河"。对于这条河，王蒙在《我爱非洲》一文里，有细致的描述：

"日程上说是来这里看瀑布的，瀑布在何方？我眼前突然一亮，是一片汪洋，是目不暇接的大水，怎么突然一下子什么都成了水？这是一道大河？然而它与一切我看到过的河不一样，它与陆地之间没有任何界限，没有河床、河岸、河面与河道之分，更没有带有人工修缮痕迹的堤坝和两岸各种植物与道路，而更像是大水在平地上泛滥。它是随便就地而流淌的大水。所谓瀑布，就是从两边陆上略略高于水面的地方（最高的地方不过一两米）向中间流下的水，所谓河流，就是与你脚底一样平坦的大水。陆地与灌木毫无阻碍地通向大河，大河又毫无阻碍地通向地面。各种灌木与杂草长在水边也长在水浅的地方，它们与大河也是不分彼此，你中有我，我中有你的。水流其实相当湍急，但由于水面宽阔，湍急的河流显得汪汪洋洋，大气磅礴，不紧不慌。从灌木丛草丛里走出来，阳光显得分外耀眼，蓝天显得分外洁净宽阔，映照出水的气势，映照出水面万道金光……这是我们访非的一个高潮，我看到了非洲的河！我看到了真正非洲土地非洲大自然。果然不同，更原始，更野性，更不确定也更我行我素。这才是河神，这才是神的河！这才是令人敬畏也令人赞叹、令人匍匐的大自然的本来面貌！这才是人类栖息的真正家园的原貌！只是在回去以后我们才明白，为看这条河，我在泥泞里走了多远，我们与真正的大自然已经拉开了多长的距离。唉，还说什么呢？"

我们和王蒙感同身受，强烈地感受到自然"河神"的撼人心魄的雄浑与启示。我至今还清楚地记得面对纳奇加尔河，王蒙与向导的对话：

"我真想跳下去游到对面去呀！"

"绝对不可以的"，当地导游朋友说。

"怎么了？有鳄鱼吗？"

"鳄鱼倒是没看见，河里有许多河马。"

很遗憾，由于向导的阻拦和中午的公务活动，王蒙没有游成。我们匆匆赶回雅温得，宴会后即飞往港口城市杜阿拉，当晚便登机告别了喀麦隆。直到今天，我还不时陶醉在这样一个画面：王蒙在伟大的纳奇加尔河中畅游，我紧随其后，向对岸瀑布方向挥臂壮游，成群结队的河马，脊背露出水面，在烈日下泛着白光，它们簇拥在我们身前身后，结伴而下，河水翻滚，浪花飞溅，鹰击长空，鱼翔浅底，壮观、雄浑、激荡而又刺激无比……

三、造访突尼斯

9月25日上午，我们自巴黎转机风尘仆仆地抵达兼具非洲、阿拉伯和地中海三重属性的突尼斯。我驻突尼斯兼驻巴勒斯坦国大使朱邦造，专程到机场迎接，到了使馆又热情介绍馆舍的不凡历史。朱大使曾任外交部新闻司司长和新闻发言人，口才极好，滔滔不绝，与王蒙热情交谈。当天下午，王蒙不顾疲劳，应朱大使之邀为驻突尼斯使馆工作人员做了文学讲座并回答了大家的提问，与大家交流文学创作和文化传播的经验和体会。

次日上午，王蒙与突尼斯作家协会主席会晤。当时巴勒斯坦和以色列冲突不断，第二次海湾战争已在酝酿中。作协主席是一位很容易激动的清瘦老者，他义愤填膺地谴责战争给平民带来的伤害。下午，王蒙会见了突尼斯文化部顾问，交谈涉及两国文学界交流话题。随后，代表团参观了突尼斯麦地那老城和迦太基城堡遗址。从迦太基城堡遗址居高临下眺望地中海，别有一番风情和滋味。后来王蒙在小说中用独特的文笔描写了地中海，虽然是写他后来游地中海的感受，但我总觉得与这一次看海不无关联："温柔的地中海是无法拒绝的，蓝紫的海波纺织着执拗无望与从容有定的花纹，雪白的浪花生灭着转瞬即逝的笑容。"旅途间隙，王蒙给我背诵了他的一首关于描写单杠运动的诗，告诉我如何运用更简洁精准的语言写作。

回来已是傍晚，代表团出席了突作协主席的欢迎晚宴。主人依然激愤地重复着上午的话题，无暇顾及文学交流。王蒙对双方无辜平民的不幸深感同情，并表示面对冲突，作家应努力做好自己的事情，创造化解冲突、实现和平的条件。王蒙用自己的切身经历，用朋友对朋友的方式，推心置腹，深入浅出的聊天让作协主席渐渐平静下来。

27 日，王蒙参观了突尼斯巴尔杜国家博物馆。顾逸群文化参赞正在国内休假，刘忠泽和张庆华秘书陪同我们参观。壮观而精致的皇宫遗存建筑，大型马赛克镶嵌画和琳琅满目的展品，给大家留下深刻印象。随后我们来到突尼斯城郊外的蓝白小镇，据说三个月前我国国家领导人曾访问过这里。几乎所有的民居建筑都是白色的，每一扇院门、窗户以及楼梯，都被漆成天蓝色。蓝白相间的小巷墙头上开放着五彩缤纷的鲜花，咖啡馆、水烟馆里飘出的香气和音乐也是曼妙轻柔的。它们错落有致地坐落在蜿蜒起伏的丘陵上，与地中海蔚蓝的海水、宁静的港湾构成一幅和谐画面，浑如走进童话世界。王蒙很赞赏这里的秀丽宁静与典雅浪漫的氛围。这里是他访问非洲的最后一站。从 9 月 11 日毛里求斯天堂岛开始，到南非深沉激荡的罗宾岛监狱，再到喀麦隆热带丛林里的伟大的纳奇加尔河，直至 9 月 27 日的突尼斯蓝白童话小镇，我陪同王蒙一行完成了非洲四国之旅。虽然只有短暂的半个多月，但一路上留下的诸多细节上的感动、启发和美好记忆，还有印度洋里的清凉畅游，更是终生难忘，也是本篇小文挂一漏万，难以写完的。

王蒙作为足迹几乎遍及世界，作品影响跨越国界的中国当代作家，其人和作品不仅是民族的也是世界的。作为中国人学习外语肯定要投入大量精力，当时有的小有成就的作家在经历十年动乱后，觉得与其费力学习外语不如多写点小说。王蒙却在赴美国参加"爱荷华国际写作计划"时，利用一切机会包括座谈、演讲、酒会、通电话等，乐此不疲地学习使用英语。边干边学,乐在其中,而且提高很快,是王蒙学外语的一大特点。这次访非路上,王蒙不仅用英语流畅地与同行交流,还随时注意学习。我无意中说起触碰到黑人朋友的皮肤时,有种黑缎子般的感觉,他觉得挺生动贴切,就把这个比喻引用到散文《我爱非洲》中。

王蒙后来写道:"快乐的与漫长的旅途,四万八千公里的飞行距离,四十八个小时——其中有四个整夜待在飞机上面,而此次去的四个国家都是过去从来没有访问过的。这是多么难忘的旅程。""啊,非洲!你这才知道,被一些人认为贫穷和落后的艰难的非洲原来是那样可爱。上天厚爱非洲,非洲是一块那么美丽、富饶、葱茏、热烈的地方,非洲人是那样纯朴、自然、健康、可爱,充满着生命的本真的力量。你也会知道,我们其实对非洲还是多么的不了解,而非洲对中国是多么的友好与善意。"显然,他对这次非洲之旅极其满意并爱上了非洲。

9月29日中午,王蒙经意大利罗马转机回到北京首都机场。国庆前夕的北京,秋高气爽,喜气洋洋,大国风采,气象万千。分手的时刻到了,大家要回各家了。王蒙和崔瑞芳夫妇端坐在车里,透过车窗,崔瑞芳微笑着对我说:"瞧,(日程)安排得多好啊,明天刚好过节放假!"汽车发动了,我下意识地招手,崔瑞芳忽然大声地说:"王杨,你就这么走了吗?"我一时有点反应不过来,支支吾吾地说,是啊,(咱们)都在(北京)。我猜想,也许是这次访问出奇得圆满和顺利,五彩缤纷的内容还来不及回味,就像一场演出,正在高潮,戛然而止,缺乏过渡,谢幕突然,更令大家意犹未尽,恋恋不舍? 真希望我们美好的访问一直向前,别停下来啊!

第三篇

附录

王蒙与泰国公主诗琳通

彭世团 *

　　王蒙与泰国的关系，以与泰国诗琳通公主的交往为主线和主要内容。1987 年 2 月 13 日，王蒙应泰国教育部国家文化委员会的邀请，率领中国政府文化代表团访问泰国。除了曼谷之外，他还去了清迈，在那里会见了诗琳通公主，开始了三十多年的交往。后来又多次在出访时经过曼谷。2009 年，经由诗琳通公主授意，由朱拉隆功大学孔子学院邀请，王蒙再次正式访问了泰国。除了曼谷，王蒙一行还访问了泰国海滨圣地之一的芭提雅。

　　王蒙 1987 年访问泰国归来，写了《与诗琳通公主的会见》一文并发表在 1987 年 7 月号《新观察》杂志上。王蒙描写了清迈炎热的天气、朴实无华的行宫，公主殿下见面就问他当了部长之后还怎么写作，让他感到放松。会见中，王蒙谈了他对公主的童话故事《顽皮透顶的小盖玛》的感想，并请公主在那本书上签名留念。本来安排的是礼节性会见，时间二十分钟，却因为谈文学，两次告辞均没能离开，最后谈了近一个小时。结束时，公主赠送他 1981 年首次访华后写下的《踏访龙的国土》泰文版，公主还歉意说因为中文版的书没有了。王蒙知道公主英语很好，他给公主赠送的是英文版小说集《蝴蝶》。没想到公主在接到这本英文版小说之后，又找来了《蝴蝶》的中文版，经过多年的努力翻译，于 1994 年由泰国南美书店出版了《蝴

* 　彭世团，中国驻越南大使馆原文化参赞，曾任王蒙秘书。

蝶》的泰文版。公主为这本书写的泰文版序言"深沉剀切",2003 年在中国海洋大学举行王蒙文学创作国际研讨会,公主同意以此序言作为其书面发言。

2014 年底,朱拉隆功大学孔子学院筹备诗琳通公主 60 寿辰庆祝活动,约王蒙为《中国人民心中的诗琳通公主》文集撰文,王蒙欣然应允。在那篇短文中,王蒙讲述了从 1987 年与公主初识到近年来交往的情况,文字简约朴素,感情真挚。文中,王蒙追述了 1987 年 2 月 19 日在清迈行宫参见公主殿下,2001 年公主前来家中看望,2008 年再次到家中,并题词"好朋友"。2009 年应邀到泰国访问讲学,在公主家中相聚。2012 年王蒙夫人崔瑞芳去世时,公主给予及时的关心。2013 年公主再次到访并题词"故人相见"。2013 年中央电视台组织评选传播中华文化年度人物时,王蒙作为评委给诗琳通公主投了票。

1987 年访泰之后,王蒙还写了访泰组诗,共五首,里面就有一篇是《答公主》,诗写道:

答 公 主
——仿斯宾诺莎

诗琳通公主一见面便问:你当了部长,还怎样写作?

　　对于世界

　　不哭不笑而要

　　写　便能写了

斯宾诺莎的原话是"对于这个世界,不哭,不笑,而要理解。"所以王蒙说是仿斯宾诺莎。

据崔建飞先生的文章介绍，后来王蒙把这首诗给了公主，公主把诗抄在了自己记录中国诗词的本子上。并在一本自己的著作里谈了她对于这首诗的理解：如果有坚强的意志，不为世俗所动，便有精力写作，我会努力遵循此箴言而继续写作。

公主是这样做的。多年来，她出版的有关中国的作品就有《平沙万里行》《雾里霜挂》《云南白云下》《清清长江水》《归还中华领土》《云雾中的雪花》《江南好》《我的留学生活》等，她翻译出版过中国作家王蒙、铁凝、王安忆、方方、池莉、川妮等人的作品。

1994年1月，公主到北京研修汉语，中国新闻出版署为她的新作《诗琳通公主诗文画集》中文版举行首发式，王蒙应邀出席祝贺，并与公主进行了交流。公主在后来的作品《云雾中的雪花》中写到了这次见面。

王蒙在文章中说，最令他感到荣幸的是2001年之后的十多年中，公主殿下四次到访他的家。2001年2月24日，当时公主正在北大进修，天气寒冷，在泰国驻华大使的陪同下来到王蒙家里。公主谈她的学习，谈访华与她的创作，谈她翻译方方的小说《随风而去》。并将她最新的著作《云雾中的雪花》一书赠送给了王蒙。王蒙谈了自己的创作，赠送给公主他刚刚出齐的季节四部曲（《恋爱的季节》《失态的季节》《踌躇的季节》《狂欢的季节》），还有早年出版的《双飞翼》与《红楼启示录》。因为他知道公主对唐诗宋词感兴趣，公主曾经出版过研究唐诗宋词的书，书名就叫《唐诗宋词》。最有意思的是，那次王蒙邀请刚从泰国访问回来的作家张锲先生一起接待了诗琳通公主，确定了给公主颁发中华文学基金会第三届"理解与友谊国际文学奖"事宜。是年8月24日，诗琳通公主来到人民大会堂，由中华文学基金会的名誉会长万里亲自给她发了奖。王蒙出席了颁奖会。

2008年，诗琳通公主到北京参加第29届奥运会活动，开幕式举行后的第二天，在去观看泰国选手参加举重比赛前，再次到访王蒙的家。王蒙每年的 7 至 8 月都会到北戴河去，在那里游泳、创作，这是多年来一直保持的习惯。每年的主要作品的大部分都是在那段时间里完成的，没有特殊情况，轻易不会离开北戴河外出。奥运会开幕，是十分难得的盛事，王蒙受邀出席开幕式活动，他为了写作，推辞了。但是，当他听说公主殿下要来看望，没有犹豫，决定从北戴河专程回来接待公主殿下。

王蒙特意提前回京，准备在北京西郊的别墅接待公主。8 月 9 日上午，公主一行来到了别墅，王蒙带着公主参观了别墅，参观了他种下的花草树木，还顺手摘下一个桃子交到了公主的手上。其间，他们交流了各自的写作、出版情况。最让人难忘的是公主殿下在别墅里挥毫泼墨，写下了"好朋友"的条幅。她写错了，又非常认真地重写了一次。

2013 年，在同一个地方，公主再次题词"故人相见"，并亲自盖上了中文名章。这两幅字都编入了 2015 年出版的《诗琳通公主访华题词荟萃》一书，

2013 年 6 月诗琳通公主到访王蒙家中，墙上挂着的是诗琳通公主赠送给王蒙的题词"好朋友"

主编傅增友说，这是收到的公主殿下唯一给个人题写的题词，可见公主殿下说的"好朋友"，绝非戏言。

2012 年 3 月底，王蒙夫人崔瑞芳不幸因病去世，在得知消息之后，公主委托泰国驻华大使馆代表她给王蒙家中送去了泰国式的鲜花花圈，并委派大使阁下到八宝山出席了送别仪式。就在仪式后的第四天，公主殿下亲临王蒙家中，除给王蒙送来她的新作，还有一只铜制的小象。象报平安，这也是公主殿下深谙中国传统文化的结果。王蒙为此很感动。公主进王蒙家时，王蒙首先指给公主看 2001 年公主殿下到访时的合影照片，当时王蒙夫妇与自己的几个小孙子一起接待的公主。同时王蒙把已经长大的阳阳介绍给公主，说他在泰商在华开设的公司里工作。

公主与王蒙见面聊的，总离不开文学、翻译。公主说她正在翻译王安忆的作品，特别谈到她希望到武汉去，想吃她翻译过的池莉的小说《她的城》中提到的武汉热干面。一年之后，诗琳通公主走访了池莉小说中提到的街道：前进五路、三新横街、江汉路、汉口江滩，感受了小说中的武汉风情。据说在她的坚持下，吃上了热干面。两年之后的 2014 年 4 月，她拜访了上海作协，与王安忆等上海作家深入交流，此乃后话。

王蒙在自己写的文章中提到 2009 年他应邀赴泰讲学的情况。公主殿下很热情地邀请王蒙一行，以及正在泰国旅游的王蒙女儿一家三口一起到宫中做客，参观她的宫殿，并出席午宴。王蒙除带去自己的书，还专门准备了自己写的条幅"上善若水"，以答谢公主。因为餐后离下午演讲时间已经不多，为了不让王蒙劳累，公主特意让王蒙在宫中客厅休息。后来才知道，这是没有先例的事情。当天下午，公主亲临课堂，听王蒙讲《中国当代文学生活》并不时做记录，还与王蒙一起参观了孔子学院。王蒙为公主的殷勤周到、为公主的教养与礼数所感动。

回过头来看王蒙《与诗琳通公主的会见》一文。他写道，那是作家同行的见面，他的这个认定是完全正确的，三十多年的交往充分证明了这一点。他们的交往是作家同行之间的，所以没有过多的外交礼仪上的讲究，所以公主不按外交礼仪的时间，所以公主说汉语，所以公主可以像亲人一样给予王蒙精神安慰。这还充分体现了公主殿下对于中国文化的兴趣，对于中国文化了解的深入，对于中泰文化交流的热情。

2011 年 5 月，上海电视台拍摄诗琳通公主首次访华 30 年纪录片，专门到北京来访问了王蒙。其时王蒙正在病痛当中，但还是坚持完成了采访，他的讲述感动了前来采访的所有人。

2019 年，在中华人民共和国成立 70 周年时，作为作家的王蒙荣获"人民艺术家"国家荣誉称号；同时，诗琳通公主也获得了中国政府授予的"友谊勋章"。新华社发的新闻上写道："诗琳通一直坚持学习中文，将很多中国文学作品翻译为泰文，她翻译了多首唐诗宋词，集结成《琢玉诗词》等译诗集，创作出了'中泰手足情，绵延千秋好'的诗句。"这充分肯定了公主与中国文学界的交往，其中很重要的就是与王蒙的交往。

王蒙作品外文出版情况一览表
（1959—2024）

温奉桥

序号	作品名称	语种	译者	期刊／出版社	时间	备注
1	《冬雨》	捷克文	不详	不详	1959	
2	《组织部来了个年轻人》（8-11 节）	英文	不详	纽约 Praeger 出版社、伦敦 Thames and Hudson 出版社	1959	收录（美）艾德蒙·斯蒂尔曼编《苦果——铁幕后知识分子的起义》
3	《最宝贵的》	英文	Bennett Lee	香港三联书店股份有限公司	1979	收录于《伤痕》
4	《我们的责任》	法文	不详	《中国文学》1980 年 4 月号	1980	
5	《说客盈门》	匈牙利文	鲍洛尼	《大国旗世界文学杂志》1980 年第 12 期	1980	
6	《说客盈门》	英文	不详	《中国文学》1980 年第 7 期	1980	
7	《悠悠寸草心》	英文	不详	《中国文学》1980 年第 7 期	1980	
8	《夜的眼》	英文	不详	《中国文学》1980 年第 7 期	1980	
9	《组织部来了个年轻人》	德文	顾彬	德国 Suhrkamp Verlag 出版社	1980	收录在顾彬主编《百花：中国当代小说集（第二卷：1949-1979）》，
10	《中国获奖小说（1978—1979）》	英文	不详	外文出版社	1981	刘心武、王蒙 等著
11	《风筝飘带》	德文	顾彬	诺伊维德赫尔曼·鲁赫特汉德出版社出版，1984 年法兰克福乌尔施泰恩出版社再版	1981	收录安德利亚斯·多纳特（Andreas Donath）主编《风筝飘带：中国日常故事》
12	《蝴蝶》	日文	相浦杲	日本大阪三铃书房	1981	

313

序号	作品名称	语种	译者	期刊/出版社	时间	备注
13	《王蒙小说选》	法文	不详	《中国文学》杂志社出版	1982	
14	《组织部来了个年轻人》	俄文	索罗金	苏联进步出版社	1982	收录热洛霍夫采夫、索罗金编选的中国当代作家作品集《人妖之间》
15	《夜的眼》	南斯拉夫文	不详	《年鉴》1982年第11期	1982	
16	《蝴蝶》	法文	多人译	外文出版社	1982	
17	《风筝飘带》	德文	Andreas Don-ath	鲁赫特汉出版社	1982	
18	《不如酸辣汤及其他》	日文	菱沼透、青谷政明	《中国研究月报》1982年4月号(总第410期)	1982	
19	《夜的眼》	俄文	斯米尔诺夫	苏联进步出版社	1982	收录在热洛霍夫采夫、索罗金编选《人妖之间》
20	《蝴蝶》	俄文	索罗金	苏联青年近卫军出版社	1983	收录在合集《一个人和他的影子》
21	《悠悠寸草心》	日文	不详	亚纪书房出版	1983	收录上野广生选编《现代中国短篇小说选》
22	《悠悠寸草心》	德文	不详	法兰克福苏尔坎普出版社	1983	收录在鲁道夫·瓦格纳(Rudolf Wagner)主编《中华人民共和国的文学与政治》
23	《蝴蝶及其他》(The Butterfly and Other Stories)	英文	Rui An、Gladys Young、Bonnie S. McDougall	《中国文学》杂志社出版"熊猫丛书"	1983	
24	《从公式到性格》	俄文	谢·托罗普采夫	《文学问题日报》1983年第10期	1983	
25	《春之声》	西班牙文	chenyaozu	《亚非研究》1983年第1期	1983	
26	《组织部来了个年轻人》	英文	白杰明、李孟平	香港联合出版公司	1983	收录在《香草集》
27	《悠悠寸草心》《说客盈门》	荷兰文	高柏、白思腾	出版社不详	1983	收录在多人集《伤痕——新的中国故事》
28	《青春万岁》	朝鲜文	金毅泉	黑龙江朝鲜民族出版社	1984	
29	《风筝飘带》	日文	柴内秀实	《无名》1984年第4期	1984	

序号	作品名称	语种	译者	期刊/出版社	时间	备注
30	《王蒙和新中国叙事》	西班牙文	弗洛拉·博顿·贝哈	《亚非研究》1984年第2期	1984	
31	《说客盈门》	匈牙利文	鲍洛尼	匈牙利欧洲出版社	1984	
32	《海的梦》	罗马尼亚文	康斯坦丁·鲁贝亚努	《阿特内马》1984年第10期	1984	
33	《夜的眼》	英文	Donald A. Gibbs 等	加利福尼亚大学出版社	1984	收录林培瑞编《花与刺》
34	《关于"意识流"的通信》	英文	Michael S. Duke	《现代中国文学》1984年9月号	1984	
35	《夜的眼》	英文	Janice Wickeri, Marilyn Chin	"爱荷华评论"总第14期	1984	
36	《春之声》《海的梦》	俄文	托罗普采夫	苏联消息出版社	1984	收录在索罗金编选《中国现代小说：王蒙·谌容·冯骥才》
37	《冬雨》《深的湖》	罗马尼亚文	康斯坦丁	罗马尼亚书籍出版社	1984	
38	《王蒙短篇小说集》	西班牙文	白佩兰	墨西哥学院出版社	1985	
39	《杂色》	俄文	不详	苏联长虹出版社	1985	收录李福清编选《人到中年：中国当代中篇小说选》
40	《雄辩症》、《浮光掠影记西德》	德文	不详	《季节女神》1985年第2期	1985	
41	《常胜的歌手》	德文	不详	《日报》1985年6月19日	1985	
42	《风筝飘带》	西班牙文	段若川	《亚非研究》1985年第1期	1985	
43	《春之声》	俄文	索罗金	苏联文学出版社出版	1985	收录在索罗金编选《纪念》
44	《惶惑》	俄文	托罗普采夫	莫斯科文学作品出版社	1985	收录于《地球文清晨》东方文选第13号
45	《被放逐的勇气》	匈牙利文	galsai pongrac	《大国旗世界文学研究》1985年第4期	1985	

序号	作品名称	语种	译者	期刊／出版社	时间	备注
46	《越说越对》《维护团结的人》《互助》《小小小小小》	德文	汉斯·蒙尼格、赫尔穆特·马汀	科隆欧根·迪德里希斯出版社	1985	收录在赫尔穆特·马汀（Helmut Martin）等主编《王蒙及其他作家微型小说：中华人民共和国讽刺文学》
47	《蝴蝶》	德文	集体译	外文出版社	1986	
48	《风筝飘带》《木箱深处的紫绸花服》《深的湖》	俄文	托罗普采夫	《外国文学》1986 年第 9 期	1986	
49	《青蛙的痢疾》《深的湖》等	瑞典文	Magnus Fisk－esjÖ		1986	收录于《中国的五枝笔》
50	《风筝飘带》	英文	LuBinghong	《民族研究杂志》1986—14：1	1986	
51	《夜的眼》《温暖》《春之声》《风筝飘带》	荷兰文	Rint Sybesma	世界之窗出版社	1987	收录在王蒙与王安忆作品合集《风筝飘带——"文化大革命"后不久的中国故事》
52	《夜的眼》《惶惑》《春夜》《听海》《湖光》	俄文	不详	苏联虹出版社	1987	收录《中国当代小说集》
53	《淡灰色的眼珠》	日文	市川宏、牧田英二	日本东京德间书店	1987	
54	《活动变人形》第四章	德文	玛蒂娜·尼姆布斯	《龙舟》1987 年第 1 期	1987	
55	《西藏的遐思》	意大利文	康薇玛	意大利米兰赛维勒书局	1987	
56	《夜的眼》	德文	顾彬等	瑞士第三世界对话出版社	1987	内收《夜的眼》《布礼》《海的梦》
57	《蝴蝶》	德文	格鲁纳等	德国柏林建设出版社	1988	
58	《买买提处长轶事》	英文	朱虹	美国 Ballantine Books 出版社	1988	收录于《中国西部小说选》，王蒙、王家达、朱小平、唐栋、贾平凹、张贤亮合集
59	《组织部来了个年轻人》	德文	苏尔维娅·内格尔伊尔玛·彼得斯	verlag Berlin weimal 出版社	1988	收录于《结婚——20 世纪短篇小说》

序号	作品名称	语种	译者	期刊/出版社	时间	备注
60	《王蒙短篇小说选》	俄文	不详	外文出版社	1988	
61	《王蒙小说集》	俄文	集体	外文出版社	1988	
62	《王蒙小说选》	德文	不详	柏林和魏玛建设出版社	1988	
63	《中国西部小说选》	英文	朱虹	美国 Ballantine Books 出版社	1988	王蒙、王家达、朱小平、唐栋、贾平凹、张贤亮等小说合集;《中国西部小说选》出版后,英国买了版权,改了封面,以《苦水泉——中国当代短篇小说》为书名,在英国 Allison & Busby 出版社出版。再后来又被转译成印尼文,在雅加达出版。
64	《灰鸽》	英文	Liu Shicong, Christine Ferreira	The Antioch Review	1988	
65	《夜的眼》《惶惑》《听海》《春夜》《湖光》	俄文	托罗普采夫	莫斯科虹出版社	1988	收录在《中国现代小说》
66	《王蒙选集》	俄文	华克生等译	莫斯科虹出版社	1988	收录《活动变人形》《布礼》《风筝飘带》《悠悠寸草心》《冬天的话题》和《青春万岁》(节选)
67	《双弦操》	法文	Cbristel Cazali	中国国际图书贸易公司	1988	收录于《中国文学》
68	《说客盈门及其他故事》	德文	尹瑟·考奈尔森（Inse Cornelssen）等	《中国政治与文学》1989 年第 44 期	1989	收录《说客盈门》《春之声》《失恋的乌鸦二姐》《我们是同类》《谁的乒乓球打得好?》《常胜的歌手》《不如酸辣汤》《听来的故事一抄》《吃臭豆腐者的自我辩护》《南京板鸭》《相见时难》《脚的问候》《不准倒垃圾》《最宝贵的》《深的湖》等

序号	作品名称	语种	译者	期刊/出版社	时间	备注
69	《请务必鼓掌》《不准倒垃圾》《维护团结的人》《雄辩症》《牢骚满腹》《互助》	英文、繁体中文	Xu Yihe、Daniel	外文出版社	1989	收录于《100 一瞥中国：来自中国的短篇小说》
70	《王蒙短篇小说选》	俄文	不详	外文出版社	1989	
71	《相见集——王蒙作品选》（第一卷）	英文	Denis C.Mair	外文出版社	1989	
72	《布礼——一部中国现代主义小说》	英文	温迪拉森	美国华盛顿大学出版社	1989	
73	《风筝飘带》	英文	不详		1989	收录《中国文学》杂志社"熊猫丛书"Best Chinese Stories 1949－1989
74	《来劲》	法文	不详	《欧洲》文学杂志 1989年 6 月	1989	
75	《夜的眼》《扯皮处的解散》	德文	不详	《季节女神》1989 年第 3 期	1989	
76	《十字架上》	德文	顾彬、张穗子	《袖珍汉学》1989 年第 1 期	1989	
77	《活动变人形》第二、三章	德文	艾恩斯特·施瓦茨	柏林新生活出版社出版	1989	收录于奥地利汉学家艾恩斯特·施瓦茨主编《爆裂坟墓：中国小说集》
78	《活动变人形》	意大利文	康薇玛	意大利米兰加尔赞蒂书局	1989	
79	《来劲》《坚硬的稀粥》	德文	Michaela Herrmann	《袖珍汉学》1989 年第 2 期	1989	
80	《布礼》	法文	尚塔尔·什纳德罗	巴黎《人道报》出版社	1989	
81	《雪球集——王蒙作品选》（第二卷）	英文	Cathy Silber、Deirdre Huang	外文出版社	1989	
82	《活动变人形》	韩文	成民烨	韩国《中央日报》出版社	1989	编入《中国现代文学全集（15）》
83	《组织部来了个年轻人》	世界语	Liu Caisheng	中国世界语出版社	1989	收录于《中国文学作品选（1949—1979）》
84	《风筝飘带》等	越南文	不详	河内协和大学《太平文化信息》	1989	复印本

序号	作品名称	语种	译者	期刊/出版社	时间	备注
85	《王蒙小说选》	德文	乌苏拉·里希特、陈汉立、赵荣恒、贝蒂娜·施罗德等	外文出版社	1990	
86	《木箱深处的紫绸花服》	德文	不详	外文出版社	1990	
87	《我又遇见了你》	日文	井口晃	《中国现代小说》1990年7月号（总第14期）	1990	
88	《加拿大的月亮》	日文	杉本达夫	《中国现代小说》1990年第10月号（总第15期）	1990	
89	《阿咪的故事》	德文	不详	《袖珍汉学》1990年第2期	1990	
90	《蘑菇、甄宝玉与"我"的探求》	德文	不详	《袖珍汉学》1990年第1期	1990	
91	《坚硬的稀粥》	德文	不详	《中国政治与文学》总第80期	1991	
92	《发见与解释》	德文	不详	《袖珍汉学》1991年第1期	1991	
93	《活动变人形》第二章	德文	乌尔里希·考茨	《东亚文学杂志》1991年总第11期	1991	
94	《海的梦》	日文	杉本达夫	《中国现代小说》1991年总第16期	1991	
95	《我在寻找什么?》（翻译名为《流放新疆或者说关于文学的兽性仇恨》）	英文	凯瑟琳·皮斯·坎贝尔		1992	收录于《中国现代作家回忆录》
96	《坚硬的稀粥》	日文	菅谷音	《文学界》1992年3月号（总第46期）	1992	
97	《人·历史·李香兰》	日文	金子秀敏	《经济学家》1992年11月号（总第70期）	1992	
98	《活动变人形》（翻译名为《报应》）	日文	林芳	日本东京白帝社	1992	
99	《夜的眼》	英文	Dian、Martha Li	上海文艺、安徽文艺、海峡文艺出版社	1992	收录于《中国小小说选》
100	《逍遥游》	日文	市川宏	《中国现代小说》1993年1月、4月号（总第24、25期）	1993	

序号	作品名称	语种	译者	期刊／出版社	时间	备注
101	《成语新编》系列之《刻舟求剑》《朝三暮四》《守株待兔》《高山流水（知音）》《鱼目混珠》《缘木求鱼》	日文	中山文	《火锅子》（总第 10 号—15 号）	1993	1993 年 10 月—1994 年 8 月，日本翠书房下属刊物《火锅子》（总第 10 号—15 号），分别刊载《成语新编》系列之《刻舟求剑》《朝三暮四》《守株待兔》《高山流水（知音）》《鱼目混珠》《缘木求鱼》；总第 17 号—21 号刊载《成语新编》系列之《焦头烂额》《三人行，必有我师》《十室之内，必有忠信》《坐井观天》《狐假虎威》（以上译者均为中山文）
102	《成语新编》系列之《焦头烂额》《三人行，必有我师》《十室之内，必有忠信》《坐井观天》《狐假虎威》	日文	中山文	《火锅子》（总第 17 号—21 号）	1993	1993 年 10 月—1994 年 8 月，日本翠书房下属刊物《火锅子》（总第 10 号—15 号），分别刊载《成语新编》系列之《刻舟求剑》《朝三暮四》《守株待兔》《高山流水（知音）》《鱼目混珠》《缘木求鱼》；总第 17 号—21 号刊载《成语新编》系列之《焦头烂额》《三人行，必有我师》《十室之内，必有忠信》《坐井观天》《狐假虎威》（以上译者均为中山文）
103	《选择的历程》	英文	朱虹	《芝加哥评论》总第 39 卷	1993	
104	《蝴蝶》《相见时难》	英文	Nancy T.Lin、Tong Qi Lin	香港三联书店	1993	收录于《异化》
105	《坚硬的稀粥及其他》	英文	朱虹	美国 GEORGE BRA-ZILLER 出版社	1994	
106	《活动变人形》	德文	高力希	德国 ROMAN WALDGUE 出版社	1994	
107	《幽默小说集》	法文	傅玉霜	法国中国蓝出版社	1994	
108	《我又梦见了你》	法文	不详	法国中国蓝出版社	1994	
109	《蝴蝶》	泰文	诗琳通	泰国南美书店	1994	

序号	作品名称	语种	译者	期刊/出版社	时间	备注
110	《好汉子依斯麻尔》《〈淡灰色的眼珠——在伊犁〉后记》	日文	市川宏	《中国现代小说》1994年7月号（总第30期）	1994	
111	《坚硬的稀粥》	西班牙文	Liljana Ar-sovska	《亚非研究》1996年第2期	1996	
112	《冬天的话题》	德文	不详	《袖珍汉学》1996年第2期	1996	
113	《雪球集》	越南文	不详		1996	收录于《现代中国之
114	《灵气》	日文	中山文	《火锅子》1997年总第30期	1997	
115	《孝子》	日文	中山文	《火锅子》1997年总第32期	1997	
116	《奇才谱》	日文	中山文	《火锅子》1997年总第33期	1997	
117	《马小六》	日文	中山文	《火锅子》1997年总第34期	1997	
118	《坚硬的稀粥》	意大利文	费伦佐	意大利CAFOSCA-RINA出版社	1998	
119	《室内乐三章—诗意》《xiang ming随想曲》《白衣服与黑衣服》	意弟绪语	阿米拉·卡茨	以色列AM Oved出版有限公司	1998	收录在《好像看着他们自己：中国当代故事精选》
120	《不如酸辣汤及其他》	意大利文	不详	意大利拉孔蒂马尔西利奥出版社	1998	
121	《焰火》《没有》《寻湖》	俄文	托洛普采夫	《今日亚非》1998年第9期	1998	
122	《良缘》	日文	中山文	《火锅子》1998年1月（总第35期）	1998	
123	《无底先生》	日文	中山文	《火锅子》1998年3月（总第36期）	1998	
124	《人文精神从一开始就不存在》	韩文	白文淡	绿森林出版社	1999	收录于《人文精神的危机》，收录王蒙、王朔等作品
125	《不如酸辣汤及其他》	意大利文	费伦佐	意大利RACCONTI MARSILIO出版社	1999	包括《不如酸辣汤及其他》《选择的历程》《初春回旋曲》《神鸟》

序号	作品名称	语种	译者	期刊／出版社	时间	备注
126	《王蒙小说选》	英汉对照	Allison Bailey、Carole Murray、Wang Mingjie、Gladys Young	外语教学与研究出版社、中国文学出版社	1999	
127	《春堤六桥》	俄文	扎哈洛娃	载俄罗斯杂志《我们的同时代人》纪念中华人民共和国成立50周年专号	1999	
128	《新千年与文学的未来》	韩文	不详	《现代文学》2000年第1期	2000	
129	《淡灰色的眼珠》	法文	傅玉霜	法国中国蓝出版社	2002	
130	《哦，穆罕默德·阿麦提》《葡萄的精灵》《虚掩的土屋小院》	法文	傅玉霜	法国中国蓝出版社	2002	收录于《遥远的西部——新疆小说集》
131	《风筝飘带》《春堤六桥》	俄文	不详	莫斯科Центрполиграф出版社	2002	收录《20世纪的中国诗歌与小说：谈过去看未来》
132	《丰富多彩的现代中国文学》	日文	王蒙、藤井省三	《世界》2002年第7期	2002	
133	《鱼目混珠》	越南文	不详	上海文艺出版社	2002	收录于《中国短篇小说选》
134	《笑而不答》	法文	Franoise Naour	法国中国蓝出版社	2003	
135	《最美中国之旅3》	越南文	不详	汉城文化出版社	2003	
136	《青春万岁》	阿拉伯文	瓦希德·赛义德·阿比斯	埃及阿米里亚出版事务总机构	2003	
137	《灰鸽》	俄文	托罗普采夫	《重要人物》2003年6、7月号	2003	
138	《常胜的歌手》	捷克文	齐米茨基		2003	收录在《故事》中
139	《活动变人形》	韩文	全炯俊	韩国Moonji出版社	2004	
140	《我的人生哲学》	韩文	林国雄	韩国DULNYOUK出版社	2004	
141	《全球化浪潮与文化大国》	俄文	托罗普采夫	《远东问题》杂志2004年（具体期次不详）	2004	

序号	作品名称	语种	译者	期刊/出版社	时间	备注
142	《王蒙：山坡上向上的脚印》	俄文	托洛普采夫	莫斯科科学与文学研究出版社	2004	内收《风筝飘带》《听海》《海的梦》《春之声》《春夜》《木箱深处的紫绸花服》《黄杨树根之死》《深的湖》《焰火》《湖光》《夏天的肖像》《寻湖》《灰鸽》《失去又找到了的月光园故事》等小说
143	《棋国轶事》	英文	Yanshuhui、Yangyunqin	上海文艺出版社	2004	收录于《中国短篇小说精选（1991—2000）》
144	《中国文学——王蒙小说选》	法文	刘汉玉等	外文出版社	2004	
145	《王蒙和他的新疆》	英文	不详	上海文艺出版社	2004	
146	《王蒙中短篇小说集》	俄文	托罗普采夫	不详	2004	收录《夜的眼》《杂色》《木箱深处的紫绸花服》《深的湖》《焰火》《他来》等
147	《青春万岁》	阿拉伯文	瓦希德·萨伊德·阿比斯	埃及 El Gezira 出版社	2004	
148	《黄杨树根之死》	俄文	托罗普采夫	《外国文学》2004年第5期	2004	
149	《夜的眼》	越南文	不详	VH 文化出版社	2004	收录于《现代中国文学 红色高原以及其他故事》
150	《蝴蝶》	韩文	李旭然、柳京哲	韩国文学出版社	2005	
151	《王蒙短篇小说选》	韩文	不详	韩国文学出版社	2005	
152	《跳舞》	法文	Franoise Naour	法国中国蓝出版社	2005	
153	《玄思小说》	日文	釜屋修	东方书店	2006	收录在釜屋修主编《同时代的中国文学》
154	《蝴蝶——王蒙短篇小说集》	越南文	范秀珠	越南人民公安出版社	2006	
155	《活动变人形》	越南文	阮平	越南文化通讯出版社	2006	
156	《歌声好像明媚的春光》	俄文	热洛霍夫采夫	莫斯科 AST 出版社、圣彼得堡 Astrel−SPb 出版社	2007	收录在《命若琴弦：中国当代中短篇小说选集》，

序号	作品名称	语种	译者	期刊/出版社	时间	备注
157	《王蒙冯骥才小说选集》	俄文	托洛普采夫	莫斯科科学与文学研究出版社	2007	
158	《活动变人形》	俄文	华克生	莫斯科科学与文学研究出版社	2007	
159	《青狐》	越南文	阮伯听	越南劳动出版社	2007	
160	《春之声》《听海》《海的梦》《木箱深处的紫绸花服》《灰鸽》《失去又找到了的月光园故事》《老王小故事》（节选）	俄文	托罗普采夫	莫斯科东方文学出版社	2007	华克生编选《中国变形：当代中国小说散文选》
161	《行板如歌》	俄文	杰米多	莫斯科东方文学出版社	2007	华克生编选《中国变形：当代中国小说散文选》
162	《雄辩症》《维护团结的人》《小小小小小》《越说越对》	英文	Joseph S.M. Lau、Howard Goldblatt	哥伦比亚大学出版社	2007	收录《哥伦比亚当代中国文学选集》
163	《苏联祭》（思俄）、《行板如歌》（如歌）、《大馅饼与喀秋莎》（饼）、《塔什干晨雨》（雨）	俄文	杰米多、托洛普采夫、舒鲁诺娃	莫斯科 ИКЦ Академкнига 出版社	2007	收录在托罗普采夫编选《窗：俄中互望——小说、随笔、散文》
164	《我的人生哲学》	越南文	范秀珠	越南作家出版社	2009	
165	《熊猫丛书——蝴蝶：王蒙作品选》	英文	不详	外文出版社	2009	
166	《苏联祭》	越南文	吴彩琼	越南世界出版社	2009	
167	《庄子的享受》	韩文	许裕英	韩国 DULNYOUK 出版社	2011	
168	《红楼启示录》	韩文	不详	不详	2012	根据王蒙《〈红楼启示录〉韩文版序》（《王蒙文集》第23卷），应有《红楼启示录》（韩文），但未查到有关信息
169	《卢森堡的一颗中国心》	葡萄牙文	李长森	不详	2012	
170	《庄子的奔腾》	韩文	姜姈妹	Jaeum&Moeum 出版社	2013	
171	《庄子的快活》	韩文	许裕英	韩国 DULNYOUK 出版社	2013	
172	《老子的帮助》	韩文	不详	韩国丝路出版代理	2013	
173	《活动变人形》	俄文	华克生	莫斯科 ИКЦ Академкнига 出版社	2014	

序号	作品名称	语种	译者	期刊/出版社	时间	备注
174	《王蒙文集》	俄文	不详	不详	2014	收录《活动变人形》《老王小故事》(部分节选)、《半生多事》(部分节选)
175	《蝴蝶及其他》(The Butterfly and Other Selected Writings)	英文	Denis C. Mair	外文出版社	2014	与1983年《中国文学》杂志社"熊猫丛书"出版《蝴蝶及其他》(The Butterfly and Other Stories)（英文, Rui An、Gladys Young、Bonnie S.McDougall等译）相比较, 两部书英文名不同。
176	《活动变人形》	白俄罗斯文	不详	不详	不详	根据王蒙先生提供的信息。
177	《中国天机》	越南文	胡玉明	越南洪德出版社	2014	
178	《橘皮和其他讽刺作品》	英文	S.Y.AGNON	托比出版社	2015	
179	《中国文学大家译丛—蝴蝶》	英文	不详	外文出版社	2015	
180	《访日散记》	日文	饭冢容	岩波书店	2016	收录张竞、村田雄二郎编《日中文艺120年》
191	《伊朗印象》	英文	裴荻菲	山东友谊出版社	2017	
192	《伊朗印象》	波斯文	万克·法	伊朗梅合力干出版社	2017	
193	《赠给未来的人生哲学——王蒙、池田大作对谈》	日文	不详	日本潮出版社	2017	
194	《这边风景》	印度尼西亚文	不详	跨知识发展出版社	2017	
195	《天下归仁：王蒙说〈论语〉》（节译版）	日文	李海	亚欧综合研究所	2017	
196	《中国天机》	德文	马丁·沃斯勒（中文名吴漠汀）	欧洲大学出版社	2017	
197	《中国人的思路》（精装）	英文	梁晓鹏	外文出版社	2018	
198	《王蒙自传》	英文	朱虹、刘海明	MerwinAsia出版社	2018	
199	《这边风景》	俄文	阿列克谢·莫纳斯特尔斯基	俄罗斯尚斯国际出版社	2019	

序号	作品名称	语种	译者	期刊/出版社	时间	备注
200	《组织部来了个年轻人》	西里尔蒙古文	不详		2019	收录于《70周年70位作家70篇小说》上卷，由蒙古国驻华使馆联合中央广播电视总台蒙古语部组织翻译和出版发行 精选了中国现当代文学历程中不同时期有代表性的70位作家的共70篇作品
201	《这边风景》	韩文	金胜一	韩国耕智出版社	2019	
202	《青春万岁》	英文	Duncan Campbell	山东友谊出版社/尼山书屋	2019	
203	《这边风景》	越南文	不详	胡志明市文化艺术出版社	2019	
204	《中国人的思路》	英文	不详	外文出版社	2019	平装版
205	《在伊犁》	韩文	金胜一	Kyoung-Ji出版社	2019	
206	《中国天机》	英文	王雪明	新世界出版社	2019	
207	《这边风景》（上、下）	波兰文	不详	波兰马尔沙维克出版集团	2020	
208	《木箱深处的紫绸花服》	日文	船越达志	名古屋外国语大学出版社	2021	收录在沼野充义、藤井省三编《被囚》（Artes mundi丛书）
209	《这边风景》	乌克兰文	不详	广东花城出版社、乌克兰索菲亚出版社	2022	
210	《这边风景》	阿拉伯文	米拉·艾哈迈德（Mira Ahmed）	阿联酋指南针出版社	2022	
211	《这边风景》	土耳其文	不详	土耳其卡努出版社	2022	
212	《这边风景》	哈萨克文	不详	哈萨克东方文献出版社	2022	
213	《极简论语》	韩文	홍민경	Jung-Min media出版社	2022	
214	《伊朗印象》	阿拉伯文	不详	伊朗梅合力干出版社	2022	其底本为2017年山东友谊出版社出版的英文版《伊朗印象》

序号	作品名称	语种	译者	期刊 / 出版社	时间	备注
215	《极简孟子》	韩文	홍민경	Jung-Min media 出版社	2023	
216	《笑的风》	阿拉伯文	米拉·艾哈迈德 (Mira Ahmed)	Ghorab for publishing, 埃及出版社	2023	
217	《青春万岁》	日文	堤一直（日本）、李海（中国）	日本潮出版社	2024	
218	《猴儿与少年》	法文	Rebecca Peyrelon（李蓓珂）	巴黎友丰书店	2024	入选 2022 年"丝路书香工程"
219	《猴儿与少年》	土耳其文	皮纳尔·埃利夫·耶里姆贝特	艾力柯图出版社	2024	入选"2022 年中国当代作品翻译工程"
220	《极致与从容：王蒙经典散文》	阿拉伯文	亚伯汗·贾德	数字未来出版社	2024	

（《王蒙作品外文出版情况一览表（1959—2024)》由温奉桥整理。整理过程中参考了朱静宇、张帆、白杨、吴光宇、于泓等人的研究成果，特此致谢。）

王蒙翻译外国作品一览表

温奉桥

序号	体裁	作品名称	语种	作者	国家	翻译时间	刊物
1	小说	《自我矫治》	英语	约翰·契佛	美国	1990	《世界文学》1990年第6期
2	小说	《恋歌》	英语	约翰·契弗	美国	1990	《世界文学》1990年第6期
3	小说	《天鹅》	英语	詹·傅瑞姆	新西兰	1991	《小说界》1991年第2期
4	小说	《天地之间》	英语	帕·格丽斯	新西兰	1991	《小说界》1991年第2期
5	小说	《白雪公主》	英语	伊恩·夏普	新西兰	1991	《外国文艺》1991年第5期
6	小说	《天赐马》	英语	伊恩·夏普	新西兰	1991	《外国文艺》1991年第5期
7	小说	《简明三联画》	英语	弗朗西斯·庞德	新西兰	1991	《外国文艺》1991年第5期
8	小说	《八角形》	英语	弗朗西斯·庞德	新西兰	1991	《外国文艺》1991年第5期
9	小说	《费伯镇》	英语	詹尼弗·康普顿	新西兰	1991	《外国文艺》1991年第5期
10	小说	《七年》	英语	爱德维琪·丹尼凯特	美国	2002	《外国文艺》2002年第2期

序号	体裁	作品名称	语种	作者	国家	翻译时间	刊物
11	诗歌	《德语俳句十二首》	德语	萨碧妮·梭模凯朴	德国	1986	《人民日报》1986 年 7 月 28 日
12	诗歌	《如梦——短歌十二章》	德语	萨碧妮·梭模凯朴	德国	1990	《华声 报》1990 年 12 月 28 日
13	诗歌	《心园——短歌十二章》	德语	萨碧妮·梭模凯朴	德国	1990	《光明日报》1997 年 12 月 31 日
14	诗歌	《北美行——俳句二十二首》	德语	萨碧妮·梭模凯朴	德国	2001	《诗刊》2001 年第 8 期
15	诗歌	《给母亲玛格丽特》《诗》《婚前的诗》《祈祷》	英语	斯坦利·摩斯	美国	1999	《诗刊》1999 年第 3 期
16	诗歌	《情诗》	英语	凯瑟琳·格莱丹尔	挪威	1999	《诗刊》1999 年第 8 期
17	诗歌	《灵魂》、《有足够的理由隐藏光明》、《与黑夜为邻》	英语	薇拉·施瓦茨	罗马尼亚	2000	《诗刊》2000 年第 6 期
18	诗歌	《题马德哈维·爱玛的照片》《坏蛋》《公民》《格则勒》《撒马尔罕的夜晚》《中国图片》《被遗忘的生日》《你需要有一头象》	英语	尼努珀玛·梅农·拉奥	印度	2007	《王蒙研究》2007 年 5 月号

王蒙出访国家和地区年表

王　安*　崔建飞*　彭世团*　张　彬*

1980 年

6月初，中国作家代表团应西德驻华大使魏克德邀请赴西德访问，团长冯牧，团员柯岩、马加、王蒙、翻译王浣倩、袁鹰、翻译王小平。经停德黑兰。第一站法兰克福。短短一周去了波恩、科隆、柏林、汉堡、海德堡、慕尼黑。

8月至12月，赴美国参加"衣阿华大学的国际写作计划"（IWP），参加衣阿华大学的讲座、朗诵、联欢等国际作家活动。从香港登机前往美国，在此接受了《新晚报》的专栏采访，与艾青一起接受了《大公报》与《明报》的简短访问。在美国的后两个月在各地旅行，包括纽约、华盛顿DC、洛杉矶、旧金山、费城。

1982 年

6月，访问美国。应纽约圣约翰大学金介甫教授之邀，前去参加中国当代文学研讨会。赴会的还有中国作家黄秋耘等。会后何南喜女士陪王蒙等

---

* 王安，四川文化艺术学院王蒙文学艺术馆馆长。
* 崔建飞，文化和旅游部清史纂修与研究中心主任。
* 彭世团，中国驻越南大使馆原文化参赞，曾任王蒙秘书。
* 张彬，文化和旅游部离退休干部局干部。

人各处走了走，他们一起谈论五十年代在麦卡锡、塔夫脱法案下迫害左翼文化人的故事影片《回首往事》。在纽约附近的维尼亚德岛与出生于中国的约翰·赫西见面并见到了著名左翼作家、近九十高龄的丽莲·海尔曼。丽莲二战中多次去过莫斯科，曾与莫洛托夫会见。之后又在新英格兰地区参观游览，包括麻省大学的青年写作者之家。重返衣阿华大学。再去旧金山，见到了江南（刘宜良）、崔蓉芝夫妇，并从那里去了墨西哥。

6月，应墨西哥科学院亚非研究所白佩兰教授邀请访墨一周，参加了"现实主义与现实"圆桌会议。白佩兰主持会议，会议实际上变成了对王蒙作品的讨论。

1984 年

6月，王蒙率领中国电影代表团访问苏联，参加了塔什干电影节活动，访问了塔什干、撒马尔罕、第比利斯、莫斯科等地。

1985 年

6月，王蒙为团长、鲍昌为副团长的中国作家代表团应邀参加西柏林地平线艺术节活动。成员有老诗人方冰、老编辑刘剑青、老作家西戎、明星作家黄宗英，还有张洁、张抗抗、舒婷、傅天琳、北岛、孔捷生、章国锋（北大德语文学教授）等。西柏林之后，应邀访问了吕贝克、波鸿、波恩、科隆（住在诺奖获得者伯尔的别墅中）。出于魏德克大使的关心与建议，德联邦共和国外交部新闻局专门招待代表团旅行一周，访问了东德的海德堡、魏玛、德累斯顿、柏林。与友人利用周末游历了荷兰、比利时。

1986 年

1月，应第48届国际笔会邀请，王蒙、陆文夫作为特邀嘉宾出席一月在纽约召开的笔会，前往参加的还有黄秋耘、朱虹教授。论题有二，一个是"作家的想象与政府的想象"，一个是"不同文化的交流"。笔会结束后应邀到美国三一学院举办讲座。

11月，访问阿尔及利亚，经停巴黎，回程经停罗马。

1987年

2月，访问泰国，在清迈夏官与诗琳通公主会见，本计划十五分钟的会见延长至五十分钟。其后公主翻译了王蒙的小说《蝴蝶》并出版，公主来华还到王蒙家中访问。

4月，应外交部和日中文化交流协会之邀访问日本。日本外交大臣名仓成正，宴请王蒙时即席表演了魔术。日中文化交流协会阵容强大，会长井上靖坚毅持重，画家东山魁夷正襟危坐，戏剧家千田是野丰瞻老到，音乐家团伊久磨从容潇洒，作家水上勉精明敏锐。

秋季，王蒙获意大利蒙德罗国际文学奖特别奖，赴意参加颁奖活动，与会的还有冯至、舒婷、周涛、叶延滨等。

11月，访问罗马尼亚、波兰、匈牙利。

1988年

3月，访问摩洛哥、土耳其、保加利亚。

在摩洛哥，摩洛哥文化部长深夜在官邸设宴招待。参观了阿拉伯文的书法展。到访了卡萨布兰卡。

在土耳其，在我驻土使馆同志帮助下，王蒙在欢迎晚宴上致答词，用土耳其语讲了最后的祝酒词。土耳其文化与旅游部长很激动，表示访中时他一定用中文讲一段话。参观了伊斯坦布尔，它在欧亚分界线上，一城两洲，叹为观止。这里有一座巨大的索菲亚教堂，同名教堂在乌克兰基辅和中国哈尔滨各有一座。

在保加利亚，受到最高领导人日夫科夫的接见，他谈了一些希望迅速结束阿富汗战争的话题，王蒙全部通过大使馆报送中央。见到了原在美国见过的担任过保教育部长的丽丽安娜女士，保国改制后，她经营一家出版社。

6月，访问英国，作为嘉宾出席在伦敦举行的世界出版工作者大会，会后对英国进行了正式访问。参观了丘吉尔故居、莎士比亚故居、伊顿公学。驻英大使冀朝铸为王蒙的到来举行了招待会。会见了英国艺术大臣卢斯。

1989 年

3月，首访大洋洲的澳大利亚、新西兰。

在澳大利亚，再次见到英国女作家玛格丽特·德拉布尔。参观悉尼蚌形大剧院，听了一次音乐会，看了一个话剧。

在新西兰，国土文化部长友好随和，带王蒙到议会用午餐，与该国的女总理及各部部长见了面。在昆士顿乘摩托艇行驶急流，很刺激。看了剪羊毛表演，让王蒙想念新疆。与顾城见面。

5月，最后一次以文化部长身份出访法国、埃及、约旦。

在法国，法国文化部长雅克·朗为王蒙设午宴，请来1985年诺贝尔文学奖得主克劳德·西蒙作陪。参加了米开朗基罗一批素描首次陈列仪式。参加了戛纳的电影节开幕式，在那里会见了中国人民的老朋友伊文斯，并向他赠了礼金。在法方外交部的招待会上王蒙见到了旅法的中国作家高行健与李翰华。旅法中途到意大利的都灵参加了当地书市，他的《活动变人形》（康薇玛译）在那里首发。

在埃及，埃及的文化部长年轻热情，查看王蒙下榻的房间后，作主临时调换更加豪华的大三套。这里卡纳克神殿令人震撼，狮身人面像令人晕眩，众木乃伊令人惊叹。古迹胜地卢克索太炎热了，王蒙吃冷东西过多，急性腹泻，搞得参加宴会时滴水未进，狼狈得很。

在约旦，首相侯赛因国王的弟弟与王蒙一行见面。王蒙与当地作家见面，并获得证书，成为约旦作协名誉会员。访问了著名的"一线天"佩特拉。在死海游泳，浮力太大，反而无法游了。

1991 年

9 月，访问新加坡，应新加坡作协负责人王润华教授邀请，参加在新举行的国际作家周活动，同行的有陆文夫偕夫人管毓柔、女作家黄蓓佳。住在新加坡国立大学迎宾馆。经友人介绍结识了一些更多持民间立场的作家，如陈美华等。访问了被称为那里的鲁迅的方修先生。此行的意义是开始了王蒙离开文化部长岗位后面向世界的文化传播、文化交流、人文游学讲学之旅。

1992 年

9 月，访问澳大利亚，应邀参加澳大利亚昆士兰州布里斯班市的瓦拉那节。瓦拉那是澳洲土著语言，意为春天。同行的有杨宪益夫妇。参加布市活动时见到了旅居该地的黄苗子、郁风夫妇。与时任州政府办公厅主任的汉学家陆可文先生有过很好的会面与交谈。然后到堪培拉的国立大学演讲。在澳国首都，王蒙得到了我国驻澳石春来大使的招待，并与文化参赞楼小燕女士有多次共同的参观活动，她的英语极好。曾任澳驻华大使的经济学教授郜若素先生邀请王蒙到他的一个大庄园去参观，一起吃烧烤，并遇到了有过特殊经历的林毅夫先生；还骑了白杰明先生的马，到他的一个邻居家做客。他的邻居是一个女青年，救助了一只受了重伤的大鸟，她带着养好伤的鸟与王蒙聊天，人善鸟不惊。

王蒙接到北京的通知，需要回去列席党的十四大，于是提前结束了在阿德雷得的行程，取道墨尔本回国。

1993 年

3 月 24 日至 29 日，访问新加坡。应新加坡文化部艺术委员会邀请，做他们举办的金点文学奖华文小说组的主审评委，偕夫人崔瑞芳同往。评奖很正规，在一次宣布评奖结果的会议上，要求每一个评委用英语讲五分钟，王蒙很自然地完成了这个任务。结识了从事慈善救助事业的张千玉女士，她对温柔美丽世界与人生的设想令人感动。拜访了中华国学大师潘受，他的诗书画俱佳。

3 月 30 日至 4 月 4 日，访问马来西亚。应《星洲日报》邀请偕夫人访马。王蒙夫妇晚间到达，报社同仁打着横幅在机场欢迎。董事长张晓卿、总编辑刘鉴铨、副刊《花踪》主编萧依钊女士非常友好，他们对中国的关切与期待令人感动。王蒙做了一个讲座，我国驻马金桂华大使与夫人，以及许多使馆官员都参加听讲。还到了槟榔屿、马六甲与新山。新山毗邻新加坡，新加坡作家陈美华特意从新赶到，参加王蒙在新山学校的活动。

8 月 21 日至 28 日，访问意大利。应邀偕夫人参加一个研讨会。该研讨会由美国赖斯大学本杰明·李教授组织。

8 月 28 日至 11 月 30 日，访问美国。应美国哈佛大学燕京学院院长韩南教授邀请，偕夫人到那里做了三个月的研究工作。曾到伯克利学院演讲。

1994 年

4 月 22 日至 5 月 22 日，王蒙应邀访问美国。

5 月 22 日至 29 日，王蒙、崔瑞芳夫妇访问日本。王蒙从美国前往，崔瑞芳从北京前往。

1995 年

4月11日至30日，应邀偕夫人崔瑞芳访问加拿大。

5月1日至12日，应华美协进社邀请访美。

9月29日至30日，应邀访问韩国，参加"二十一世纪与东方文明"研讨会。

1996 年

5月15日至24日，应英中文化协会和苏格兰中国友好协会邀请，访问英国。在伦敦英中中心、剑桥大学等机构发表演讲；参观爱丁堡、拉纳克湖等地。

5月25日至7月3日，应德国海因里希·伯尔遗产协会和德国外交部、北莱茵基金会邀请，访问德国。在海因里希·伯尔的乡间别墅朗根布鲁希写作一个多月，其间访问了波恩、海德堡、法兰克福、德累斯顿、魏玛、柏林等城市，并到比利时、荷兰参观。6月2日，参观波恩老公墓。随后参观在奥古斯·施莱格故居举行的克拉拉生平与创作展览（1996年是克拉拉逝世100周年）。6月11日，到比利时、荷兰参观。到滑铁卢古战场参观战役纪念馆、纪念塔，观看风光影片。6月19日，重访海德堡和法兰克福后，游览原民主德国的德累斯顿。6月20日，上午与德累斯顿市文化局副局长会谈，下午与当地作家座谈交流。6月21日，访问魏玛，出席当地艺术节开幕式音乐会。6月22日，访问柏林，参观由玻璃钢梁结构修建的现代风格的教堂。6月24日，在柏林洪堡大学发表学术演讲。

7月4日至15日，应奥中友好协会和奥地利文学协会的邀请，访问奥地利，参加在维也纳举行的庆祝中奥建交二十五周年和奥中协会成立二十五周年纪念活动，其间访问了萨斯堡、因斯布鲁克等地。6日，前往维也纳附

近的米奥德岭、巴登、德克托孜多夫、罗道恩等地游览。10 日，在维也纳
出席"中国人心目中的和平、战争与世界观念"国际研讨会。11 日，到杜
丽辛小镇游览。12 日，前往多瑙河游览，并参观了达麦尔柯修道院和莎拉
古堡。13 日，游览因斯布鲁克山城。

1997 年

8 月 8 日至 20 日，应马来西亚华文作家协会和《星州日报》的邀请，
访问马来西亚。8 月 9 日在吉隆坡出席"马华文学与世界华文文学的现状与
前景"国际研讨会，在开幕式上作题为"世纪之交的华文写作"的演讲。之
后参观访问东马来西亚，并在诗巫、古晋等地举办文学讲座。8 月 17 日，
在吉隆坡发表题为"文学与人生"的演讲。

8 月 21 日至 23 日，应新加坡作家协会邀请，访问新加坡，与当地作家
座谈交流。

1998 年

1 月 1 日至 5 月底，以校长级学者（Presidential fellow）的身份，应
邀在美国康州三一学院讲学，做六次公开演讲。其间在美国休斯敦莱斯大
学、哈佛大学、耶鲁大学、匹兹堡大学、明尼苏达大学、纽约州立大学、华
美协进社等机构讲学。

8 月 27 日至 9 月 6 日，应挪威外交部的邀请，访问挪威。其间在奥斯
陆会见挪威外长，并在奥斯陆大学和挪威诺贝尔学院发表演讲。访问了奥斯
陆、卑尔根、斯特凡等城市，走访了挪威作家协会等文学团体，与当地作家
们座谈交流。

9 月 7 日至 14 日，应邀在瑞典哥德堡大学讲学，并游览了哥德堡、斯
德哥尔摩、马尔默等城市，参观了瑞典民俗博物馆、哥德堡美术馆、远东博

物馆和现代博物馆等。

1999 年

4月20日至5月5日，应邀赴西班牙参加联合国有关机构在西班牙举行的"大众传媒及其他"国际研讨会。4月24、25日，在巴塞罗那参加研讨会，并作题为"小说与电影中的中国人"的演讲。4月26日至5月5日，参观马德里和格拉纳达的阿尔罕布拉宫等地，并在马德里大学做学术演讲。

5月5日至10日，应法国人文科学之家基金会和法国国立东方语言文化学院的邀请，访问法国。在巴黎的东方语言文化学院做学术演讲，并与当地作家座谈交流。其间访问德国特利尔市等。

10月10日至17日，应韩国国际交流财团的邀请，访问韩国。11日，参观汉城景福宫和韩国国立民俗博物馆，并在韩国现代中国文学会主持的演讲会上发表演讲。12日，会见韩国文化观光部部长朴智元，并参观汝矣岛大厦。13日，参观庆州国立博物馆。14日，参观庆州石窟岩、佛国寺、天马冢和浦项制铁集团等。15日，游览济州岛。

10月20日至26日，应意中友协邀请，赴意大利罗马出席"中国当代文学论坛"，并作主题发言。随后参观威尼斯等地。

2000 年

9月3日至10日，率中国作家代表团访问挪威，同行有冯骥才、王安忆、徐坤、迟子建等。在奥斯陆"作家之家"，与当地作家座谈交流。参观易卜生纪念馆、卑尔根艺术博物馆等。

9月10日至14日，率中国作家代表团访问爱尔兰。其间在都柏林观看王尔德的诗剧《莎乐美》；会见爱尔兰艺术和遗产部长瓦来拉女士；参观詹姆斯·乔伊斯故居等。

9月14日至17日，参观访问瑞士伯尔尼、洛桑及日内瓦湖等地。

9月18日至19日，应奥中友协邀请，在奥地利维也纳参加"社会、集团与个人"国际研讨会，作题为"从修齐治平到大公无私"的演讲。

10月3日至8日，应新加坡中国商会邀请，访问新加坡。4日，接受华语广播电台、《联合早报》等媒体采访。5日，接受华语广播电台现场直播采访。晚上在新加坡报业中心礼堂发表题为"中国西部文化与中国西部开发"的演讲。《联合早报》发表王蒙访谈录《文学不再高姿态是正常的》。6日，在新加坡国立大学发表关于中国当代文学的演讲，晚上出席庆祝中新建交十周年酒会并观看文艺晚会。7日，在新加坡热带文学艺术俱乐部发表题为"文学与人生"的演讲。

2001 年

5月31日至6月6日，赴韩国庆州参加"中韩未来论坛"第八次会议，做关于中韩文化交流的基调演讲。

10月11日至11月7日，在美国、墨西哥讲学。10月12日至14日，在美国爱荷华大学出席该校举办的"迷失与发现：翻译艺术"等学术研讨会，并为当地的大学和华人文学团体做学术演讲。10月14日至17日，在美国多个城市参观访问。10月18日至24日，在墨西哥学院亚非研究中心讲学。10月24日至27日，出席在美国科罗拉多大学举行的"当代中国知识分子和社会力量"的国际研讨会并发表演讲。10月28日至11月6日，在美国康州三一学院讲学。其间于11月1日，应全美中国作家联谊会邀请，重访美国"中国作家之家"。11月2日，出席中国驻纽约总领事张宏喜为王蒙夫妇举行的欢迎宴会。11月3日，应邀出席首届"东方文学奖"颁奖仪式，为一等奖获得者中国作家张宏杰颁奖。

12月5至15日，率中国作家代表团访问印度，同行有熊召政、何向阳等。出席在印度举办的中国电影节，参观访问新德里、孟买、加尔各答等地。12月16日，自加尔各答回国途中，在泰国做短期停留。

2002 年

3月14日至23日，为纪念中日邦交正常化三十周年，应日中友好协会的邀请，率中国人民对外友好协会代表团出访日本，同行有夫人崔瑞芳、中日友协秘书长吴瑞钧等。3月15日，到长野看望作家水上勉。

3月16日，在东京与日本作家座谈交流。16日前后，会晤日本作家大江健三郎。17日，下午会晤日本作家大庭美奈子，晚上接受岩波书店《世界》杂志的专访，访谈录以《丰富多彩的现代中国文学》为题，发表于《世界》杂志2002年第7期。18日，在东京会馆出席由日中文化交流协会举办的欢迎招待会并发表演讲，会议由栗原小卷主持，日本原众议院议长土井多贺子出席。19日，在札幌市出席北海道文化艺术界人士的欢迎交流会。20日，参观北海道开拓博物馆。21日，参观小樽市运河仓库群、文学馆、美术馆和天狗山等。22日，上午会见北海道新闻社东功社长，晚上接受北海道新闻社的专访。23日，参观成田山新胜寺。

9月11日至29日，应毛里求斯、南非、喀麦隆和突尼斯四国政府文化部门的邀请，率中国文学艺术界名人代表团前往四国访问，同行的有夫人崔瑞芳、舞蹈家阿依吐拉等。

9月11日，率代表团抵达毛里求斯。12日上午，会见毛里求斯艺术文化部长穆·拉姆达斯。上午11时，毛里求斯总统卡尔·奥夫曼会见王蒙一行。下午，在毛里求斯中国文化中心做学术演讲。13日，上午出席第2届世界华人华侨研讨会并发表讲话。下午参观毛里求斯国家鳄鱼公园。14日，参观毛里求斯国家植物园。

在南非，9月14日下午，率代表团飞抵约翰内斯堡。15日抵达开普敦，参观斯皮尔葡萄酒农场和滨水区。16日，上午访问开普敦艺术公司和开普敦大学舞蹈学院。下午在开普敦大学与南非作家座谈交流。17日，前往罗宾岛参观曾囚禁纳尔逊·曼德拉的监狱旧址。晚上在比勒托利亚出席南非文艺部举行的欢迎晚宴。18日上午，与南非文艺部副总局长瓦卡什会谈。随后参观自由公园。下午参观索维托文化舞蹈团。晚上在中国驻南非大使馆为工作人员做讲座。19日，上午与南非作家唐·麦特拉等举行作品朗诵会，并座谈交流。中午与南非总统文化艺术信托基金会主席奥利方特会晤，并共进午餐。下午从约翰内斯堡飞抵法国巴黎转机，并作短期停留。

9月21日，率代表团从巴黎飞抵喀麦隆首都雅温德，当晚接受喀麦隆国家电视台等媒体采访。22日上午，前往西部省省会巴夫桑，会见西部省省长迪加尼并共进午餐。下午会见丰班王国王储，并参观丰班王宫博物馆。9月23日，上午参观喀麦隆国家博物馆、会议大厦、统一纪念塔和市政广场。下午在希尔顿饭店会议厅做学术演讲。晚上在中国驻喀麦隆使馆，为使馆工作人员做讲座。

9月24日上午，前往巴城加参观纳齐加尔河。中午出席中国驻喀麦隆大使许孟水举行的双边宴会。下午前往喀麦隆港口城市杜阿拉参观访问。晚上自杜阿拉飞抵巴黎转机。

9月25日，率代表团从巴黎飞抵突尼斯。下午在中国驻突尼斯使馆为使馆工作人员做讲座。26日，上午会见突尼斯作家协会主席。下午会见突尼斯文化部顾问。随后参观麦地纳老城、迦太基遗址。晚上出席突尼斯作家协会举行的欢迎晚宴。27日，参观突尼斯巴尔杜国家博物馆。下午率代表团飞抵意大利罗马转机。28日，参观梵蒂冈圣彼得大教堂，游览罗马。次日乘飞机回国。

2003 年

2月12日至14日，赴印度新德里参加"中国印度名人论坛"第三次会议，并发表讲话。

9月，访问不丹、尼泊尔、泰国等。在不丹首都廷布强烈感受到该国友善无争的氛围。访问尼泊尔首都加德满都，感受雪山"朝圣"习俗等。回国途中在泰国作短期访问。

9月28日至10月14日，应邀访问荷兰、法国、埃及、瑞典等国。

在荷兰，于莱顿大学做学术演讲，在瓦格宁根大学出席女儿王伊欢博士论文答辩会。参观了阿姆斯特丹、海牙、鹿特丹等地。

在法国，于巴黎中国文化中心做学术讲座，与当地作家座谈交流，参观出版社等。

在埃及，于开罗中国文化中心做学术讲座，出席长篇小说《青春万岁》阿拉伯文版出版发布活动；参观金字塔、卡纳克神庙和泛游尼罗河等。

在瑞典，应瑞典学会邀请于斯德哥尔摩做学术讲座。与当地作家座谈交流，接受媒体采访，并参观市政厅、博物馆等。

2004 年

2月20日至24日，应菲律宾华文作家协会邀请，访问菲律宾。21日，在马尼拉做题为"我们生活中的文学"的学术演讲；参观游览了美军纪念公墓、阿亚拉博物馆、马尼拉湾等。

5月20日至29日，访问马来西亚、新加坡。

在马来西亚，21日，应马来西亚华文作家协会邀请，出席《马来西亚华文文学大系》首发式并作演讲；出席庆祝马中建交三十周年宴会并致辞。

在新加坡，应新加坡佛教居士林的邀请，访问新加坡。5月27日，在居士林做题为"文学与我们的生活"讲座。参观新加坡南洋大学华裔馆、晚晴园等。

11 月 15 日至 25 日，应俄罗斯总统驻西伯利亚联邦区全权代表和俄中友好、和平与发展委员会俄方主席德列切夫斯基的邀请，访问俄罗斯。16 日，在莫斯科参观红场，瞻仰列宁墓，参观克里姆林官的会议楼、总统办公地、东正教教堂和大百货公司等。游览阿尔巴特街。在莫斯科大剧院观看新版芭蕾舞剧《天鹅湖》。16 日至 17 日，下榻于莫斯科宇宙饭店，在柯林卡(雪球树)餐厅用餐，欣赏俄罗斯民歌民乐。在莫斯科会见俄罗斯文化部长索可洛夫，讨论交流在全球化形势下，保持世界文化多元与民族文化性格的必要性。出席俄罗斯科学院远东研究所举行的授予他荣誉博士学位的仪式，并用俄文发表了演讲。季塔连科所长致辞并授博士证书，汉学家索罗金、华克生、托罗普采夫做了发言。在莫斯科大学做学术演讲；出席俄罗斯作协《外国文学》杂志为他举行的专题讨论会；访问俄罗斯作家协会并与当地作家座谈交流。20 日，访问圣彼得堡。访问彼得堡科学院，与院长和该院学者座谈交流，参观了院藏珍本。之后参观阿芙乐尔号巡洋舰、冬宫博物馆、普希金故居、"青铜骑士"——彼得大帝塑像等。

11 月 22 日，为发行新版的王蒙中短篇小说集俄文版，出席在莫斯科"找到你自己"书店举行的读者见面会。

11 月 23 日至 25 日，访问哈萨克斯坦。在阿拉木图哈萨克国家图书馆，与馆长穆拉特等文化界人士座谈交流，并用哈萨克语致辞。参观哈萨克斯坦国家博物馆等。25 日，从阿拉木图乘汽车到达新疆伊犁。

2005 年

6 月 30 日至 7 月 6 日，访问印度尼西亚。与印尼大学人文学院师生及当地作家座谈。在印尼华人作家协会讲话。参观婆罗浮屠、印度神庙及巴厘岛。

2006 年

2月14日至21日,率中国政府文化代表团访问越南。出席"舞动的北京"摄影展开幕式并讲话。出席中国电影周、黑龙江艺术团演出开幕式。与越南作家协会座谈交流。会见越南政府官员。参观河内主席府、胡志明市总统府、下龙湾、大教堂、文庙、五郡文化中心等。

10月22日至11月4日,随同贾庆林访问英国、立陶宛、乌克兰。出席中英企业合约签订与论坛、伦敦商业学院孔子商务学院揭牌仪式。参加与立陶宛议长、总统会谈。参加与乌克兰议长会谈。

12月7日至16日,访问伊朗。会见伊朗前领导人哈塔米及伊朗对外文委主任、国会图书馆馆长、大百科出版社社长、副外长等。参观色拉子、伊斯法罕、德黑兰的名胜古迹。在伊朗对外文委致词(用波斯语)。

2007 年

9月3日至14日,访问俄罗斯、捷克、斯洛伐克。

在俄罗斯,出席莫斯科国际图书展中国主宾国活动并做演讲,参观托尔斯泰故居、喀山大学等。

在捷克,会见捷克作家协会领导人,与捷克汉学家和学生座谈介绍中国文学现状,参观伏尔塔瓦河、老城广场、布拉格城堡,观看歌剧《茶花女》。

在斯洛伐克,与斯洛伐克作家见面。与斯洛伐克科学院东方研究所汉学家、斯中友协成员座谈,接受采访,参观红石城堡、多瑙河。

10月24日至30日,访问韩国。会见高丽大学校长、前外交部长及夫人。在高丽大学中国学研究中心演讲。与以高丽大学作家群为主的韩国作家座谈交流。出席高丽大学主办,韩国培才大学、德成女子大学、朝鲜大学、西江大学、翰林大学等参与的"中国当代文学与王蒙"研讨会并做"我的创作历程与文学世界"演讲。参观首尔中国文化中心。会见《现代文化》杂志主编。参观五·一八民主烈士陵园。

2008 年

9 月 15 日至 22 日，访问德国。在汉堡大学孔子学院、柏林中国文化中心演讲。拜访联邦议院与联邦议院议长和联邦外交部外交国务秘书，会见汉堡市参议员和汉撒同盟城市文化体育与媒体部主任。与诗人萨碧妮博士对话并朗诵俳句与短歌。接受《汉堡晚报》副主编采访。参观汉堡议政厅、柏林国家博物馆等。

2009 年

1 月 16 日至 20 日，访问泰国。在泰王宫出席诗琳通公主宴请。在朱拉隆功大学讲"中国当代文学生活"。在芭提雅参观。

10 月 16 日至 20 日，出席德国法兰克福书展。在主题馆演讲"中国当代文学生活"，在文学馆演讲"革命与文学"。出席主宾国交接仪式。参观歌德故居、德意志之角。

11 月 25 日至 30 日，访问澳大利亚。在我驻悉尼总领馆讲"当前文化生活中的若干话题"。在悉尼大学讲"我与六十年来的中国文学"。与当地作家诗人聚会。参观歌剧院、美术馆、鱼市场等。

2010 年

3 月 4 日至 7 日，访问新加坡。出席"蔡逸溪捐赠画展"开幕式。参观新加坡国家图书馆。在"林文庆讲坛"演讲"全球化语境下的中国文学艺术发展之状况"。参观土生华人博物馆。在中国驻新加城使馆演讲。

9 月 22 日至 26 日，率中国作家代表团访问美国。出席中美作家论坛，做主题发言，回答听众提问。因夫人崔瑞芳发病，提前回国，抵京后即赴医院探望。

2012 年

4 月 13 日至 18 日，出席伦敦国际书展中国主宾国活动。参观莎士比亚故居、海德公园、西敏寺教堂、大笨钟、温莎城堡等。出席伦敦书展中国主宾国开幕式。与英国作家玛格丽特·德拉布尔就文学的话题进行对话（用英语）。

2015 年

9 月 10 日至 21 日，参加北非 + 西地中海邮轮游。游览了阿不扎比、迪拜、热那亚、米兰、庞贝、西西里、马耳他、巴赛罗纳、马赛等地。21日回到北京。

11 月 21 日至 25 日，访问埃及。经多哈去埃及，22 日抵达开罗。参观埃及国家博物馆、金字塔、悬空教堂、犹太教堂，乘法老号游船游览尼罗河。在艾资哈尔大学与在当地留学的新疆学生见面。在大使馆讲"现代化与民族传统文化"；与埃及最高文化委员会秘书长艾米勒·萨班见面；接受新华网和当地媒体采访，举行与当地读者见面会。

11 月 25 日至 29 日，访问土耳其。经伊斯坦布尔转机前往安卡拉，参观台北孙中山纪念馆、老城。在国家图书馆，会见国家图书馆馆长，出席《我从新疆来》土文版首发式暨与读者见面会，做"现代化与新疆各民族的命运"的讲话，向出席仪式并讲话的土新政府副总理图尔凯什赠送小说《这边风景》。27 日，抵达伊斯坦布尔。在前任总统阿卜杜拉·居尔住所与其会面，并赠送《这边风景》。参观蓝色教堂。游博斯普鲁斯海峡。与当地流行书作家阿米特见面。29 日十七点从土耳其飞抵北京。

2016 年

9月9日至15日，访问美国。先后访问了洛杉矶与旧金山两地，当地时间9月10日在洛杉矶公共图书馆出席了由洛杉矶公共图书馆与山东出版集团共同举办的以探寻中国文化基因为主题的第二届尼山国际讲坛，发表了主旨演讲，并与南加州大学美中学院院长杜克雷先生进行了深入对话。杜克雷是著名的中美问题专家，也是两国政治、文化、历史研究专家。出席了尼山国际出版公司《论语诠解》英文版的首发式。12日，出席了由山东出版集团与瀚海硅谷园区主办的尼山书屋落户旧金山瀚海硅谷园区的签字与揭牌仪式。13日下午，在旧金山公共图书馆做了题为"放逐与奇缘——我的新疆十六年"演讲。这些活动都引起了媒体的广泛关注与报道。当地媒体如加利福尼亚传媒新闻网用《中国文化与西方文化能并行不悖吗?》（英文）为题对这次讲坛活动进行了积极的报道。美丽中国电视传媒进行了网上直播。在旧金山的演讲结束后不久即全程上网，两次演讲的视频在网上大量传播。新华社、新民网、香港中国评论新闻等也都进行了现场采访，分别用视频、文字等形式，进行了积极的跟踪报道。15日晚间回到北京。

11月18日至21日，访问马来西亚。18日航班由北京至吉隆坡。晚上会见驻马来西亚黄惠康大使。19日上午在马来西亚中华总商会做"永远的文学"讲座。出席第十四届马华文学奖颁奖典礼。20日赴马六甲参观文化机构。21日乘航班由吉隆坡至北京。

11月30日至12月4日，访问俄罗斯。受文化部委托，应邀赴俄罗斯出席圣彼得堡国际文化论坛。11月30日乘航班从北京飞莫斯科，随即转机飞圣彼得堡，入住凯宾斯基酒店。下午文化考察冬宫。晚上会见中国驻圣彼得堡郭敏总领事。后在卡贝拉音乐厅欣赏纪念玛丽斯·蕾帕八十周年大型音乐会"舞蹈的生命"。12月1日，上午参观斯莫尔尼宫、阿芙乐尔号巡洋舰和彼得保罗要塞；下午出席第五届圣彼得堡国际文化论坛全体会议，并做"我们要的是珍惜与弘扬文化传统的现代化"演讲。晚上出席俄文化部长梅津斯基招待国外文化部长酒会及莫斯科爵士乐队专场音乐会和马林斯基交响乐团音乐会闭幕式。2日，上午参观青铜骑士像、俄罗斯国家博物馆、滴血教堂；下午出席第五届圣彼得堡国际文化论坛开幕式，与俄文化部部长梅津斯基亲切交谈并赠送俄文版长篇小说《活动变人形》。开幕式前与普京总统小范围会谈并做"中俄文化交流的历史意义"演讲。晚上在马林新音乐厅会见马林斯基剧院艺术总监、国际指挥大师瓦莱里·捷杰耶夫。3日，上午文化参观普希金城、叶卡捷琳娜宫；下午乘航班飞莫斯科转机，然后飞北京，4日上午抵达北京首都国际机场。

2017 年

11月6日至10日访问日本。6日乘航班飞日本东京，入住东京新宿京王广场酒店。晚上与一般财团法人欧亚综合研究所及樱美林大学相关人士会面。与佐藤纯子、横川健等老友见面。7日，上午访问日本创价学会，会见创价学会原田稔会长。下午在樱美林大学桂冠堂，三谷高康校长代表樱美林大学授予王蒙荣誉文学博士学位。仪式后，王蒙做了有关文学与中华优秀传统文化的演讲。晚上与樱美林大学、日中关系学会等机构的人士进行交流。8日，上午在中国驻日使馆会见程永华大使；下午在日中文化交流协会做关于儒学和传统文化演讲。后乘坐新干线前往京都。入住京都丽嘉皇家酒店。9日，上午考察京都清水寺、三年坂二年坂；下午乘坐新干线前往神户，入住神户波多比亚饭店。晚上出席关西日中关系学会及神户社会人大学、日中关系各团体的演讲交流会。10日上午乘航班由关西国际机场返京，十二点三十分抵达首都国际机场。

2018 年

5 月 18 日至 26 日，访问古巴、巴西、智利。

在古巴，18 日乘航班前往古巴首都哈瓦那（经停蒙特利尔），入住古巴国家饭店。19 日，上午为古巴文联做中华文化讲堂专题讲座；下午参观海明威故居。20 日，上午参访哈瓦那老城：兵器广场、圣弗朗西斯科广场（鸽子广场）、朗姆酒博物馆、莫罗-卡瓦尼亚城堡、格瓦拉博物馆。下午参访哈瓦那新城：中心广场、国会大厦、艾丽西亚·阿隆索大剧院、革命广场。十七点三十分抵达中国驻古巴大使馆，开展"青年读书会"活动。会见驻古巴使馆姚飞代办。

在巴西，22 日，抵达巴西利亚，入住 Golden Tulip Brasilia Alvorada 酒店。上午在部长大道看部委办公楼以及议会大厦，参访巴西利亚电视塔、库比切克纪念馆、陆军司令部、水晶广场、巴西利亚主教堂。下午在巴西利亚大学做"中国：传统与现代化"的讲座。晚上在我驻巴西大使官邸会见李金章大使。

在智利，23 日，乘航班前往圣保罗转机，然后前往圣地亚哥，入住圣地亚哥皇冠酒店。24 日，上午参观圣地亚哥市中心：大教堂、国家历史博物馆等。下午访问智利作家协会，与协会领导成员座谈。傍晚参访孔子学院拉美中心并做"中国：传统与现代化"的讲座。25 日，上午前往黑岛，参观聂鲁达故居；下午为中国驻智利使馆同志举办讲座；晚上会见驻智利徐步大使。26 日，乘 AF401 飞巴黎转机，再飞北京。

9 月 8 日至 19 日，访问意大利、希腊。自费组团参加中青旅项目乘邮轮皇家加勒比海洋珠宝号——意大利希腊十二日游，参加的有王蒙、单三娅、王安、王彤、卜键、沈悦苓、胡军、王璐、徐冉、苗贺（领队）。8 日乘 LH723（北京—慕尼黑）飞行约十小时，转乘 LH1848（慕尼黑—罗马）

飞行时长约一小时三十分钟。下榻罗马 REGENT 酒店。9 日上午游览罗马，下午在奇维塔韦基亚码头办理登船手续。10 日参观西西里岛的墨西拿市。11 日海上巡游。12 日参观希腊米克诺斯岛。13 日参观希腊的罗德岛，阿波罗神庙遗址、街市、博物馆。14 日参观希腊的圣托里尼岛的费拉镇和咿呀镇。15 日参观希腊首都雅典的奥运会场馆、议会大厦卫兵换岗仪式、卫城帕特农神庙等建筑。16 日海上巡游。17 日参观那不勒斯的庞贝古城遗址，然后乘车到达桑塔露琪亚港参观。18 日早餐后离船，乘车去机场，办理退税、登机手续。乘 LH1845 航班从罗马飞慕尼黑，飞行时长一小时三十分钟。转乘 LH 航班从慕尼黑飞北京，飞行时长八小时二十分钟。19 日上午抵达首都机场。

2019 年

11 月 6 日至 13 日，访问约旦、以色列。

在约旦，6 日，乘坐阿联酋航空 EK309 飞迪拜，再乘阿联酋航空 EK903 飞约旦安曼。十八点在大使官邸会见驻约旦大使潘伟芳。7 日，上午考察杰拉什古城；下午在约旦皇家文化中心出席第四届"丝绸之路研讨会"并做了"文明·文学·文化"的发言。8 日，上午考察城堡山和古罗马剧场；晚上在驻约旦大使馆为使馆人员讲述中国传统文化。

在以色列，8 日晚乘约旦航空 RJ340 航班从安曼飞以色列特拉维夫，乘大巴赴耶路撒冷。9 日，上午考察圣墓教堂、耶路撒冷哭墙。下午会见原苏联在以色列的汉学家托罗普采夫。10 日，上午参观大屠杀纪念馆，走访以色列诺贝尔文学奖得主阿格农故居并座谈交流；下午乘大巴从耶路撒冷赴特拉维夫。十八点三十分会见驻以色列大使詹永新。11 日，上午前往凯撒利亚，文化考察十字军城堡遗址。下午赴以色列希伯来作家协会座谈交流。12 日，因空袭原因取消了访问特拉维夫中国文化中心的安排。乘坐土耳其

航空 TK837 从特拉维夫飞土耳其伊斯坦布尔转机，再乘土耳其航空 TK020
返京。

（本表由王安、崔建飞、彭世团、张彬整理。）

王蒙在香港

黄维樑 *

年近九旬的王蒙，游历过亚美欧非大洋诸洲的无数个国家和地区，也包括我国香港。

一、大学与作联邀王蒙来访

王蒙第一次在香港出现，是 1993 年 4 月，香港岭南学院（后称岭南大学）的梁锡华教授邀请他到该校讲学。梁锡华当时是文学院院长，主持一个"学者来港访学"的项目，应邀来港的除了王蒙，先后还有袁良骏、谢冕、古远清等多人。这位文学"大咖"曾任文化部长，香港作家联会盛情设宴款待王蒙，并请他演讲，畅谈中国文坛近况。此后王蒙来港次数之多，只能以屈指难算来形容。

香港的文学文化社团，特别是香港作家联会，举办大型活动包括若干周年庆祝集会时，王蒙成为喜庆请帖对准发射的目标。根据《三十而立：香港作家联会成立三十周年纪念》一书的记录，至 2013 年为止，王蒙在港参与作联的种种活动，共有十次。据《三十而立》记载，2003 年 12 月 3 日金庸和王蒙对谈《红楼梦》；2013 年 4 月 16 日王蒙和白先勇对谈"全球化下华

---

* 黄维樑，香港中文大学中文系教授。

文文学的地位"。金王对谈那一次我不在场,不知道精彩内容为何,总觉得金王如谈武侠小说的金轮法王之类,则金庸可以现身说法,会比谈《红楼梦》的金玉良缘和王熙凤更能引人入胜。2013 年那一次,如果王白二位谈的是《红楼梦》,那就对了。两位大小说家,又都是"红迷",光是讲林薛之争和作者之辨,就够舌灿莲花了,就使众与会者觉得所付的餐费超值了。

2013 年那一次王白谈华文文学,王蒙建议大陆台湾香港的作家和朋友,联合举办一个具权威性的华文文学奖;我和王蒙早在 1982 年就认识,以后多次见过面;2012 年 9 月起,我在澳门大学当客座教授,与家人住在澳门;是年秋天,王蒙在澳大任驻校作家;我们共同的主人朱寿桐教授为客人安排了不少活动。王蒙和我们一家常常聚会,"混"得更熟了。不禁就在觥筹交错的热闹中见缝插针"闲话家常"起来。王蒙静静地在内子耳边,告诉她一桩喜事:"我最近认识了一位女朋友,名叫单三娅,一见面认为就是她了。她曾是《光明日报》的资深记者。"

二、华文学者作家在香港"廊桥"互放光亮

王蒙在作联,除了和金庸、白先勇的白金级"作秀"之外,还与余光中、金耀基、郑愁予、聂华苓、黄春明等多位海内外中华作家学者先后"同台"。作联在历任会长曾敏之、刘以鬯、潘耀明努力下,久已成为各地华文作家的会面交流之地。两岸之间有香港这一条长桥,中间一段是作联的廊桥;上述所举几位之外,还有铁凝、王安忆、陈映真、张晓风、严歌苓、戴小华、葛浩文(葛是美国汉学家)等等,就在此文廊交汇,互放文学的光亮。

王蒙在香港的大学,活动也很多。1995 年夏天,我在北京出席学术研讨会,顺便拜访王先生。在王府(不在王府井大街)我参观主人的藏书,包括一整个书橱的王蒙作品集,其中王蒙小说外文翻译本占有两格。对香港的

大学校园文化环境，颇为 enjoy（"安在"）。我返回香港之后，开学了，向校方推荐，邀请王蒙来香港中文大学新亚书院访问。

1996 年春天，《春之声》音韵飘扬，王蒙来了；他来讲学，讲他的小说，讲国内文坛近况，等等。知道来自台湾成功大学的马森正在岭南学院当客座教授，我把马先生请来中大，来与王先生对谈。马、王曾在北京同一学校读书（好像是河北高中），都是小说家，作品都有某种程度的"现代化"；同校且同行，如今一同论道，两岸情况有异，这一次谈文学，却有很多"九六（年）共识"。讲座自然使众多听讲的师生有收获满满之感。

三、王蒙很享受在香港大学校园的生活

王蒙很享受他在中大的校园生活，住的是巴金住过的大学宾馆，游的是奥运标准的大学泳池。没有安排活动的时候，他在宾馆或畅快或踟蹰地挥笔或敲键，写他的长篇小说《踌躇的季节》，然后在校园散步。士林路和大学道两旁，遍地是台湾相思树及其金黄的落英（在中大任教过十年的余光中，曾说这相思花季的情景有点虚幻，"虚幻如爱情故事的插图"）。走到游泳池了，是人间四月天，喜欢游泳的小说家大力一跃，春池水暖"王"先知。

王蒙酷爱游泳，酷爱学语言，酷爱唱歌。在中大任访问学者期间，我又安排了"午餐聚谈"一类节目。一次，王蒙在新亚书院的云起轩讲新疆岁月，讲如何学会了维吾尔语，会唱维吾尔语的歌，并露了一"口"；同学们听呆了，鼓掌了。那时没有手机视频的玩意，否则一定有同学频频拍视频。王蒙喜欢《喀秋莎》《鸽子》《蓝色的多瑙河》《我的太阳》等歌曲，同学们听了维吾尔歌唱，要"安歌"啦，于是再来一曲《我的太阳》。我的音域高不成低不就，音乐天分低，但众情难却，于是就高高兴兴地和王蒙唱起《我的太阳》来。王蒙懂多种外语，那次他唱的是"啊，多么辉煌，那灿烂的阳

光……"，还是 "Chebellacosa e' najurnata'e sole…"，现在记不得了。

王蒙因作联的邀请、大学的邀请而常常来港；王蒙从 21 世纪伊始，更经常以决审评判的身份，来港参加"新纪元全球华文青年文学奖"的相关会议。会议多附设讲座，王蒙与其他评判如余光中、白先勇、齐邦媛、金圣华自然又大"作"起文学之"秀"来。王蒙与台港学者作家"同事"的机会极多，又如 2002 年我为香港新亚洲出版社编一套"中国语文系列"，荣幸邀得王蒙、白先勇、余光中、金庸、金耀基、夏志清六位先生为顾问，王蒙且于 2002 年 3 月在出版社主办的讲座上以"欣赏文学作品，提高语文能力"为题演讲，嘉惠众多中小学教师。

四、香港发表王蒙作品，到了"发达"的程度

香港政府的旅游发展局一度以"香港：动感之都"作为标语。2002 年 4 月王蒙获聘为中国海洋大学顾问，兼该校文学院院长。王院长和当年的王部长（文化部）一样大有作为，很能开辟新气象。其一作为是邀请大陆和境外的学者到"海大"短期授课或讲学。境外的包括余光中、白先勇、叶嘉莹、金圣华和我。我到海大授课，在境外诸人中最早，2002 年秋天就到了。在海大的两个多月，人文与自然，我和陈婕"安在"（enjoy）舒畅；后来读到王院长"黄维樑纵横驰骋，思绪如电"的美评，虽然面红耳赤，实在不亦快哉！

当年电影《星球大战》轰动放映之后，有后续的《星球大战·前传》。"王蒙在香港"这个题目，以上略作了传记，这里尚可补充一段"前传"。百多年来，香港的文学文化发展，得力于不同时期不同地方南下香港的内地作家和学者。1980 年王蒙的作品就南来了：在香港编印、名为《中国新写实主义文艺作品选》及其《续编》的两本书，先后转载了王蒙的《悠悠寸草心》

和《布礼》；编者赞扬前者，说有"深度"、有"哲理"；认为后者的"叙述方式和结构特点是和它所表现的是非颠倒、人妖混淆、政治气候瞬息万变的社会现实相一致的"。1988年面世、由我主编的《中国当代短篇小说选（第一集）》则纳入他的《夜的眼》；在编者的话中，我对此篇的社会批评和委婉笔法加以称许。

做生意的人求发财发达，8与"发"读音接近，香港的粤人最喜欢8这个数目字。1988年正是王蒙作品大发之年：《夜的眼》发亮之外，《活动变人形》因为天地图书公司的出版而"活动"于香港文坛。此后"天地"陆续出版王蒙《坚硬的稀粥》《〈红楼梦〉启示录》等书，香港三联书店、名字别致的《勤十缘》等也与王蒙结缘，出版这位大作家的多本著作。潘耀明2000年和2008年主编的两套文丛，则先后包括王蒙的作品专集。书源源推出，文章在《明报月刊》等杂志源源见刊；王蒙在香港的发表，到了"发达"的程度。

五、王蒙在香港：同文同种的交流最是达意畅意

我在香港教书，开过"当代文学"的课程；小说方面，王蒙《组织部来了个年轻人》一定讲授。香港自20世纪80年代以来，来了个"永不言老"的作家——2019年有内地著名出版社编辑称王蒙是一个"可以开拓出新领域的青年作者"。"王蒙在香港"还有很多话可说，很多事可记，这里只能打住。要言之，在王蒙的交流活动和作品传播方面，香港对他有重要意义；比起在欧美各个名城，这里的交流由于同文同种，最为同心通心会心，最能达意畅意（真是三心二意！）。香港这座"廊桥"，对两岸三地学者作家之化冰和"通邮"，很有贡献。"世界的王蒙"中，王蒙的世界宏大，地理上细小的香港，在王蒙的人文世界中，我认为应是有点耀眼的东方之珠、中华之珠。当然，王蒙每次来港，也都为香港的文坛学府增益增光。

王蒙在台湾

彭世团 *

一、王蒙作品在台湾的传播

早在 1988 年，台湾远景出版实业公司与新地出版社就相继出版了王蒙的小说集《蝴蝶》和《加拿大的月亮》。1991 年台湾的《中国大陆》杂志转载了他的小说《坚硬的稀粥》。在 1993 年之后，王蒙的大批作品的繁体版就由台湾出版单位出版，如《在伊犁》《暗杀—3322》《恋爱的季节》《失态的季节》，直到后来的《王蒙自述：我的人生哲学》（2003）、《老子的帮助》（2009）、《王蒙小说精选集》、《老子十八讲》（2010）等。

二、王蒙到访台湾

1992 年两岸达成"九二共识"之后不久，王蒙应台湾《联合报》系文化基金会的邀请，于 1993 年 12 月 15 日至 26 日赴台访问，并出席了"四十年来中国文学（1949—1993）"研讨会，并发表"清风净土喜悦"的演讲，强调以文会友之意。2009 年 3 月应元智大学邀请，第二次赴台出席学术活动。其间出席桂冠诗人颁奖典礼，与诗人郑愁予对谈"文化的力量"。出席《联

---

* 彭世团，中国驻越南大使馆原文化参赞，曾任王蒙秘书。

合文学》杂志的宴请。会见元智大学校长，在元智大学人文社会学学院演讲
"从作家到文化部长"，当时正在该校任教的王润华（新加坡）主持了演讲活
动。2010 年 4 月中旬，应新地文学季刊社的邀请赴台，出席"21 世纪世界
华文文学高峰会议"台北与高雄两站开幕活动。在随后的论坛上演讲"文学
中的情爱沧桑"，并出席元智大学聘高行健为"桂冠作家"的活动。2015 年
5 月 6 日，应海峡两岸文化交流协会（海南）的邀请，赴台参加"写意美之
岛相会阳明山"为主题的 2015 两岸笔会。其间参观阳明山火山口小油坑、
阳明书屋、花钟。参观台湾清华大学，与文学系一起举行"文学为谁而写"
座谈会并发言。到访佛光山，与星云法师等相会；参观佛光山寺，参加菩提
婚礼；与郑愁予等一起出席笔会活动与晚宴活动，离开台岛后赴金门，参观
山后民俗村、要塞、水头村、翟山隧道，参加两岸笔会等活动。赴金门柏村
小学参观并赠送图书。

三、王蒙与台湾文学界、文化界交流交往

王蒙与台湾文学界的交往，早在 1980 年他赴美参加了"国际写作计
划"就开始了。该计划是聂华苓 60 年代离开台湾后，于 1967 年与其丈夫、
美国诗人保罗·安格尔一起创办的。此后他又多次访美，在美国先后结交
了很多著名的作家学者，如郑愁予、刘年玲、王德威等，都有台湾背景。
1985 年去德国参加地平线艺术节，在那里认识了现在以推动青春版《牡丹
亭》世界巡演计划而著名的白先勇。白先生是白崇禧的儿子，他与台湾的
关系就更密切了，是台湾的知名作家。其次，王蒙与台湾的很多作家都有
联系，如陈若曦、痖弦、郭枫、齐邦媛、李欧梵等。从 2004 年起，他先后
将叶嘉莹、余光中、白先勇、郑愁予等邀请到由他担任顾问的中国海洋大
学参访讲学。白先勇先生导演的青春版《牡丹亭》在京演出及学术研讨会，

王蒙都欣然前往观看或参加。2010年底，《王蒙的红楼梦·讲说本》新书发布会上，王蒙回答了记者关于齐邦媛的问题，其次，他还在湖南电视台上与台湾作家张大春就文学问题进行过一次对话。2012年王蒙夫人崔瑞芳去世，郑愁予一人连夜赶到厦门，再转机赴北京，到家看望正在痛苦中的王蒙。

1993年他访台时，找到了自己小学时候的级主任（现在的班主任）华霞菱老师，并从华老师那里得到了我自己早已经没有了的，他在小学二年级时题名送给华老师的照片。那张照片在华老师那里经历了五十余年的风风雨雨，足见华老师对师生情谊的珍重，特别令他感动。为此他饱含深情地写了《华老师，你在哪里?》一文，现在这篇文章就在大陆的中学语文课本里，感动着一代又一代的青少年朋友。1993年那次访台，他还得到了真正的"维吾尔"称号。那是他见到了年轻时就到台湾的维吾尔族上层人士，台湾原"立法委"阿卜拉·提曼。提曼先生是王蒙曾经劳动过的伊宁市人，提曼在台湾看过王蒙写的伊犁农村的维吾尔文版小说《心的光》。见到王蒙时，他称自己算不上维吾尔人，"老王才算维吾尔"。王蒙把这一段经历写到了他的自传《九命七羊》里。现在他还与老先生的后人马来西亚作家永乐多斯及她的姐妹们保持着联系。

2009年访台时，王蒙说他认识了进入一个新时期的台湾，并与他的老友郭枫先生商定于2010年赴台出席一次大型国际华文学术会议。并对郑愁予送给他的金门高粱酒产生了特别的兴趣。回想80年代初首次在美国喝到金门高粱酒的时候，居然没有品尝出它的美味来！此后他在多个场合都想起金门高粱酒，如一次在济南与曾士强一起出席宴请时，就特别谈到了金门高粱酒。结束台湾之行不久，王蒙到了香港，在那里出席由岭南大学、哈佛大学燕京学院、复旦大学三家共同举办的"当代华文文学60年"研讨会，出席的作家名单里，除了大陆来的，有许多是来自台湾或与台湾有关系的作家、学者，如王德威、平路、朱天心、梅家岭、骆以军等。

2004 年 11 月 1 日，王蒙赴江苏淮安出席第二届海峡两岸中华传统文化与现代化研讨会，参与讨论在经济全球化大潮中传承和发展中华传统文化问题。2008 年 11 月 22 日到厦门参加第六届海峡两岸中华传统文化与现代化研讨会，作题为"推动与补充：中华传统文化的当代使命"的主题演讲。同年 12 月 20 日到上海出席第四届两岸经贸文化论坛，并与作家余秋雨、南方朔、台湾艺术大学校长黄光男等同台论道。在那次对谈中，王蒙建议设立"世界华语文学奖"，以弘扬中华文化。2009 年 5 月，两岸首次在北京合办"汉字艺术节"，他以中华文化联谊会顾问的身份，作为大陆方面的代表与来自台湾的刘兆玄一起揭开这次活动的序幕。2011 年参加第九届海峡两岸关系研讨会，他的身份还是中华文化联谊会顾问。中华文化联谊会的前身是 1987 年王蒙任文化部长时推动成立的"文化部文化联谊会"，"联谊会"的宗旨很明确，就是"团结海峡两岸及海内外文化界人士，促进两岸文化交流与合作，共同弘扬中华优秀文化传统"。成立这样一个社团，可以让两岸的文化交流活动有一个双方都能接受的形式，从而推动两岸文化交流，增进相互的认知与认同感。1990 年，为了适应新形势的需要，联谊会改成了中华文化联谊。联谊会举办过"情系三峡""情系黄山""情系香格里拉"等大型的两岸文化联谊活动，也举办过"跨越海峡，情系两岸"系列大型演唱会，还组织过两岸歌仔戏艺术节、各种艺术展等。中华文化联谊会实际上已经成为文化部推动两岸文化交流的一个重要平台。

2011 年在桂林，他以"政治情怀与传统文化"为题发表了演说，从传统文化在政治上的表现的高度，来讨论两岸对传统文化核心价值的认同，以及这种认同在推动两岸关系发展中的作用与前景，用台湾朋友喜欢讲的词应该叫"愿景"。

王蒙作品在我国港澳台出版情况一览表
（1959—2024）

温奉桥

序号	作品名称	语种	译者	期刊／出版社	年代	备注
1	《活动变人形》	繁体中文		香港天地图书公司	1988	
2	《加拿大的月亮》	繁体中文		台北新地出版社	1988	
3	《坚硬的稀粥》	繁体中文		香港天地图书有限公司	1990	
4	《冬雨》	繁体中文		香港勤＋缘出版社	1992	
5	《表姐》	繁体中文		香港勤＋缘出版社	1992	
6	《红楼梦启示录》	繁体中文		香港天地图书公司	1993	
7	《红楼梦启示录》	繁体中文		台湾时代风云出版社	1993	
8	《九星灿烂闹桃花》	繁体中文		香港天地图书公司	1994	
9	《淡灰色的眼珠》	繁体中文		台北时报文化出版公司	1995	
10	《王蒙说》	繁体中文		香港天地图书公司	1999	
11	《当代中国文库精选·王蒙卷》	繁体中文		香港《明报》出版社	2001	
12	《恋爱的季节》	繁体中文		台北天下远见出版公司	2001	
13	《失态的季节》	繁体中文		台北天下远见出版公司	2001	
14	《难得明白》	繁体中文		香港三联书店	2002	
15	《笑而不答》	繁体中文		香港三联书店	2005	
16	《青狐》	繁体中文		香港和平图书出版社	2006	
17	《不成样子的怀念》	繁体中文		香港和平图书出版社	2006	
18	《老子十八讲》	繁体中文		台北三民书局	2010	
19	《王蒙小说精选集》	繁体中文		台北新地文化艺术公司	2010	
20	《不革命行吗？》	繁体中文		台湾时报文化出版社	2013	
21	《老子的帮助》	繁体中文		麦田出版、城邦文化事业股份有限公司	2014	

后　记

2023 年是王蒙从事文学创作七十周年。之前一年，人民出版社总编辑辛广伟提议，为尽可能全面、客观地反映王蒙在世界的影响，填补相关研究与资料的空白，应组织编写一本《世界的王蒙》。我们大家都觉得这是一个有特殊意义的创意，一致赞同。遂商议组成由辛广伟、温奉桥、王安、崔建飞、彭世团、刘敬文、张彬、武学良等参加的编辑、约稿组，委托辛广伟、温奉桥、彭世团负责牵头组织实施。

本书思路与纲目由辛广伟拟定。期间正值新冠疫情，经过多次网络会议讨论，最终确定了写作体例和作者人选。大家各尽所能，协力克难。历时二年多，终于完成组稿与编辑等工作。

本书的编写工作得到文化和旅游部国际交流与合作局等单位及国内外相关人士的积极支持与帮助。参加本书撰写的有（按文章顺序排列）吴光宇、张允瑄（韩国）、彭世团、蔡茗、李英男、叶帆、张帆、高鸽、陈贝、于泓、朱静宇、姜智芹、李萌羽、马咏南（印尼）、袁霓（印尼）、戴小华（马来西亚）、王勇（菲律宾）、钮保国、朱自浩、于芃、孙书柱、王杨、崔建飞、白佩兰（Flora Botton Beja 墨西哥）、谢宁馨、郜元宝、梅·阿舒尔（Mai Ashour 埃及）、车兆和、黄维樑等。王安、崔建飞、彭世团、张彬、温奉桥等为本书编写了王蒙出访年表等重要参考资料。

辛广伟、温奉桥、彭世团承担了统稿工作，叶鹏、王健春参与了后期统稿工作。艾克拜尔·米吉提、托罗普采夫（俄罗斯）、舒晋瑜参加了书稿撰写、访谈或采访工作，陈众议、傅光明、王郡、郑治提供了约稿帮助。囿于书籍篇章的规范要求，对体例冲突、内容相近的文章，我们做了修改与合并，个别文章因内容与风格无法调和而未能收入。凡此种种皆请相关作者谅解。

本书的编写得到了王蒙先生、单三娅女士的关心和支持，单三娅女士对书稿的编辑工作给予了诸多指导与帮助。人民出版社蒋茂凝、李春生等领导对本书高度重视与支持，美编王欢欢、汪阳做了诸多工作，本书责编刘敬文为书稿编辑付出大量辛勤劳动。在此对上述所有人士的支持与帮助表示衷心的感谢！

本书编辑组

2025 年 1 月

责任编辑：刘敬文

封面设计：王欢欢

图书在版编目（CIP）数据

世界的王蒙／辛广伟，温奉桥，彭世团主编 . —北京：人民出版社，2025.1
（2025.3 重印）

ISBN 978－7－01－026160－7

I. ①世… II. ①辛… ②温… ③彭… III. ①王蒙－人物研究 IV. ① K825.6

中国国家版本馆 CIP 数据核字（2023）第 241629 号

世界的王蒙

SHIJIE DE WANGMENG

辛广伟　　温奉桥　　彭世团　主编

人民出版社 出版发行

（100706　北京市东城区隆福寺街 99 号）

北京中科印刷有限公司印刷　新华书店经销

2025 年 1 月第 1 版　2025 年 3 月北京第 2 次印刷

开本：710 毫米 × 1000 毫米 1/16　印张：23.75

字数：314 千字

ISBN 978－7－01－026160－7　定价：66.00 元

邮购地址 100706　北京市东城区隆福寺街 99 号

人民东方图书销售中心　电话（010）65250042　65289539